W0371347

DER PERFEKTE SPION

DIE WELT DER GEHEIMDIENSTE

PFEIFE MIT GEHEIMFACH

SMERSCH-AUSWEIS

SCHULTERHALFTER

MÜNZE MIT KLINGE

NACHSCHLÜSSELSATZ

TOTER BRIEFKASTEN

DER PERFEKTE SPION

DIE WELT DER GEHEIMDIENSTE

ARMBANDUHR-MIKROFON

H. Keith Melton

ÜBERWACHUNGSKAMERA (FOTOSNAIPER)

Vorwort
William Colby/
Oleg Kalugin

WELTBILD

EIN DORLING-KINDERSLEY-BUCH
www.dk.com

Titel der Originalausgabe
The Ultimate Spy Book
Erschienen 1996 bei Dorling Kindersley Ltd., London, England

H. Keith Melton ist ein renommierter Militärhistoriker und eine international anerkannte Autorität für geheimdienstliche Ausrüstung. Melton ist Autor mehrerer Bücher zum Thema Spionage sowie Direktor des Clandestine Services Museum (Geheimdienst-Museum) und Mitglied im Beraterstab des National Historical Intelligence Museum (Historisches Nachrichtendienstliches Nationalmuseum) der USA. Darüber hinaus arbeitet der Autor als Berater amerikanischer Geheimdienste.

Das Vorwort stammt von zwei ehemaligen hochrangigen Geheimdienstleuten, dem einstigen CIA-Chef *William Colby*, der im April 1996 auf mysteriöse Weise tödlich verunglückte, und dem früheren KGB-General *Oleg Kalugin*.

Copyright © 1996 by Dorling Kindersley Ltd., London
Copyright für den Text © 1996 by H. Keith Melton
Copyright der deutschen Übersetzung © 1996 by
Wilhelm Heyne Verlag GmbH & Co. KG, München
Nutzung der deutschen Übersetzung mit freundlicher Genehmigung
von Ullstein Heyne List GmbH & Co. KG, München

Genehmigte Lizenzausgabe für Verlagsgruppe Weltbild GmbH,
Steinerne Furt, 86167 Augsburg

Layout und Design: Christina Betts
Übertragung ins Deutsche: Dr. Michael Schmidt
Umschlaggestaltung und -motive: Dorling Kindersley Ltd., London
Gesamtherstellung: Tlaciarne BB, spol s.r.o, Partizánska cesta 59,
975 26 Banská Bystrica

Printed in Slovakia

ISBN 3-8289-0538-2

Alle Rechte vorbehalten. Dieses Buch darf nur nach vorheriger schriftlicher Zustimmung des Copyright-Inhabers vollständig bzw. teilweise vervielfältigt, in einem Datenerfassungssystem gespeichert oder mit elektronischen bzw. mechanischen Hilfsmitteln, Fotokopierern oder Aufzeichnungsgeräten bzw. anderweitig weiterverbreitet werden.

2005 2004 2003
Die letzte Jahreszahl gibt die aktuelle Lizenzausgabe an.

Einkaufen im Internet: *www.weltbild.de*

INHALT

AUSRÜSTUNG UND TECHNIKEN 59

ALS SPION LEBEN 157

Keith Melton hat sich wiederholt um das Geheimdienstwesen verdient gemacht. Das vorliegende Buch bestätigt dies aufs beste. Auf dem Gebiet der Geheimdienstausrüstung ist Melton einer der herausragendsten Sammler und Fachleute, und seine vortreffliche Sammlung ist inzwischen in vielen Geheimdienstzentren und -behörden ausgestellt worden. *Der perfekte Spion* ist die Summe seines umfangreichen Wissens und seiner Studien und stellt unsere Profession umfassend und präzise dar, ebenso wie die Technologie und die Techniken, die wir entwickelt haben, um unsere geheimen Missionen durchführen zu können. Vieles gelangte erst nach dem kalten Krieg ans Tageslicht, was seinerzeit absolute Geheimsache war. Nun kann der heutige Leser über den Erfindungs- und Phantasiereichtum staunen, der für die geheime Nachrichtenübermittlung wie für die Aufrechterhaltung der Geheimkontakte aufgewendet wurde, die für die Spionage und die Geheimdiensttätigkeit so unerläßlich sind.

Viele der in diesem Buch behandelten Themen wecken wehmütige Erinnerungen in mir, der ich ihnen erstmals im Zweiten Weltkrieg auf Missionen hinter den feindlichen Linien oder bei den Geheimkontakten mit Agenten und geheimen Verbündeten im kalten Krieg begegnet war. Einige Stücke befinden sich auch im Moskauer KGB-Museum, andere liegen ganz sicher in den hintersten Winkeln und Archiven der CIA in Langley, Virginia. Oleg Kalugin hat ebenso wie ich einige davon verwendet, als wir beide noch für unsere Länder gegeneinander arbeiteten – zum Glück erlaubt uns das Ende des kalten Krieges, an gemeinsamen Projekten zusammenzuarbeiten, statt wie früher einander zu bekämpfen. Die Leser dieses ausgezeichneten Buches können sich nun eine Vorstellung davon machen, wie diese Kämpfe einst ausgetragen wurden und noch heute ausgetragen werden, nämlich gegen unsere gemeinsamen Feinde: Terroristen, skrupellose Menschen, die Völkermord und religiösen Haß schüren, Atomwaffenhändler sowie die Drahtzieher des Verbrechens und der Drogenszene. Wir sind Keith Melton für seine so umfassende Darstellung unseres Berufs sehr dankbar.

William E. Colby
Ehemaliger Direktor der CIA

Seit urdenklichen Zeiten betreiben die Menschen Spionage – oft hat man sie »das zweitälteste Gewerbe« genannt –, und von den herrschenden Eliten wurde sie als wichtiges Instrument zum Schutz ihrer Macht vor inneren wie äußeren, realen oder imaginären Bedrohungen und Rivalen eingesetzt. Die Spionage hat zwar in der Geschichte der Menschheit nie eine entscheidende Rolle gespielt – kann sie doch weder verantwortungsbewußtes politisches Handeln ersetzen, noch politische und militärische Befehle umstoßen –, aber ihr Einfluß auf die internationalen Beziehungen hat in der zweiten Hälfte dieses Jahrhunderts erheblich zugenommen, nachdem zwei Weltsupermächte und ihre jeweiligen Verbündeten, geleitet von unvereinbaren Ideologien, in einem tödlichen Kampf um geistige Anschauungen und letztlich um die Weltherrschaft aneinandergerieten.

Darum ging es im wesentlichen im kalten Krieg. Nach den klassischen Krisen der fünfziger und sechziger Jahre entwickelte sich die Spionagetätigkeit zu einem weitaus raffinierteren und vielfältigeren Gewerbe, in dem psychologische Kriegsführung, Verschwörungen und Attentate eine bedeutendere Rolle spielten als die Sammlung von Geheiminformationen. Diese Seite der Geheimdienste bekam eine neue Qualität dank Satelliten, Lasern, Computern und anderen Apparaten, die in der Lage waren, Geheimnisse aus jedem Winkel des Globus herauszuholen.

Die Spionagemethoden mögen sich im Laufe der Zeit erheblich verändert haben, aber sogar im heutigen High-Tech-Zeitalter ist die Rolle des menschlichen Spions so wichtig wie eh und je. Als Mitglied des KGB habe ich den größten Teil meiner Karriere damit verbracht, in den Besitz der Geheimnisse jener westlichen Nationen zu gelangen, die als potentielle Feinde der Sowjetunion galten. Oft war mir Erfolg beschieden. Die von mir geführten Spione und Agenten, etwa der Amerikaner John Walker, mußten in Techniken ausgebildet werden, die in diesem Buch dargestellt sind: Informationen beschaffen, sie weitergeben und unerkannt bleiben.

Während des ganzen kalten Krieges war die CIA einer meiner Hauptgegner. Nun, da die USA und Rußland keine Feinde mehr sind, bin ich für die Gelegenheit dankbar, dieses Vorwort mit William Colby teilen zu dürfen.

Oleg Kalugin

Generalmajor a. D., ehemaliger Erster Direktor des KGB

WER SPIONIERT?

Versteckes Lauschgerät
Dieses Demonstrationsmodell zeigt eine in einem Stecker verborgene »Wanze«.

Informationen über einen Feind werden nur selten von einem Geheimdienstoffizier persönlich beschafft. Dafür rekrutiert er Agenten, die dank ihrer Position Zugang zu den erforderlichen Informationen haben. Offiziere, die Agenten rekrutieren und führen, nennt man Führungsoffiziere. Sie agieren meist unter irgendeiner Art von offizieller Tarnung (s. S. 162) von einer Botschaft aus und sind durch ihre diplomatische Immunität vor Strafverfolgung gesetzlich geschützt. Andere Offiziere operieren ohne diplomatische Immunität und leben mit falschen Papieren im Feindesland. Beim Rekrutieren von Agenten richten sich Führungsoffiziere nach den Faktoren, die Menschen am ehesten motivieren, Spione zu werden – Geld, Ideologie, Kompromittierung und Ego.

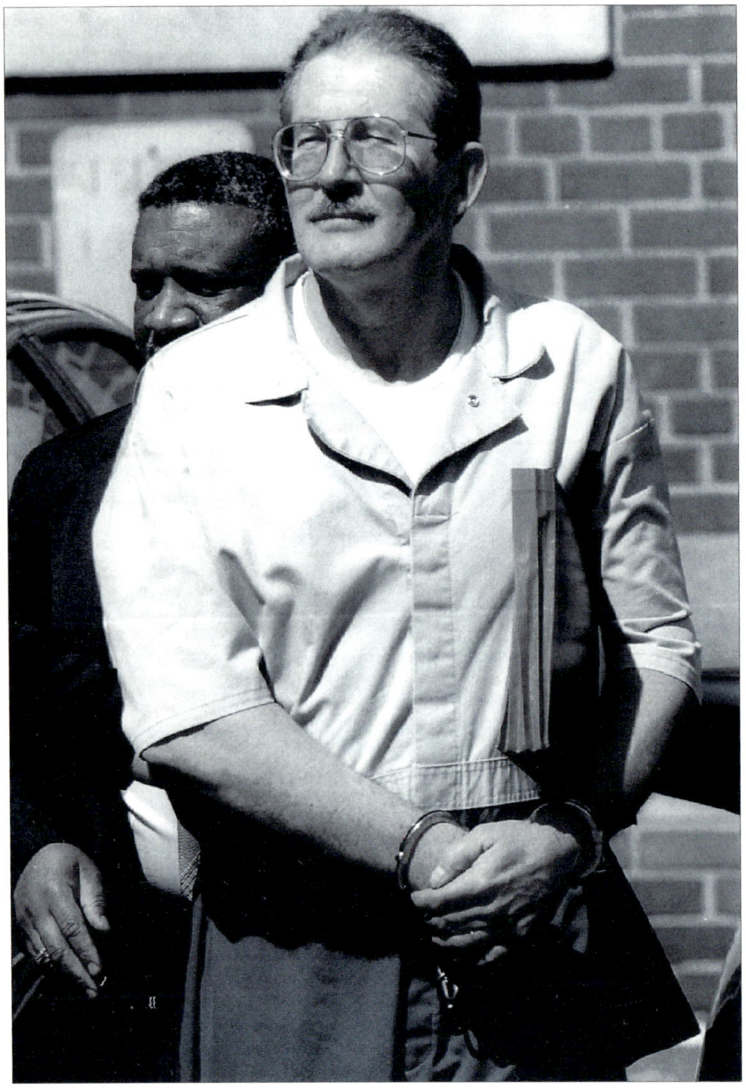

Aldrich »Rick« Ames
*Ames (*1941) wurde freiwillig KGB-Maulwurf und verriet CIA-Geheimnisse, für die er 2,7 Millionen Dollar erhielt. Damit habe er seine Schulden abbezahlen und das aufwendige Leben seiner Frau finanzieren wollen.*

Geld

Finanzielle Probleme wie hohe Schulden oder Besitzgier sind ein sehr guter Türöffner für die Rekrutierung von Agenten – das hat sich sowohl in kapitalistischen wie in kommunistischen Ländern bewahrheitet. Viele sowjetische Agenten ließen sich anfänglich durch das Angebot, ihre Geldprobleme zu lösen, dazu bewegen, für den Westen zu spionieren. Der CIA (s. S. 46) ist es zuweilen gelungen, Offiziere des KGB (s. S. 50) auszuspähen, die ihr Spionagebudget privat ausgegeben hatten und nicht mehr zurückzahlen konnten. Sobald ein potentieller Agent Geld angenommen hat, kann er sich einer Rekrutierung kaum noch entziehen.

Auch die großen Erfolge des KGB, die in den letzten Jahren aufgedeckt wurden, wären ohne hohe Agentenlöhne nicht möglich gewesen. So haben die beiden wichtigsten amerikanischen Agenten in der Geschichte des KGB, Aldrich Ames (s. S. 158) und John Walker jr. (s. S. 54), ihre Dienste gegen finanziellen Lohn angeboten.

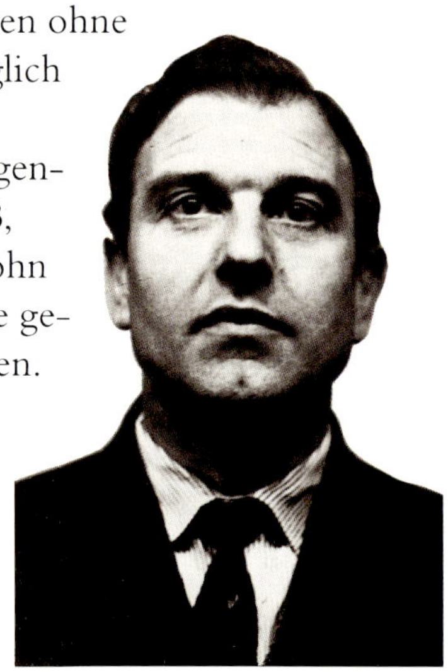

George Blake
*Als überzeugter Kommunist war Blake (*1922) KGB-Maulwurf im britischen MI6.*

Ideologie

Ein Mensch läßt sich aber auch aufgrund seines Glaubens an die absolute Überlegenheit der sozialen und politischen Einrichtungen eines fremden Landes dazu bewegen, Agent zu werden.

Besonders in den dreißiger Jahren konnte die Sowjetunion Agenten dank der Attraktivität anwerben, die der Kommunismus damals für viele Menschen im Westen besaß. Dazu gehörten auch fünf idealistische Studenten, die die Chefspione der Sowjetunion in England wurden: Kim Philby, Anthony Blunt, Guy Burgess, Donald Maclean und John Cairncross. Auch nach dem Niedergang des Kommunismus bleibt die Ideologie ein Faktor bei der Rekrutierung von Agenten. So arbeitete der Amerikaner Jonathan Pollard als Auswerter für den US Naval Investigative Service – und war zugleich bereit, wegen seines ideologischen Engagements für den Zionismus für Israel zu spionieren. Wie so oft hatte er auch noch andere Motive: Später nahm Pollard auch Geld von den Israelis.

Handschuhpistole
Im Zweiten Weltkrieg entwickelte das Office of Naval Intelligence der US-Navy diese Selbstverteidigungswaffe für Geheimdienst- und andere Verwaltungsbeamte nahe der Front.

John Vassal
*Als Sekretär der britischen Botschaft in Moskau beschäftigt, wurde Vassal (*1924) vom KGB kompromittiert und rekrutiert.*

Kompromittierung

Bei der Rekrutierung durch Kompromittierung sucht man zunächst einmal nach einem Element im Leben eines potentiellen Agenten, das er oder sie vor anderen Menschen verheimlicht. Zumindest in der Nachkriegszeit drohte beispielsweise Homosexuellen der Ruin, wenn ihre Neigungen enthüllt wurden. So konnte der KGB John Vassal rekrutieren, als er Botschaftssekretär in Moskau war (s. S. 160). 1955 führten die Sowjets eine raffinierte Operation durch, bei der sie ihn in eine verfängliche Lage brachten, Fotos machten, ihn damit erpreßten und auf ihre Seite zogen. Sieben Jahre später wurde Vassal verurteilt, weil er zwischen 1956 und 1962 Geheimnisse verraten hatte.

Der KGB unterhielt in Moskau spezielle Hotelzimmer, in denen westliche Besucher unter kompromittierenden Umständen fotografiert wurden – zum Beispiel mit Prostituierten. Mit entsprechenden Fotos konnte der KGB die auserwählten Opfer dazu erpressen, Agenten zu werden. Heute sind die Homosexualität und ungewöhnliche heterosexuelle Spielarten nicht mehr so effektive Mittel zur Nötigung. Allerdings lassen sich finanzielle und eheliche Schwierigkeiten noch immer erfolgreich ausnützen.

Ego

Führungsoffizieren wird während ihrer Ausbildung oft geraten, an das Ego von Menschen zu appellieren, die für intellektuelle Schmeicheleien anfällig sind. Häufig beauftragt der Führungsoffizier einen solchen Kandidaten, bestimmte Artikel über sichere, nicht geheimgehaltene Themen zu schreiben. Wird der Autor später aufgefordert, über heiklere Dinge zu schreiben, ist er vielleicht schon in der Falle, weil er sich an Ruhm, Geld und ein Gefühl von Abenteuer gewöhnt hat.

Hugh Hambleton wurde auf diese Weise vom KGB rekrutiert (s. S. 160). Einige Opfer machen weiter, weil sie glauben, sie könnten Geheimdienstprofis austricksen.

Hugh Hambleton
*Der KGB schmeichelte sich bei Hambleton (*1922) ein, einem Akademiker, der es später zum Professor brachte.*

WAS TUN SPIONE?

Die in diesem Buch erwähnten Personen sind alle für Geheimdienste, bei verdeckten Aktionen oder militärischen Spezialoperationen tätig gewesen. Diese Menschen lassen sich zwar unter dem Begriff »Spione« subsumieren, was aber keine präzise Bezeichnung ist. Das Wort kann einen unehrenhaften Beiklang haben und herabwürdigend wirken. Auf bestimmte Fälle trifft diese Einschätzung durchaus zu. Aber andererseits sind Menschen auf diesem Gebiet tätig, von deren Fähigkeiten und Stärken als »Spione« das Geschick ihres Landes abhängt. Zwar ist die Welt der Spionageromane voller Action und Spannung, aber in der Wirklichkeit geht es unendlich diskreter, professioneller und subtiler zu.

Armbanduhrmikrofon
Diese präparierte Uhr enthielt ein Mikrofon, das mit einem unter der Kleidung versteckten Aufnahmegerät verbunden war.

Maria Knuth
Sie begann ihre Spionagekarriere 1948 als Kurier für den polnischen Geheimdienst in Westberlin.

Vielfältige Rollen

Wer eine Karriere in militärischen Spezialoperationen anstrebt, muß auf die profanen Aspekte des Militärlebens gefaßt sein, wie sie auch für die anderen Militäreinheiten gelten. Die körperliche Ausbildung ist genauso hart wie die Konkurrenz untereinander – auch andere bewerben sich für Sonderdienste. Die Auserwählten erwartet eine sehr vielfältige Ausbildung, da es in den heutigen militärischen Sondereinheiten die unterschiedlichsten Aufgaben gibt, die alle eine Spezialausbildung erfordern.

Auch die Geheimdienste weisen typische Aufgaben und Strukturen auf, die sich in allen Ländern gleichen. Normalerweise gibt es einen Geheimdienst, der Geheiminformationen sammelt, und eine Spionageabwehr, die das Land gegen Agenten verteidigt. Ein wichtiger Unterschied besteht zwischen Offizieren, die meist im Dienst Karriere machen, und Agenten, deren Status individuell und von Land zu Land sowie im Krieg oder im Frieden variiert. Ein Führungsoffizier rekrutiert und führt Agenten und kann versuchen, Führungsoffiziere feindlicher Nationen dazu zu bewegen, überzulaufen oder als Maulwurf zu agieren. Ein Agent wird mit Aufgaben für den Nachrichtendienst oder verschiedenen anderen verdeckten Tätigkeiten betraut, ist aber oft kein Angestellter des Dienstes.

Manche Offiziere sind in der Verwaltung tätig, die im allgemeinen rund 10 Prozent des Personals umfaßt. Die übrigen 90 Prozent verteilen sich gewöhnlich auf die Bereiche Auswertung und Operationen. Hier ein kurzer Überblick über ihre Rollen.

Verstecke
Geheimdienste verwenden oft genial präparierte Alltagsgegenstände als Versteck für Geheiminformationen oder -geräte.

Der Kurier

Kuriere sind die Verbindungsglieder zwischen den Agenten und ihren Führungsoffizieren. Zuweilen dienen sie auch Mittelspersonen, die dafür sorgen, daß Sender und Empfänger geheimer Nachrichten einander niemals treffen (s. S. 165). Wenn die beiden Parteien einander nicht kennen, können sie einander auch nicht verraten. Einige Kuriere arbeiten in Botschaften, wo sie Informationen von einheimischen Agenten sammeln. Der israelische Geheimdienst Mossad beschäftigt dafür sogenannte *bodlim* (s. S. 165). Andere Kuriere schaffen Geheimmaterial über internationale Grenzen, zuweilen als diplomatische Ku-

Dusan Popov
Popov arbeitete bereits für den britischen Geheimdienst, als die deutsche Abwehr 1940 an ihn herantrat. Er willigte ein, blieb aber den Briten treu.

riere getarnt wie Alfred Frenzel (s. S. 48).

Die Arbeit eines Kuriers ist oft gefährlich, da sein oder ihr Schicksal viel unwichtiger ist als die Informationen, die er oder sie bei sich hat. Manche Dienste haben Verstecke entwickelt, die sich selbst zerstören, falls ein Fremder sich daran zu schaffen macht. Die Vernichtung der Informationen entlastet den Kurier zwar nicht, kann aber die Identität des Agenten schützen, der sie beschafft hat. Manche Agenten fangen als Kuriere an, bevor sie andere Aufgaben übernehmen. So begann die polnische Agentin Maria Knuth 1948 als Kurier in Westberlin, wo sie Geheimsachen auf Mikrofilm weitergab.

Der Doppelagent

Hierunter versteht man Agenten, die sich gegen den Geheimdienst wenden, der sie ursprünglich rekrutiert hat, und für einen anderen Dienst arbeiten, während sie ihren ursprünglichen Arbeitgeber im Glauben lassen, ihre Loyalität sei ungebrochen. Sie tun dies aus ideologischen Gründen, zur persönlichen Bereicherung oder um ihr Leben zu retten, nachdem sie enttarnt wurden. Doppelagenten sind für Geheimdienstoperationen eine große Bedrohung, da sie von ihren neuen Führungsoffizieren dazu benutzt werden können, ihren ursprünglichen Arbeitgebern Falschinformationen zuzuspielen.

Im Zweiten Weltkrieg schuf der britische MI5 (s. S. 164) die Organisation Twenty, auch XX oder Double Cross Committee genannt. Diese Gruppe kontrollierte heimlich einen Großteil der deutschen nachrichtendienstlichen Aktivitäten in England. Sie richtete sogar eine Reihe fiktiver deutscher Spionagenetze ein, deren »Agenten« den Deutschen Bericht erstatteten, ohne Mißtrauen zu erregen, in Wahrheit unterstanden sie aber dem MI5.

Zwei der erfolgreichsten Doppelagenten haben im Zweiten Weltkrieg ihre Dienste sogar freiwillig dem britischen Geheimdienst angeboten. Der Jugoslawe Dusan Popov (s. S. 41) leitete für den MI5 ein Netz aus drei Doppelagenten und spielte der deutschen Abwehr Fehlinformationen zu. Ebenfalls britischer Agent im Zweiten Weltkrieg war der Spanier Juan Pujol (Deckname Garbo), der die Deutschen im Auftrag der Alliierten so erfolgreich zu täuschen vermochte, daß er von beiden Seiten einen Orden erhielt!

Der Überläufer

Ein Überläufer ist ein Geheimdienstoffizier, der seinen ursprünglichen Dienst verläßt und ihn verrät, indem er einem fremden Geheimdienst Informationen preisgibt. Manche Überläufer handeln aus ideologischen Motiven, andere aus Angst um ihre eigene Sicherheit. Letzteres war der Fall bei Wladimir Petrow, einem KGB-Offizier in Australien. Als er 1954 mit der Anklage wegen einer angeblichen Verschwörung rechnen mußte, entzog er sich der Rückberufung nach Moskau und stellte sich den australi-

Angst vor Vergeltung
Der KGB-Offizier Wladimir Petrow (kleines Bild) setzte sich aus der Sowjetbotschaft in Australien ab. Hier eskortieren KGB-Leute seine Frau. Sie wurde indes von den australischen Behörden befreit, und das Paar erhielt Asyl.

Wichtige Nebenrolle
Odette Sansom arbeitete als Kurier einer SOE-Einheit, die Sabotageakte in Frankreich organisierte.

schen Behörden. Sobald sie sich vom KGB abgewendet hatten, wurde Wladimir Petrow und seiner Frau in Australien Asyl gewährt, und im Gegenzug lieferten sie wertvolle Informationen über sowjetische Spionagetätigkeit in Australien. Ein neuerer und dramatischerer Fall von Überläufertum war Oleg Gordiewskis Flucht aus Moskau. Dieser KGB-Offizier arbeitete für den britischen Geheimdienst. Er merkte, daß man ihm auf die Spur gekommen war, entzog sich der Überwachung durch den KGB und wurde vom MI6 aus der Sowjetunion geschmuggelt. Wenn allerdings kein Verdacht auf sie fällt, werden potentielle Überläufer oft angehalten, weiterhin in ihrem Geheimdienst zu bleiben und heimlich als Maulwurf zu arbeiten.

Das Wissen des KGB-Überläufers Peter Deriaban über seinen alten Arbeitgeber beispielsweise erwies sich noch lange nach seiner Flucht als nützlich. Jahrelang fungierte er als Berater der CIA. Als Kenner der Organisationsstruktur des KGB und seiner Offiziere hielt er in der Behörde Vorlesungen über dieses Thema.

Der Saboteur

Das Wort »Sabotage« stammt aus dem Französischen und bezeichnet das Vorgehen eines verärgerten Arbeiters, der eine Maschine zerstört, indem er einen Holzschuh (*sabot*) hineinwirft. Die Zerstörung technischer Gerätschaften ist ein häufiges Ziel der Sabotage. Es gibt aber auch raffiniertere Formen der Sabotage wie etwa den genialen, aber weitgehend wirkungslosen Versuch der Deutschen im Zweiten Weltkrieg, die britische Wirtschaft durch die Überschwemmung der Weltmärkte mit gefälschten englischen Banknoten zu sabotieren (s. S. 34).

Am häufigsten und effektivsten wurden Saboteure im Zweiten Weltkrieg eingesetzt, besonders von der britischen SOE (s. S. 30) und vom amerikanischen OSS (s. S. 32). Beide Organisationen entsandten Teams aus Offizieren, die lokale Widerstandsgruppen bei Sabotageanschlägen unterstützen sollten. Einige von diesen Leuten wurden in speziellen Spionagemethoden ausgebildet, andere leisteten Hilfsdienste. So wurde etwa Odette Sansom 1942 von der SOE als Funkerin nach Frankreich geschickt. Sie wurde von einem gefangenen Mitglied der Résistance unabsichtlich an die Gestapo verraten und daraufhin 1943 verhaftet.

Reifenaufschlitzer mit Behälter
Saboteure und Spezialagenten legten mit Reifenaufschlitzern feindliche Fahrzeuge lahm.

Der Maulwurf

Maulwürfe sind nach außen hin Mitarbeiter eines Geheimdienstes, arbeiten aber heimlich für einen feindlichen Dienst, für den sie auf diese Weise überaus wertvoll sein

Langjähriger Undercoverinformant
Der CIA-Offizier Larry Wu Tai Chin war seit den fünfziger Jahren bis zu seinem Selbstmord 1985 Maulwurf für den chinesischen Geheimdienst.

können. Falls sie Zugang zu wichtigen Geheimsachen haben, können sie vielfältige Informationen über die Vorgehensweise ihres Arbeitgebers liefern. Es gibt viele Motive, warum Menschen Maulwürfe werden. Ideologische Gründe sind hier ebenso im Spiel wie Geld. Auf jeden Fall stehen sie in ihrem Doppelleben unter extremem Streß, was oft zu persönlichen Problemen wie Alkoholismus oder leichtsinnigem Umgang mit Geld führt. Die CIA hat mindestens zwei schwere Fälle einer Unterwanderung durch Maulwürfe erlebt. So trat Larry Wu Tai Chin 1948 der CIA bei und arbeitete seit den frühen fünfziger Jahren bis zu seinem Selbstmord 1985 heimlich für den chinesischen Geheimdienst. Ein bekanntes Beispiel aus neuerer Zeit ist der CIA-Offizier Aldrich Ames (s. S. 8 u. 162), der seine Dienste dem KGB für Geld anbot. Von 1985 bis zu seiner Verhaftung 1994 verkaufte er zahlreiche Geheimnisse an die Sowjetunion.

Ringversteck
In diesem Ring aus dem Zweiten Weltkrieg steckten Mikropunkte und Signalpläne.

Walther PPK
Diese leicht zu versteckende, zuverlässige Waffe wird von einer Reihe von Geheimdiensten häufig zum Selbstschutz verwendet.

Der Auswerter

Die durch Spionage und mit technischen Mitteln gesammelten Informationen bilden nur einen kleinen Teil des Materials, das von Geheimdiensten ausgewertet wird. Ein Großteil der riesigen Informationsmengen, das durch ihre Hände geht, stammt aus öffentlich zugänglichen Quellen. Auswerter haben die Aufgabe, diese vielfältigen Nachrichtenelemente in ihren schriftlichen Berichten und Analysen zu verarbeiten. Die Ergebnisse sind eine potentiell wertvolle Hilfe für militärische und politische Entscheidungsträger.

Die Rolle des Auswerters ist unspektakulär, verglichen mit der von Spionen, die an Operationen teilnehmen, und selten dringt etwas über die Arbeit der Auswerter an die Öffentlichkeit. Diese Geheimdienstler tragen jedoch bedeutend zur Effektivität der Spionage bei. Angesichts der derzeitigen rapiden Entwicklung der Informationstechnik (s. S. 15) wird die Rolle des Auswerters wohl zunehmend wichtiger werden.

Mission in München
Im Dienste des KGB ermordete Bogdan Staschinski zwei ukrainische Nationalisten.

Der Attentäter

Das englische Wort *assassin* für Attentäter geht auf die mittelalterliche Moslemsekte der Assassinen zurück, die sich an der Macht hielten, indem sie die Anführer ihrer Gegner ermordeten. Die Rolle des Geheimdienstattentäters ist im Grunde die gleiche. Entgegen der landläufigen Meinung werden Attentate nur selten von Spionen verübt. Die Anhörungen des US-Senats im Jahre 1976 ergaben, daß die CIA trotz einiger gescheiterter Pläne nie wirklich an der Ermordung ausländischer Politiker beteiligt gewesen war. Heute ist es der CIA per Präsidentenerlaß untersagt, sich an Attentaten zu beteiligen.

Die Geheimdienste der Sowjetunion dagegen haben nicht gezögert, politische Feinde zu liquidieren. Bereits in den dreißiger Jahren haben sie ein Speziallabor, die *kamera*, zur Entwicklung von Giften und anderen Mordinstrumenten eingerichtet. Ihr prominentestes Opfer war Leo Trotzki, der 1940 auf Befehl seines Rivalen Stalin umgebracht wurde.

Später wurden unter anderem auch zwei im Münchner Exil lebende ukrainische Nationalisten vom KGB ermordet, und zwar 1957 und 1959 von einem Offizier namens Bogdan Staschinski. Das von ihm verwendete Instrument war in einer Zeitung versteckt und sprühte Giftgas in das Gesicht des Opfers, das innerhalb von Sekunden starb. Bei dem ersten Anschlag, 1957, kam kein Verdacht auf, nicht einmal nach der Autopsie. Erst als Staschinski sich 1961 den westdeutschen Behörden als Überläufer stellte, verriet er alles.

SPIONE VON MORGEN

Die Zukunft der Spionage wird unweigerlich durch die Veränderungen nach dem Ende des kalten Krieges und dem Niedergang des Kommunismus in Osteuropa beeinflußt. Die Rivalität zwischen zwei Supermächten ist von einer unvorhersagbaren Weltordnung abgelöst worden, die durch Nationalismus und religiösen Fundamentalismus gefährdet ist. Spione von morgen werden sich diese unsichere Weltlage zunutze machen, aber auch den daraus resultierenden Bedrohungen entgegenwirken. Sie werden sich auch häufiger als heute mit Industriespionage, Verbrechen, Terrorismus und der Nutzung neuer Techniken befassen.

Bekämpfung des Drogenhandels
Wird diese Kugel in eine Drogenlieferung abgeschossen, läßt sie sich durch ein Ortungsgerät elektronisch verfolgen.

Industriespionage

Die Handelsrivalitäten zwischen den Industrienationen werden in der Welt nach dem kalten Krieg eher noch zunehmen. In den Handelskriegen und Technologieschlachten von morgen werden Wirtschaftsspione die Fußsoldaten sein. Industriespionage ist nichts Neues: Anfang des Jahrhunderts wurde die Hebern-Maschine (s. S. 120) zum Schutz der Geschäftskorrespondenz erfunden.

Kenji Hayashi
Hayashi wurde verhaftet, als er gestohlene IBM-Computerunterlagen an seine japanischen Auftraggeber liefern wollte.

Ein reiches Betätigungsfeld für Industriespione bietet die Computertechnik. Aufgrund der immensen Kosten für Forschung und Entwicklungsarbeit kann jedes Unternehmen viel Geld sparen, wenn es ein voll entwickeltes Konzept stiehlt. 1981 versuchte Kenji Hayashi, ein leitender Ingenieur der japanischen Firma Hitachi, in den USA die Details eines neuen Diskettenlaufwerks zu erwerben, das gerade von IBM entwickelt wurde.

Hayashi wurde enttarnt, nachdem ein Mittelsmann, über den er diese Geheiminformationen erwerben wollte, IBM informierte. Die Angelegenheit wurde vom FBI untersucht. Hayashi wurde verhaftet, als er gerade 525 000 Dollar für einen Stapel IBM-Dokumente zahlen wollte. Er wurde zu fünf Jahren Gefängnis auf Bewährung und zu einer Buße von 10 000 Dollar verurteilt. Damit IBM ihre Zivilklage zurückzog, soll Hitachi angeblich 300 Millionen Dollar als Entschädigung gezahlt haben.

Industriespionage kann auch von staatlichen Behörden durchgeführt werden. In manchen Staaten, vor allem in Frankreich und Großbritannien, betreiben die Geheimdienste Spionage, um heimische Unternehmen im Wettbewerb mit ausländischen Firmen zu unterstützen.

Verbrechensbekämpfung

Nach dem Niedergang des Kommunismus beschäftigten sich die Geheimdienste zunehmend mit den neu entstandenen Bedrohungen nationaler Sicherheit wie beispielsweise dem organisierten Verbrechen. Amerikanische Geheimdienste beteiligen sich am Krieg gegen die Drogenkartelle in Mittel- und Südamerika. Unterdessen beobachten die Dienste in Europa die zunehmende Gefahr, die von Kriminellen aus dem ehemaligen kommunistischen Block ausgeht.

Geheimdienste können auch zur Bekämpfung neuer technischer Verbrechenstypen eingeschaltet werden. Moderne Computerchiffrierprogramme ermöglichen es Verbrechern, ihre Gewinne zu verschleiern, während sie sie im globalen elektronischen Bankensystem bewegen. Computermikrochips sind heute die wertvollste Schwarzmarktware der Welt.

Noch alarmierender ist der illegale Verkauf von Substanzen zur Herstellung von Atomwaffen aus der ehemaligen Sowjetunion. Geheimdienste könnten verhindern, daß dieses Material in die Hände von Terroristen fällt oder von Staaten erworben wird, die derzeit noch über keine Atomwaffen verfügen.

Satellitenverräter Christopher Boyce
Als Angestellter einer amerikanischen Satellitenkommunikationsfirma wollte Boyce Geheimnisse an die Sowjetunion verkaufen. Er wurde zu einer langjährigen Haftstrafe verurteilt (s. S. 57).

Satellitenstart
Moderne Satelliten sind von unschätzbarem nachrichtendienstlichem Wert. Sie liefern Bilder mit hoher Auflösung und schalten sich weltweit in die Telekommunikation ein.

Überwachung

Eine Reihe technischer Neuentwicklungen werden die Arbeit der Spione von morgen mit Sicherheit beeinflussen. Videokameras zur Überwachung lassen sich bereits kleiner als eine Briefmarke bauen, Aufnahmen können digital vergrößert werden. Mit digitaler Technik arbeitende Lauschgeräte arbeiten mit Festkörperspeichern – sie zeichnen den Ton auf einem Siliziumchip auf und senden ihn anschließend als Impuls (s. S. 118).

Eine weitere Verbesserung der akustischen Überwachung ist die Verwendung von Glasfaserkabeln statt Drähten für die Übertragung von Mikrofonsignalen. Dadurch ist die Überwachung viel schwerer nachzuweisen.

Auch die Satellitentechnik ermöglicht bereits die ständige Echtzeitüberwachung eines Zielgebiets, und zwar mittels Fotos und durch das Abhören des Funkverkehrs.

Systemspionage

Den stärksten Einfluß auf die Spionage von morgen werden wohl neue Entwicklungen in der Computertechnik haben. Künftige Stimmerkennungssysteme werden für eine noch trickreichere automatische elektronische Überwachung sorgen. Neue elektronische Chiffriergeräte werden die Sicherheit der Kommunikation verbessern – und zugleich das Codeknacken erschweren. »Software-Roboter« könnten durchs öffentlich zugängliche Internet kreuzen, mit dem programmierten Auftrag, verbotene Mitteilungen zwischen einem Agenten und seinem Führungsoffizier aufzuspüren. Und dann könnte es noch intelligentere »Viren« geben: Vernichtungsprogramme, die in den Computerbetriebssystemen eines Feindes in Kriegs- oder Krisenzeiten aktiviert werden. Menschliche Spione werden zwar kaum überflüssig, aber für das Sammeln und Verarbeiten von Informationen werden Computer immer wichtiger. Und vielleicht werden diejenigen, die den Zugang zur Information kontrollieren, auch darüber entscheiden, wer die Supermächte von morgen sein werden.

Mikrovideokamera
Diese winzige Kamera kann sogar Bilder durch Kleidungsgewebe hindurch aufnehmen.

BERÜHMTE SPIONAGE-OPERATIONEN

Seit undenklichen Zeiten wird spioniert. Viele der heute verwendeten Spionagetechniken wurden an Fürstenhöfen zur Zeit der italienischen Renaissance und im elisabethanischen England erfunden. Spätere Generationen von Spionen und Agenten haben aus den Erfahrungen der Vergangenheit gelernt und verfeinerte Methoden zur Beschaffung und Weitergabe von Informationen entwickelt, während sie den Feind daran zu hindern suchten, das gleiche zu tun. Das 20. Jahrhundert ist das Goldene Zeitalter der Spionage. In den beiden Weltkriegen wie im kalten Krieg entstand eine immense Nachfrage nach Informationen. Im Zweiten Weltkrieg kam es zur Bildung der riesigen sowjetischen Spionagenetze und zur rapiden Entwicklung der Kryptologie. Im kalten Krieg wurden die großen Geheimdienste KGB und CIA errichtet sowie neue Techniken, wie Computer und Spionagesatelliten, zur Spionage eingesetzt. Der folgende Abschnitt befaßt sich mit den berühmtesten und bedeutendsten Spionageoperationen der Geschichte.

Emblem der Agentur Pinkerton
Allan Pinkerton, Gründer der Pinkerton's National Detective Agency, leitete im amerikanischen Bürgerkrieg (1861-65) auf seiten der Nordstaaten den »Pinkerton's Secret Service«.

AUS DER FRÜHZEIT DER SPIONAGE

Herrscher und Militärführer müssen stets die Stärken, Schwächen und Absichten ihrer Feinde kennen. Somit ist das Spionagegewerbe so alt wie die Zivilisation. Um 500 v. Chr. schrieb der chinesische Stratege Sun Tsu über die Bedeutung von Geheimdiensten und Spionagenetzen in seinem Klassiker *Kunst des Krieges*. Die Bibel enthält über hundert Hinweise auf Spione und ihre Tätigkeit. Die meisten Elemente der modernen Spionage stammen indes aus dem Europa des 15. und 16. Jahrhunderts.

Kardinal Richelieu
Der Erste Minister unter Ludwig XIII. von Frankreich schuf den Geheimdienst Cabinet Noir.

Spione am Hof

Die politischen, geistigen und kulturellen Veränderungen in jener Zeit förderten die Entwicklung der Informationsbeschaffung. Im 15. Jahrhundert kamen die Prinzipien polyalphabetischer Geheimschriften auf, die noch im frühen 20. Jahrhundert angewendet wurden. Im 16. und 17. Jahrhundert wurden die europäischen Höfe Zentren von Intrigen, da die Herrscher ihre Macht erhalten und mehren wollten. Der diplomatische Dienst wurde eingerichtet, und die Botschafter sollten offizielle Pflichten mit Spionage und Subversion verbinden. Geheimdienste wurden wirkungsvoll eingesetzt von Kardinal Richelieu in Frankreich (1585-1642) und Sir Francis Walsingham in England (1537-90).

Dechiffrierscheibe der Konföderierten
Diese Substitutionsscheibe aus Messing, eine Art Chiffrierrad (s. S. 120), wurde im amerikanischen Bürgerkrieg vom Signal Service der Konföderierten zur Geheimkommunikation verwendet.

Der amerikanische Bürgerkrieg

Bis zum amerikanischen Bürgerkrieg (1861-65) hatten sich die Methoden zur Beschaffung und Übermittlung von Informationen aufgrund einer Reihe technischer Fortschritte verändert. Zum erstenmal wurde dafür die Fotografie herangezogen, ja die konföderierten Staaten verwendeten sogar eine frühe Form der Mikropunkte. Die Telegrafie wurde erstmals in einem größeren Krieg zur

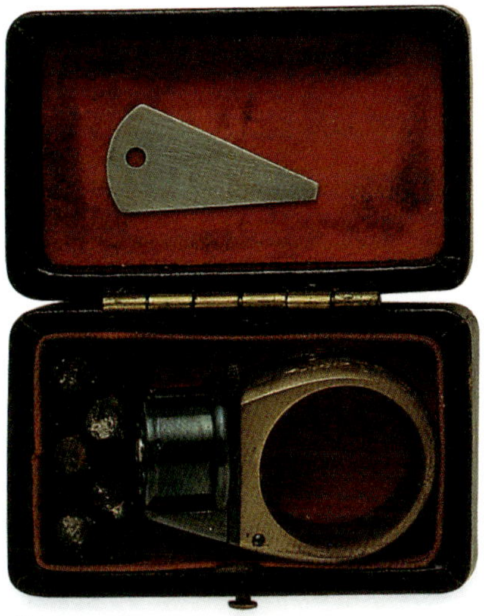

Ringrevolver
Diese winzige fünfschüssige Waffe der Marke Le Petit Guardian, *hier mit Etui und Munition, wurde im späten 19. Jahrhundert in Frankreich hergestellt.*

militärischen Kommunikation eingesetzt, wenngleich die Nachrichten oft abgefangen und dechiffriert wurden. Mit Hilfe von Heißluftballons machte man bereits Luftaufnahmen.

Silberdollarversteck
In diesem Silberdollar aus dem 19. Jahrhundert konnte man Geheimnachrichten verstecken. Die Seite mit dem Adler hatte ein Scharnier und ließ sich durch Druck auf einen Punkt am Rand öffnen.

Der Erste Weltkrieg

Zu Beginn des Ersten Weltkriegs (1914–18) glaubte sich die Öffentlichkeit auf beiden Seiten zwar von Spionen am meisten bedroht, aber als weitaus entscheidender erwies sich die nachrichtendienstliche Fernmeldetechnik. So entschlüsselten Dechiffrierexperten der britischen Admiralität etwa ein streng geheimes Telegramm, in dem die deutsche Regierung Mexiko ein Angriffsbündnis gegen die USA anbot. Mit Hilfe dieser Information gelang es England, Amerika zur Kriegsteilnahme auf der Seite der Alliierten zu bewegen (s. S. 24). In Amerika hatte Herbert Yardley eine Kryptologieabteilung für den militärischen Nachrichtendienst geschaffen (s. S. 24).

Tscheka-Abzeichen
Die Tscheka löste die Ochrana ab, den alten zaristischen Sicherheitsdienst.

Die russische Revolution

Die Teilnahme Rußlands am Ersten Weltkrieg führte nach der Revolution von 1917 zur Machtergreifung durch die Partei der Bolschewiki. Sie schuf eine eigene Geheimpolizei, die Tscheka, die eine rücksichtslose Offensive, den sogenannten Roten Terror, gegen ihre Gegner durchführte. Sobald die Bolschewiki sich etabliert hatten, weitete die Tscheka ihre Tätigkeit aufs Ausland aus. Nach der Bildung der Sowjetunion 1923 wurde sie von der OGPU abgelöst, der direkten Vorläuferin von NKWD und KGB (s. S. 26).

Tscheka-Ausweis
Die 1917 gegründete Tscheka ist die Abkürzung für »Außerordentliche Kommission« (für den »Kampf gegen konterrevolutionäre Umtriebe, Sabotageakte und Dienstvergehen«).

Hofintrigen

Viele wichtige Strukturen der modernen Spionage stammen aus der Renaissance, der kulturellen Erneuerungsbewegung im Europa des 15. und 16. Jahrhunderts. In den Künsten und Wissenschaften begann ein neues, aufgeklärtes Zeitalter. Auch im öffentlichen Leben vollzogen sich dynamische Veränderungen, und erbitterte Kämpfe um Macht und religiöse Autorität sorgten für Intrige und Verrat. Dies war die Welt, wie sie der Schriftsteller Niccolò Machiavelli wahrnahm und in der ein neuer Politikertypus wie Cesare Borgia (1475-1507) aufkam.

Niccolò Machiavelli

Als gelehrter Autor interessierte sich Machiavelli (1469-1527) besonders für politische Philosophie. Im diplomatischen Dienst der Republik Florenz lernte er Cesare Borgia kennen, dessen Schläue und Gerissenheit er später in seinem Buch *Il Príncipe (Der Fürst)* anderen Herrschern als Beispiel vorhielt. In einem Werk über die Kunst der Kriegführung hob er die Nützlichkeit militärischer Geheimdienste hervor.

CESARE BORGIA

Mittels einer Mischung aus Täuschungsmanövern, Charme und Angriffslust baute sich Borgia in Mittelitalien ein Königreich auf. Auch andere Herrscher wußten den neuen politischen Zeitgeist zu nutzen. In jenem vorherrschenden Klima des Mißtrauens mußte die sich entwickelnde Kunst der Spionage einfach gedeihen.

Geheimdiensttechnik kam bereits damals zum Einsatz. Zwei Gelehrte, Leon Battista Alberti (1404-72) und Johannes Tritheim (1462-1516), dachten sich eindrucksvolle komplexe polygraphische Chiffriergeräte aus. Andere wie Giovanni Soro († 1544) in Venedig entwickelten die Wissenschaft der Kryptologie (das Studium von Codes und Chiffren).

In der Renaissance entstand auch der moderne Nationalstaat, und an den Höfen dieser Staaten kam es zu den wichtigsten Entwicklungen auf dem Gebiet der Spionage. Bis zur zweiten Hälfte des 16. Jahrhunderts hatten Staaten wie Frankreich, England und Spanien offizielle Strukturen zur Beschaffung politischer und militärischer Informationen im Inland wie im Ausland errichtet. Staatsminister und Diplomaten waren dafür zuständig, und die Botschafter im Ausland mußten ihre offiziellen Pflichten mit einer Spionagetätigkeit verbinden.

Elisabethanische Intrigen

Einen effizienten Geheimdienst gab es in England unter der Herrschaft von Elisabeth I. (1533-1603). Als protestantisches Land mit einer schwachen Armee wurde England ständig von den katholischen Mächten Frankreich und Spanien bedroht. Jeder Krieg konnte England in die Katastrophe führen: Informationen über die Absichten der Gegner waren also lebenswichtig.

Elisabeth war unverheiratet und kinderlos, und einige ausländische Fürsten wollten sie heiraten, um damit den englischen Thron zu gewinnen. Zudem hatte sie in England katholische Gegner, die sie stürzen und durch einen katholischen Monarchen ablösen wollten. Die Sicherheit des protestantischen Staates hing vom Schutz der Königin vor solchen Gefahren ab. 1573 wurde Sir Francis Walsingham (1537-90) zum Staatssekretär ernannt. Durch geschickten Einsatz von Spionage und Gegenspionage konnte er eine Reihe von Komplotten zum Sturz von Elisabeth und zur Wiederherstellung der römisch-katholischen Kirche niederschlagen.

Eine mögliche Thronerbin war Elisabeths Kusine Maria Stuart (1542-87). Als Katholikin war die schottische Königin in viele politische Intrigen gegen die Krone verwickelt. Die Babbington-Verschwörung von 1586 etwa zielte auf die Befreiung Marias ab, die in England eingekerkert wurde, nachdem sie zur Flucht aus Schottland gezwungen worden war. Die Hauptelemente dieses Komplotts waren ein Aufstand der Katholiken von England, die In-

MEISTERSPION

Christopher Marlowe

Der englische Dichter und Stückeschreiber Christopher Marlowe (1564-93) wurde als Student an der Universität Cambridge für den Geheimdienst rekrutiert. In der Rolle eines katholischen Studenten trat er 1587 in ein Jesuitenseminar in Reims ein. Er gewann das Vertrauen seiner Mitstudenten und erfuhr Details über jesuitische Verschwörungen in England. Viele glauben, daß sein Tod bei einer Wirtshausrauferei mit seiner Geheimdiensttätigkeit zusammenhängt.

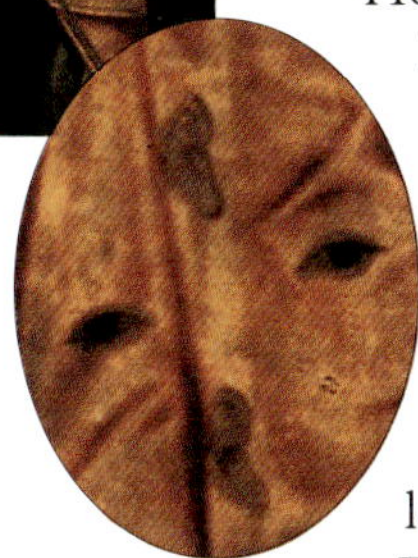

Elisabeth I.
Die Motive auf dem Kleid der Königin sind Embleme verschiedener Aspekte ihrer Macht. Augen und Ohren (kleines Bild) symbolisieren die Tätigkeit ihres Geheimdienstes.

vasion durch eine von Spanien und vom Papst finanzierte Armee und die Ermordung Königin Elisabeths.

Haupt der Verschwörung war John Ballard, Walsinghams Mitarbeitern als Priester des militanten Jesuitenordens bekannt. Ballard rekrutierte Anthony Babbington, der Maria früher als Bote gedient hatte. Doch Walsingham ließ einen Doppelagenten das Vertrauen der Verschwörer gewinnen und erfuhr bald, wie sie sich brieflich mit Maria verständigten.

Diese Korrespondenz wurde abgefangen und von Walsinghams Meisterkryptograph Thomas Phelippes dechiffriert. Die darin enthaltenen Beweise reichten aus, die einzelnen Verschwörer zu verhaften und hinzurichten – am 8. Februar 1587 sogar Maria, die schottische Königin.

Der englische Staat wurde auch vom Ausland bedroht. So hielt es König Philipp II. von Spanien (1527-98) für seine Pflicht, England wieder zum katholischen Glauben zurückzuführen. Walsingham schickte Anthony Standen als Spion nach Spanien. Standen sicherte sich die Hilfe des florentinischen Botschafters an Philipps Hof wie auch die eines flämischen Höflings, dessen Bruder ein Bediensteter des Großadmirals der spanischen Flotte war. 1587 erhielt Walsingham aus diesen Quellen Informationen, daß die große Flotte, die Armada, für die Invasion Englands vorbereitet werde. Walsingham nützte seinen Einfluß im Ausland und ließ heimlich die Bankanleihen verzögern, die Philipp zur Finanzierung seines Feldzugs benötigte. So hatte England Zeit, sich auf das Eintreffen der Armada einzustellen und sie schließlich zu schlagen.

Richelieu und das Cabinet Noir

Im 17. Jahrhundert wurde der französische Hof ein Zentrum der Spionagetätigkeit. Zu Beginn des Jahrhunderts litt Frankreich unter einem übermächtigen Adel und inneren religiösen Spannungen. Außenpolitisch wurde es von den mächtigen Habsburgern bedroht, den Herrschern von Spanien, Österreich, Teilen Italiens und den Niederlanden.

Diese Schwierigkeiten wurden vom Ersten Minister Ludwigs XIII., Kardinal Richelieu (1585-1642), bravourös bewältigt. Ludwig selbst war ein schwacher Herrscher, und so wurde Frankreich von 1624 bis 1642 praktisch von Richelieu regiert. Eine der ersten Maßnahmen nach seiner Ernennung war die Einrichtung eines Geheimdienstes, des sogenannten Cabinet Noir. Dieser Dienst überwachte die Aktivität des französischen Adels, indem er dessen Korrespondenz abfing.

In Kenntnis der Briefe durchkreuzte Richelieu die Komplotte gegen den König im Bemühen, der Monarchie absolute Macht zu verschaffen. Sein größter Erfolg war die Vereitelung von Verschwörungen, die der Bruder des Königs, Herzog Gaston von Orleans, und der Marquis de Cinq-Mars angezettelt hatten.

Richelieu setzte auch Agenten im Ausland ein, um die Habsburger zu schwächen, ohne Frankreich dabei in kostspielige Kriege zu verwickeln. Sie intrigierten beispielsweise gegen Spanien, indem sie Portugal und Katalonien anstachelten, gegen die spanische Herrschaft aufzubegehren.

Die Machenschaften des Kardinals trugen auch dazu bei, Schweden in den Dreißigjährigen Krieg (1618-48) zu verwickeln. Nachdem Deutschland durch diesen Konflikt gelähmt war, konnte Richelieu seinem Land das Elsaß einverleiben. Mit derartigen Mitteln verhalf sein Geheimdienst Frankreich dazu, ein mächtiger, absolutistischer Nationalstaat zu werden.

Kardinal Richelieu
Kardinal Armand Jean du Plessis, Herzog von Richelieu, errichtete einen nationalen Geheimdienst, um den Absolutismus in Frankreich einzuführen.

Der amerikanische Bürgerkrieg

Der amerikanische Bürgerkrieg (1861-65) war ein Konflikt zwischen den Nordstaaten (der Union), die alle amerikanischen Staaten in einem Land vereinen wollten, und den Südstaaten (der Konföderation), die unabhängig bleiben wollten. Die Nordstaaten gewannen den Krieg und hielten damit die Vereinigten Staaten von Amerika zusammen. Im Krieg bildeten beide Seiten mehrere Geheimdienstorganisationen. Diese konnten neue Techniken wie die Fotografie für die Spionage nutzen.

Allan Pinkerton
Allan Pinkerton (links), Chef einer Detektivagentur, leitete den Geheimdienst der Union. In der Bildmitte steht Abraham Lincoln.

Belle Boyd, die »Jeanne d'Arc der Rebellen«
Als Spionin und Kurier war die extravagante Südstaatenpatriotin Belle Boyd (1843-1900) mäßig erfolgreich. Nach dem Krieg verklärte sie ihr Wirken in einem Buch und trat lange auf der Bühne als Spionin auf.

Geheimdienste

Als der Krieg 1861 ausbrach, besaß keine Seite einen organisierten Geheimdienst. Die Truppen der Union wie der Konföderierten verließen sich anfangs auf patriotische Zuträger wie Rose Greenhow.

General George McClellan, Armeekommandeur der Union, richtete kurz nach Kriegsbeginn einen Geheimdienst ein und setzte einen Detektiv, Allan Pinkerton, an dessen Spitze. Vor dem Krieg besaß Pinkerton eine Detektivagentur, die für die Sicherheit der Eisenbahnen gesorgt hatte. Als Spione waren Pinkertons Detektive nur bedingt erfolgreich, aber sie entwickelten ein Verfahren, geflohene Sklaven auszuhorchen. Es kam zum Konflikt, als ein anderer Unionskommandeur, General Winfield Scott, seinen eigenen Geheimdienst unter Leitung von Lafayette Baker aufbaute. Baker erwies sich sogar als noch erfolgloser als Pinkerton, auch wenn er, als Wanderfotograf verkleidet, persönlich im Süden spionierte. Pinkertons wie Bakers Leute fahndeten nach Spionen der Konföderierten, die in der Unionshauptstadt Washington operierten, wobei die Agenten sich zuweilen irrtümlicherweise gegenseitig verhafteten.

Effizientere regionale Geheimdienstoperationen des Militärs wurden von Feldkommandeuren der Union durchgeführt, vor

MEISTERSPION

Rose Greenhow

Rose O'Neal Greenhow war eine glänzende Spionin der Konföderierten. Als Gastgeberin der feinen Gesellschaft in Washington sponn sie kurz vor Kriegsbeginn ein Spionagenetz und entlockte mit ihrem Charme Unionspolitikern und -militärs Geheimnisse. Die erste Schlacht – bei Bull Run – wurde dank den von Greenhow zugespielten Informationen von den Konföderierten gewonnen. Selbst unter Hausarrest ließ sie sich nicht von ihrer Tätigkeit abhalten.

Chiffrierscheibe der Konföderierten
Dieses Chiffriergerät für die geheime Nachrichtenübermittlung wurde 1862 vom Signal Service Bureau der Konföderierten eingeführt.

allem von Colonel George H. Sharpe für General Ulysses S. Grant.

Im Süden leiteten Colonel Thomas Jordan und später Major William Norris einen Nachrichtendienst, der täglich Informationen über Kuriere aus dem Norden erhielt. Erst 1865, kurz vor Kriegsende, wurde ein offizieller konföderierter Geheimdienst errichtet.

Neue Techniken

In diesem Krieg wurden weitere Methoden der Nachrichtenbeschaffung erprobt. Die Fotografie war noch so neu, daß nur wenige Kommandeure sich dadurch bedroht fühlten. So durften Fotografen Bilder von militärischen Verteidigungsanlagen und Lagern machen.

Auf diese Weise erhielten beide Seiten Informationen. Konföderierte Kuriere versteckten fotografisch verkleinerte Mitteilungen in hohlen Metallknöpfen. Die Telegrafie diente der raschen Kommunikation, wobei beide Seiten aus Geheimhaltungsgründen mit Chiffriergeräten arbeiteten. Während des Krieges wurde zwar die Luftaufklärung mittels Heißluftfesselballons entwickelt, die aber nur von begrenztem Nutzen waren, da sie ein leichtes Ziel boten.

Puppe mit Geheimfach
Im Süden herrschte großer Mangel an Medikamenten. Frauen und Kinder trugen sie in Puppen wie dieser durch die feindlichen Linien.

Das Komplott zur Ermordung Präsident Lincolns

Als sich der amerikanische Bürgerkrieg 1865 seinem Ende näherte, plante der konföderierte Geheimdienst mehrere Anschläge gegen Unionsführer. Diese Anschläge mißlangen zwar, aber einige Verschwörer agierten auch nach der offiziellen Kapitulation der Konföderierten am 9. April 1865 weiter. Ehrgeizigstes Ziel war die Ermordung des Unionspräsidenten Abraham Lincoln, des Vizepräsidenten und des Kriegsministers.

John Wilkes Booth, ein berühmter Schauspieler, schoß auf Lincoln, als dieser sich am 14. April 1865 ein Stück am Ford Theatre in Washington ansah; der Präsident erlag der Wunde. Booth entkam aus dem Theater, wurde aber anschließend gefunden und erschossen. In seinem Besitz befand sich auch eine Chiffriermaschine der Konföderierten. Für die populäre Geschichtsschreibung gilt Booth als Einzeltäter. Aber er hatte eindeutig Verbindungen zum konföderierten Geheimdienst, wobei die Rolle seiner Gruppe noch nicht geklärt ist.

Abraham Lincoln
Dieses Bild zeigt Präsident Lincoln (1809-65), wie er von Booth im Ford Theatre angeschossen wird.

John Wilkes Booth
Lincolns Mörder, der Schauspieler John Wilkes Booth (1838-65), war auch an einem früheren Versuch beteiligt, den Präsidenten zu entführen.

Der Erste Weltkrieg

Der Erste Weltkrieg (1914-18) begann als Auseinandersetzung zwischen den europäischen Großmächten: der Tripel-Entente aus Frankreich, England und Rußland und den Mittelmächten Deutschland und Österreich-Ungarn. In diesem Krieg, in den immer mehr Nationen hineingezogen wurden, erhielt das Codeknacken (die Kryptoanalyse) die geheimdienstliche Bedeutung, die es heute hat.

Graf Johann Heinrich von Bernstorff
Der deutsche Botschafter in Washington im Ersten Weltkrieg schickte die berühmte Depesche nach Mexiko.

Geheimverstecke für unsichtbare Tinte
Eine Talkumpuderdose und eine Zahnputzmittelflasche, die der britische Geheimdienst bei gefangenen deutschen Spionen fand, enthielten unsichtbare Tinte.

Im frühen 20. Jahrhundert machte die Technik der Nachrichtenübermittlung erhebliche Fortschritte. Für die Kriegführung waren Mitteilungen in Morsecode per Telegraph und Funk bald unabdingbar. Zur Nachrichtenbeschaffung des »Agenten vor Ort«, englisch abgekürzt HUMINT (von human intelligence) genannt, gesellte sich die neue Kunst der Signalübermittlung, später kurz SIGINT genannt. Neben dem Senden und Empfangen von Nachrichten mußte man nun auch noch die Codes feindlicher Nationen knacken. Zu Beginn des Ersten Weltkriegs war sich Rußland nicht im klaren, wie wichtig dies war: Der erste deutsche Sieg gegen Rußland beruhte auf dem Abfangen unchiffrierter Morsesendungen der russischen Armee durch den deutschen Nachrichtendienst. Einige andere Länder richteten spezielle Dechiffrierzentren ein, wie zum Beispiel der britische Marinegeheimdienst mit Room 40, der für seine Dechiffrierungskünste berühmt war.

Herbert Osborne Yardley

Als junger Mann machte Herbert Yardley (1889-1958) sich einen Namen als Codeknacker, während er einfacher Sekretär im US-Außenministerium war. Nach dem Ausbruch des Ersten Weltkriegs leitete er in der US-Army die neue Kryptographie-Abteilung des Militärischen Geheimdienstes (MI8). Er führte neue Codes ein und trug zur Überführung eines deutschen Spions bei, dessen Geheimbotschaft der MI8 dechiffriert hatte.

Nach dem Krieg richtete Yardley eine ständige Behörde ein, die American Black Chamber, die das Außenministerium und den US-Militärgeheimdienst bei der Erforschung von Codes und Chiffren unterstützte. (Zur Unterscheidung von Code und Chiffre s. Glossar, S. 168) Yardley feierte seinen größten Erfolg, nachdem die USA sich bei der internationalen Marineabrüstungskonferenz von 1921 dank den von seiner Behörde geknackten japanischen Codes und Chiffren erhebliche Vorteile gegenüber Japan verschafften.

Friedenskonferenzausweis
Herbert Yardley leitete das kryptographische Büro der US-Delegation bei der Pariser Friedenskonferenz von 1919.

Die Zimmermann-Depesche

1917 plante Deutschland einen uneingeschränkten U-Boot-Krieg gegen alle Schiffe, die britische Häfen anliefen, sogar von neutralen Ländern. Die Deutschen hatten auch einen Plan für den Fall, daß sie damit die (damals noch neutralen) USA provozieren würden.

Aus Berlin schickte der Staatssekretär im Auswärtigen Amt, Arthur Zimmermann, eine komplex verschlüsselte Depesche an Graf von Bernstorff, den deutschen Botschafter in Washington. Der gleiche Text sollte in einem einfacheren Code an die Botschaft in Mexiko übermittelt werden. Mexiko sollte auf diesem Wege ein Kriegsbündnis mit Deutschland gegen die USA angeboten werden.

Der britische Geheimdienst fing die zweite Depesche ab. Nachdem man sie dechiffriert hatte, konnte der für die erste Depesche verwendete Code geknackt werden. Diese Depesche hatte man auch abgefangen, konnte sie aber nicht entschlüsseln.

Verdächtige Zigarren
Diese Zigarren waren an zwei als Zigarrenimporteure agierende holländische Spione in Portsmouth adressiert. Sie wurden von den Briten auf der Suche nach versteckten Nachrichten aufgeschlitzt.

Die Briten hofften, die USA auf seiten der Alliierten in den Krieg zu ziehen, indem sie eine Klarschrift der Depesche an den amerikanischen Geheimdienst schickten. Die Tatsache, daß der hochgeheime Code der Deutschen geknackt war, wurde allerdings geheimgehalten.

Die Amerikaner übergaben den Text der zweiten Depesche an die Presse und behaupteten, sie ohne britische Hilfe abgefangen zu haben. Daher glaubten die Deutschen, ihr hochgeheimer Code sei noch immer sicher. Die öffentliche Wut über die deutsche Depesche trug schließlich zum Kriegseintritt der USA bei.

Deutsche Spione

Beim Ausbruch des Ersten Weltkriegs geisterte die Angst vor deutschen Spionen durch England und Frankreich. In Wirklichkeit waren in beiden Ländern viel weniger Spione anwesend, als die Geheimdienste befürchteten. Die meisten wurden bei Ausbruch der Feindseligkeiten gefangengenommen. Ein Spion, der seiner Festnahme entging, war Jules Silber. Er operierte in England, wo er einen Posten in der Zensurbehörde der Post übernahm und zensierte Informationen an die Deutschen weitergab.

Nicht so erfolgreich waren zwei holländische Agenten, die für die Deutschen in Portsmouth spionieren sollten. Sie gaben vor, Zigarrenimporteure zu sein, und verwendeten ihre Auftragsformulare als Codes für die Schiffe, die sie in Portsmouth sahen. Diese fingierten Aufträge wurden von der britischen Postzensur abgefangen, deren Mißtrauen durch die bestellten Zigarrenmengen geweckt wurde. Die Spione wurden gefangen und 1915 hingerichtet.

Mata Hari

Die in Holland geborene Margaretha Zelle (1876-1918) wurde in ganz Europa unter dem Bühnennamen Mata Hari als Tänzerin berühmt. Sie führte einen Tanz auf, der nach ihrer Aussage ein authentisches Hindu-Tempelritual war. Ihr Ruhm trug ihr viele einflußreiche Liebhaber ein.

Mata Hari wurde 1914 Spionin, nachdem der deutsche Konsul in Amsterdam sie überredete, ihre Liebhaber für Deutschland auszuhorchen. Sie erhielt Spezialtinten für geheime Botschaften. Schon bald erregten Mata Haris amateurhafte Spionageversuche den Verdacht der französischen und britischen Geheimdienste. Dennoch gingen die Franzosen auf ihr Angebot, für sie zu spionieren, ein. Sie verführte den deutschen Militärattaché in Madrid, von dem sie sich Informationen für Frankreich erhoffte. Ihr Ende war besiegelt, als sie in einem deutschen Geheimdiensttelegramm aus Madrid erwähnt wurde. Diese Nachricht, in der sie als »Agent H-21« bezeichnet und identifiziert wurde, fingen die Franzosen ab – den Code hatten sie bereits zuvor geknackt.

Mata Hari wurde auf der Rückkehr nach Paris verhaftet, vor ein französisches Militärgericht gestellt und 1918 durch Erschießen hingerichtet.

MATA HARI IN FRANZÖSISCHER HAFT

MATA HARI ALS TÄNZERIN VOR DEM ERSTEN WELTKRIEG

Die russische Revolution

Mit der russischen Revolution von 1917 wurde die Feudalherrschaft der Zaren durch die kommunistische Herrschaft der Bolschewiki (der Kommunistischen Partei) abgelöst. Soziales Elend im Ersten Weltkrieg und politischer Druck hatten zum Umsturz geführt. Unter den Zaren gab es einen Geheim- und Sicherheitsdienst namens Ochrana. Eine seiner Hauptaufgaben war die Überwachung von Revolutionären wie den Bolschewiki. Als diese an die Macht gekommen waren, übernahmen sie die nachrichtendienstlichen Techniken der Ochrana.

FRÜHES TSCHEKA-ABZEICHEN

Felix Dserschinski
Die russische Geheimpolizei wurde von Felix Dserschinski (in der Mitte sitzend) gegründet. Diese riesige und mächtige Organisation sollte länger bestehen als die Sowjetunion selbst.

Die zaristischen Geheimdienste hatten eine wechselvolle Geschichte. 1913 errang der militärische Geheimdienst einen großen Erfolg gegen das österreichisch-ungarische Kaiserreich. Wichtige Militärgeheimnisse wurden vom österreichischen Heeresoffizier Alfred Redl erworben. Die Russen konnten den homosexuellen Oberst dazu erpressen, ihnen österreichische Kriegspläne weiterzugeben.

1914 führte ein Versagen des Geheimdienstes zur ersten großen russischen Niederlage im Ersten Weltkrieg, in der Schlacht von Tannenberg. Funksignale über russische Truppenaufstellungen wurden in einfachem, unchiffriertem Morsecode gesendet. Durch die Überwachung des Funkverkehrs verschafften sich die Deutschen entscheidende Vorteile.

Die Ochrana

Die Ochrana war sich mehr als die Militärs über die Möglichkeiten der Signalübermittlung im klaren und beschäftigte Spione als Codeknacker. Der Organisation gelang es auch, ausländische Journalisten zu bestechen, Rußland positiv darzustellen. Dadurch konnte sich der Zar Kriegsanleihen aus verbündeten Ländern sichern. Am effektivsten arbeitete die Ochrana in Europa. Sie entwickelte ein System von Spitzeln und Agenten zur Einschleusung in revolutionäre Gruppen. Die dabei gewonnenen Informationen waren so gut, daß Ochrana-Akten eine Hauptinformationsquelle über die Frühgeschichte der Bolschewiki sind. Als diese an der Macht waren, erkannten sie sogleich den Wert der Spionagetechniken und -berichte der Ochrana.

Tscheka-Ausweis
Das früheste bekannte Exemplar eines russischen Geheimpolizeiausweises gehörte einem Mitglied der Tscheka.

Der Kreml in Moskau
Der Kreml, eine ummauerte Festung im Zentrum Moskaus, wurde 1918 die Machtzentrale der Bolschewiki und ist heute Sitz der russischen Regierung.

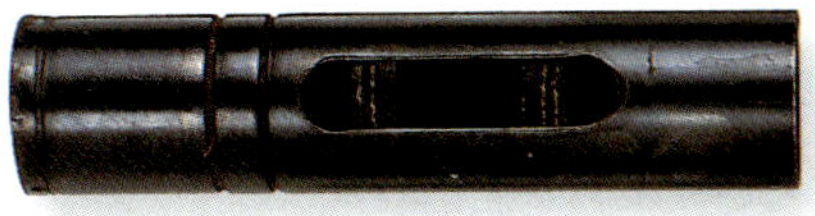

Die Tscheka

Ende 1917 schufen die Bolschewiki ihre eigene Geheimpolizei, die Tscheka. Unter dem Kommando von Felix Dserschinski (1877-1926) machte sich die Tscheka sofort daran, den Bolschewiki den Machterhalt zu sichern. Politische Gegner des Regimes wurden verhaftet, eingesperrt oder hingerichtet. Diese Aktionen erreichten Ende 1918 ihren Höhepunkt. Geiseln wurden genommen, Konzentrationslager errichtet, und die Folter durch Tscheka-Beamte wurde offiziell als Mittel zur Informationsbeschaffung gebilligt. Indem die Tscheka diese extreme Brutalität mit den Vernehmungstechniken der Ochrana und der vorrevolutionären Erfahrung der Bolschewiki in Untergrundarbeit verband, konnte sie sich als oberste Behörde für die Spionage im Ausland und für die Gegenspionage im Innern etablieren.

Die OGPU

1922, als die Bolschewiki fest im Sattel saßen, wurde die Tscheka, noch unter Dserschinksi, in die GPU (Staatliche Politische Verwaltung) umgewandelt. Nach der Gründung der Sowjetunion im folgenden Jahr wurde aus der GPU die OGPU (Vereinigte Staatliche Politische Verwaltung). Nach der Verfassung der Sowjetunion war die OGPU mit dem »Kampf gegen politische und wirtschaftliche Konterrevolution, Spionage und Banditentum« betraut. Von ihrer Zentrale in der Moskauer Lubjanka aus beherrschte sie praktisch das gesamte Leben der Sowjets und führte auch Geheimdienstoperationen im Ausland durch. Besonders aktiv war sie gegenüber antibolschewistischen Emigranten. Am Ende hatte sie 800 000 Mitglieder. Bis 1991 blieb die OGPU, unter wechselnden Namen, ein zentraler Faktor der Herrschaft der Sowjetunion.

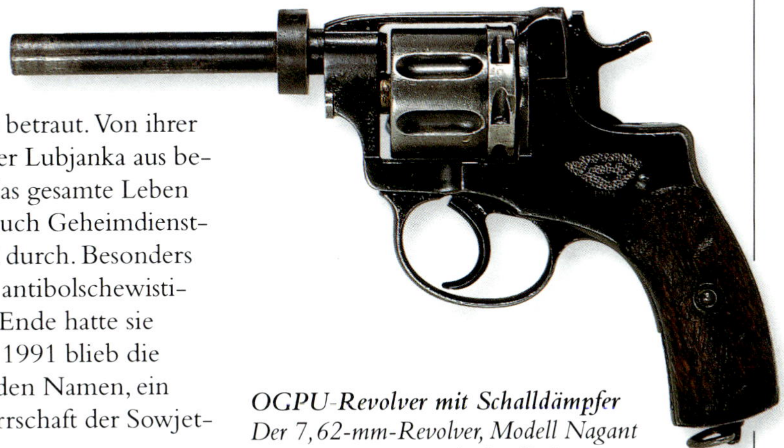

OGPU-Revolver mit Schalldämpfer
Der 7,62-mm-Revolver, Modell Nagant 1897, war eine Standardwaffe der zaristischen wie der Sowjetarmeen. Hier ein Spezialexemplar der OGPU mit abgenommenem Schalldämpfer.

OGPU-Ausweis
1923 wurde aus Felix Dserschinskis Geheimdienst- und Polizeiorganisation die OGPU, direkte Vorläuferin von NKWD, MGB und KGB. Nach dem Fall der Sowjetunion 1991 wurde der KGB aufgelöst, seine Direktorate wurden umbenannt.

Der »Trust« und Sidney Reilly

Der »Trust« war eine von Geheimpolizeichef Felix Dserschinski (s. o.) erfundene Täuschungsoperation. Damit wollte man konterrevolutionäre Emigranten in die Sowjetunion zurücklocken, um sie umzubringen oder einzusperren.

Basis der Organisation war Paris, wo sie offiziell Crédit Association Municipal de Moscou hieß. Angeblich sollte sie antibolschewistischen Gruppen Unterstützung gewähren. Um das Vertrauen der Emigranten zu erlangen, gestattete Dserschinski dem Trust, die Flucht eines berühmten antibolschewistischen Generals aus Rußland zu inszenieren. 1924 überredete der Trust den Emigrantenführer Boris Sawinkow zur Rückkehr nach Moskau, angeblich um eine Konterrevolution zu führen. In Moskau wurde er verhaftet, gefoltert und durch einen Sturz über eine Treppe in der OGPU-Zentrale, der Lubjanka, umgebracht.

1925 wurde ein britischer Agent namens Sidney Reilly zu einer Besprechung mit Trust-Mitgliedern nach Moskau gelockt, verhaftet und zu einem Geständnis über all seine Moskauer Kontakte gezwungen. Dann wurde er hingerichtet. Sein Leichnam wurde fotografiert, als Beleg für die OGPU-Akten, daß er gefangen und getötet worden war.

Sidney Reilly
Reilly wurde wegen seiner Arbeit für den britischen Geheimdienst und seiner wichtigen russischen Kontakte Zielobjekt der OGPU.

DER ZWEITE WELTKRIEG

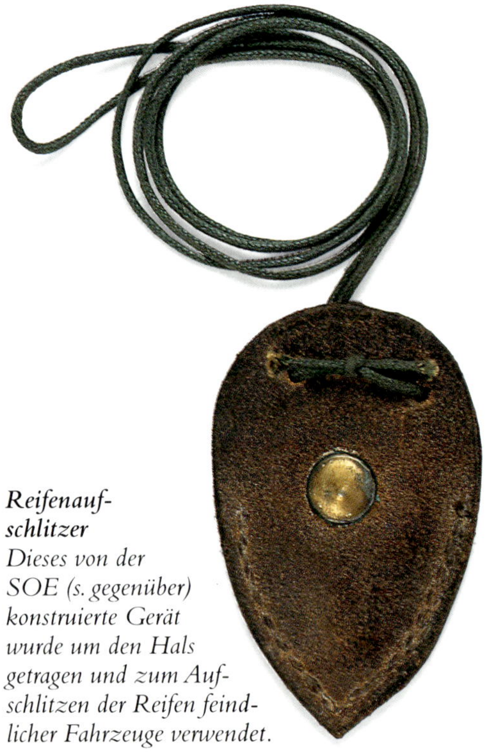

Reifenaufschlitzer
Dieses von der SOE (s. gegenüber) konstruierte Gerät wurde um den Hals getragen und zum Aufschlitzen der Reifen feindlicher Fahrzeuge verwendet.

Die Hauptkriegsparteien des Zweiten Weltkriegs richteten ihre Geheimdienste mit unterschiedlichem Erfolg ein. Bei Kriegsbeginn in Europa im Jahre 1939 hatten die Sowjetunion, Deutschland, Japan und England gutfunktionierende ausländische Nachrichtendienste, die USA aber nicht. Die ausgedehntesten Spionagenetze hatten die Sowjets, einschließlich des westeuropäischen Netzes unter Leopold Trepper. Trepper warnte unter anderem vor dem deutschen Einmarsch in die Sowjetunion 1941. Auch Richard Sorge, ein sowjetischer Spion in Japan, tat dies. Leider traute Stalin seinen eigenen Spionagequellen nicht. Aber eine Nachricht von Sorge veranlaßte Stalin dann doch, sowjetische Truppen aus dem Osten abzuziehen, um den deutschen Vormarsch im Westen zu stoppen und den Fall Moskaus zu verhindern.

Geheimdienste der Achsenmächte

Die deutschen Spionagebemühungen waren weniger erfolgreich. Es gab zwei rivalisierende Lager: die vom Militär kontrollierte Abwehr und der SD der NSDAP. Gegen Kriegsende gewann der SD die Oberhand. Die deutschen Geheimdienste unterschätzten die Schlagkraft der Sowjetunion und fielen auf alliierte Täuschungsmanöver herein, die die Invasion am 6. Juni 1944 kaschierten. Dann scheiterten die deutschen Versuche, Agenten in England und den USA zu etablieren. Als die deutschen Nachrichtendienste brauchbare Informationen beschafften, zum Beispiel durch den Agenten Cicero (s. S. 34), wurden diese falsch bewertet. Japan dagegen nutzte seine Nachrichtenquellen gut, etwa vor seinen erfolgreichen Angriffen auf Pearl Harbor und eine Reihe von Ländern in Südostasien, die Kolonien europäischer Mächte

Reversabzeichen
1945 verlieh der OSS (s. gegenüber) seinen Veteranen dieses Abzeichen.

Gefälschte Zündholzschachteln
In besetzten Ländern operierende Spezialagenten mußten Dinge besitzen, die von dort zu stammen schienen. Diese Zündholzschachteletiketten und Farbdruckstöcke wurden für die SOE (s. gegenüber) hergestellt.

Walter Schellenberg
Nach der Ermordung des SD-Chefs Reinhard Heydrich (s. S. 35) leitete Schellenberg (1910-52) die Auslandseinsätze des SD.

waren. Die Japaner unterhielten auch einen vom neutralen Spanien aus gesteuerten Spionagering in Amerika.

Die westlichen Alliierten

Die Briten und Amerikaner mußten sich Abwehrstrategien einfallen lassen, um im Krieg gegen einen Feind zu bestehen, der große Gebiete eroberte. 1940 wurden alle europäischen Posten des ältesten britischen Geheimdienstes, MI6, von den Deutschen überrollt. Die Briten schufen einen neuen Dienst, die Special Operations Executive (SOE). Es war der erste Dienst, der die Nachrichtenbeschaffung mit Geheimaktionen (einschließlich der Unterstützung von Widerstandsgruppen) kombinierte. 1942 errichteten die USA das ähnlich operierende Office of Strategic Services (OSS), das aber die Nachrichtenbeschaffung stärker betonte. Zusammen und in Abstimmung mit lokalen Widerstandsgruppen sorgten SOE und OSS für Chaos hinter den feindlichen Linien in Europa und Asien.

Schulterhalfter
Derartige Halfter wurden von SOE-Offizieren verwendet, die gern eine Waffe zum persönlichen Schutz trugen. Dieses Exemplar enthält einen Colt .32.

Neue Techniken

Den stärksten Einfluß auf den Kriegsausgang hatten die alliierten Codeknacker. Britische Kryptologen dechiffrierten die deutsche Enigma und ihre Varianten, die Amerikaner die japanische Purpur-Maschine. Dadurch erhielten die Alliierten Erkenntnisse über die feindlichen Pläne. Das garantierte ihnen zwar nicht den Sieg, wirkte sich aber entscheidend auf ihre Kriegführung aus. So konnten sie 1943 die deutsche U-Boot-Flotte schlagen, die sonst wichtige alliierte Schiffahrtsrouten im Nordatlantik blockiert hätte.

Chiffriermaschine
Japan erfand eigene Geheimcodes und -chiffren. Hier eine japanische Typenradchiffriermaschine.

Special Operations Executive

Die britische Special Operations Executive (SOE) wurde im Sommer 1940 gegründet, nachdem Deutschland den Großteil des europäischen Kontinents besetzt hatte. Sie sollte Widerstandsgruppen in von deutschen Streitkräften besetzten Gebieten ausrüsten, ausbilden und unterstützen sowie an aggressiven Sabotageoperationen teilnehmen. SOE-Offiziere und -Agenten arbeiteten mit lokalen Widerstandsgruppen, koordinierten ihre Aktivitäten miteinander und mit den Feldzügen der alliierten Armeen zur Befreiung Europas.

SPECIAL-FORCES-ABZEICHEN

SOE-Sprunganzug *Dieser Anzug für Agenten, die über besetztem Gebiet absprangen, bot Tarnung, schützte die Kleidung vor Beschädigung und besaß Taschen für wichtige Ausrüstungsgegenstände.*

Alle SOE-Rekruten waren Freiwillige und wurden von den etablierteren Geheimdiensten oft als Amateure beim »Mantel-und-Degen«-Kriegsspiel abgetan.

Die Organisation

Die SOE unterstand dem Ministerium für Kriegswirtschaft und wurde fast während des ganzen Krieges von Generalmajor Sir Colin Gubbins geleitet. Sie bestand aus separaten Abteilungen oder »Büros« für jedes Land, in dem Operationen geplant waren. Jedes Büro rekrutierte eigene Agenten, bildete sie aus und führte sie. Im Einsatz operierte die SOE in Gruppen von zwei bis dreißig Mitgliedern. Seit 1943 kooperierte die SOE mit dem amerikanischen Office of Strategic Services, dem OSS (s. S. 32).

MEISTERSPION

Odette Sansom

Die aus Frankreich stammende SOE-Agentin Odette Sansom (1912-95) wurde 1942 nach Südfrankreich entsandt. Unter dem Codenamen Lise arbeitete sie als Kurier unter SOE-Captain Peter Churchill. 1943 wurden sie unfreiwillig von einem Mitglied der französischen Résistance verraten. Sansom und Churchill wurden von den Deutschen gefangen und verhört und in Konzentrationslager gesteckt. Sie überlebten und heirateten nach dem Krieg.

Die Operationen

SOE-Agenten und -Offiziere wurden heimlich in feindliches Territorium eingeschleust – sie landeten mit Flugzeugen auf Feldern, sprangen mit Fallschirmen ab oder benutzten U-Boote und kleine Schiffe. Stets kooperierte man eng mit lokalen Widerstandsgruppen und verübte Sabotageanschläge auf Kommunikationseinrichtungen, Fabriken und Stromleitungen, um den Feind zu stören. In England entwickelte die SOE in eigenen Labors die Ausrüstung für ihre Agenten und Offiziere: Spezialsprengstoffe und originelle Verstecke dafür sowie gesteuerte Zündmechanismen. Die SOE-Labors fertigten auch spezielle versteckte Waffen mit Schalldämpfern und erfanden moderne Funkgeräte, mit denen die Agenten Nachrichten vom Hauptquartier empfangen sowie Informationen, etwa über feindliche Truppenbewegungen, zurücksenden konnten.

Revolver Kaliber .32
Diese Waffe trug die SOE-Agentin Violette Szabo, eine ausgezeichnete Schützin.

MEISTERSPION

Violette Szabo

Die in England geborene Violette Szabo (1921-45) ging zur SOE, nachdem ihr Mann als Offizier der Forces Françaises Libres (FFL) im Kampf gegen die Deutschen gefallen war. Auf ihrer letzten Mission am 6. Juni 1944 (D-Day) sollte Szabo eine Résistance-Gruppe unterstützen. Nach wenigen Tagen wurde sie gefangen und von der Gestapo (s. S. 34) gefoltert, weigerte sich aber auszusagen. Sie kam in ein Konzentrationslager und wurde am 26. Januar 1945 hingerichtet.

Die Risiken

Als Widerstandskämpfer und Saboteure wurden die SOE-Agenten von feindlichen Truppen gnadenlos gejagt. Bei einer Gefangennahme riskierten sie Folter und Tod. Von 1940 bis 1944 waren 393 SOE-Agenten in Frankreich im Einsatz: 17 wurden gefangen und überlebten, 104 wurden getötet. Trotz solcher Opfer wurde die SOE von den etablierten Geheimdiensten nie ganz akzeptiert. Offiziere des britischen Konkurrenten, des Secret Intelligence Service (MI6), verabscheuten die Politik der SOE, Guerilla-Taktiken, Sabotage und Subversion mit konventionelleren Formen der Nachrichtenbeschaffung zu kombinieren.

Dennoch spielte die SOE eine wichtige Rolle bei der Organisation der Widerstandskräfte und bei der Koordinierung ihrer Operationen zur Unterstützung der Invasion der Alliierten in Europa, die schließlich 1944 erfolgte.

Die französische Résistance

Der Maquis bei der Waffenpflege
Die ersten Maquis-Einheiten bestanden aus Menschen, die der Zwangsarbeit bei den Deutschen entkamen. Später hieß die gesamte Résistance Maquis.

Die französische Résistance bestand aus Gruppen, die in Frankreich aktiven Widerstand gegen die deutsche Besatzung leisteten. Den Alliierten stellte sie ein komplettes Netz von Spionen und Saboteuren zur Verfügung. Wertvolle Informationen wurden von Résistance-Mitgliedern und -Sympathisanten beschafft, die in deutschen Militärbasen und anderen Einrichtungen beschäftigt waren. Oft unterstützte die Résistance die von den britischen und amerikanischen Geheimdiensten errichteten Fluchtlinien, durch die viele Piloten und geflohene Gefangene in Sicherheit gelangten. Bei einem Sabotagefeldzug wurde die Résistance von SOE und OSS unterstützt. Im Juni 1944 wurden deutsche Transport- und Kommunikationseinrichtungen zur Unterstützung der Invasion der Alliierten in Europa angegriffen. Am 10. August weiteten sich Arbeitsniederlegungen in Paris zu einem Aufstand gegen die deutschen Besatzer aus. Am 24. August marschierten die alliierten Streitkräfte zusammen mit Panzereinheiten der FFL in Paris ein. Am nächsten Tag ergab sich die deutsche Garnison.

Klinge mit Scheide und Armband
Die Scheide zeigt das Lothringer Kreuz, das Symbol der Forces Françaises Libres, die außerhalb Frankreichs gegen die Deutschen kämpften.

Office of Strategic Services

Das Office of Strategic Services (OSS) wurde im Juni 1942 geschaffen, sechs Monate nach Kriegseintritt der USA. Sein Direktor, William J. »Wild Bill« Donovan, hatte zuvor die Position des Geheimdienstkoordinators innegehabt, der direkt dem Präsidenten unterstand. Er bildete einen neuen, weltweit operierenden Dienst. Das OSS beschränkte sich nicht auf die Nachrichtenbeschaffung, sondern beteiligte sich auch an Geheimaktionen und wendete Taktiken an, die denen des britischen SOE (s. S. 30) ähnelten.

Liberator-Pistole Kaliber .45
Diese einfache, billige Waffe sollte in großen Mengen an Widerstandskämpfer geliefert werden, die damit feindlichen Soldaten bessere Waffen abnehmen sollten.

OSS-KRAGEN-INSIGNIEN

OSS-ANSTECK-NADEL

Für diese Doppelrolle teilte Donovan das OSS in eine Reihe separater Zweige mit verschiedenen Zuständigkeiten ein. Im Research and Analysis Branch planten Akademiker Invasionsstrategien. Der Morale Operations Branch produzierte Propagandamaterial unter Mithilfe von Werbetextern und Drehbuchautoren. Die Labor Division förderte subversive Aktivitäten in Gewerkschaften im feindlich besetzten Europa, um die Produktion und die Kommunikationssysteme zu stören. Drei Hauptfunktionszweige des OSS waren: Special Operations (SO), Secret Intelligence (SI) und Counterintelligence (X-2).

Geheimaktionen

Der nach dem britischen SOE organisierte SO-Zweig unterstützte Widerstandsbewegungen in Europa und Asien. Angehörige der SO operierten meist in Gruppen von zwei bis dreißig Leuten hinter den feindlichen Linien und sabotierten Kommunikations- und Versorgungsleitungen, Fabriken und Flugplätze.

Geheimdienst

Der SI-Zweig des OSS errichtete ein umfassendes System zur Nachrichtenbeschaffung. Zur weltweiten Erfassung wurde der SI in vier geographische »Büros« eingeteilt, die für Europa, Afrika, den Nahen Osten und Asien zuständig waren. Eine Reihe an-

OSS-Kleiderkammer in London
Kleidungsstücke wie diese deutsche Heeresuniform stammten von Gefangenen und wurden von OSS-Agenten auf Geheimmissionen in besetzten Territorien getragen.

OSS-Sonderkommando 101

Die erste OSS-Einheit für Geheimoperationen hieß Sonderkommando 101. Sein Personal wurde auf einer SOE-Basis, Camp X, in Kanada ausgebildet. Captain (später Colonel) Carl Eiffler war von April 1942 bis Dezember 1943 Kommandeur des Sonderkommandos. Der Auftrag des Sonderkommandos war die Durchführung eines Sabotage- und Guerillafeldzugs hinter den japanischen Linien in Birma. Im Herbst 1942 drang das Sonderkommando in den birmanischen Dschungel ein und nahm Kontakt mit dem einheimischen Kachin-Volk auf, das unter den Japanern übel litt und den USA helfen wollte. Die Kachin wurden von den Amerikanern ausgerüstet und ausgebildet und hatten auch eigene Guerillataktiken. Das Sonderkommando 101 erreichte eine Stärke von 500 Mann, unterstützt von über 10 000 Kachin. Diese kombinierte Truppe tötete über 15 000 Japaner.

FELDSPANGE DES SONDERKOMMANDOS 101

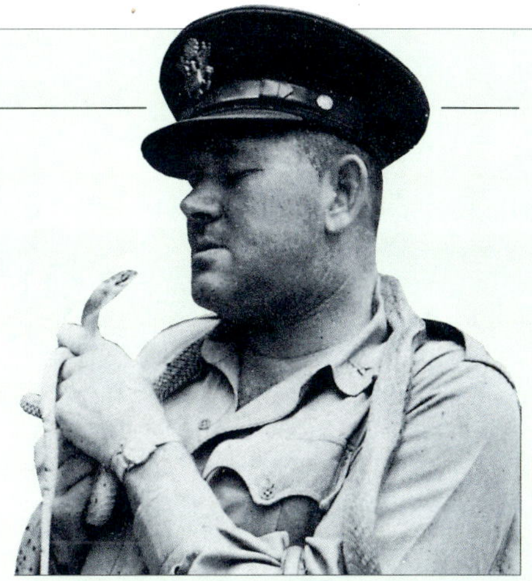

COLONEL CARL EIFFLER

derer Sektionen unterstützte den SI bei seinen Operationen. Ein Reporting Board wertete die Agentenberichte aus und verteilte sie. Die Ship Observer Unit sammelte Informationen über den Feind mittels seemännischer Organisationen und Reedereien. Die Technical Section prüfte technische Berichte und lieferte Informationen an England sowie Amerika über Angelegenheiten wie die Entwicklung der V1- und V2-Raketen.

Die Spezialausrüstung

Das OSS bekam eine vielfältige Spezialausrüstung von der Research and Development Division, die von Stanley Lovell (s. S. 149) geleitet wurde. Viele neuartige Waffen und Geräte wurden speziell für das OSS hergestellt. Die Liberator-Pistole war eine einfache Waffe für Widerstandsgruppen in besetzten Ländern. Man erfand Spezialsprengstoffe zusammen mit entsprechenden Tarnvorrichtungen und Verzögerungszündern. Eine moderne Funkausrüstung sorgte für den Kontakt zwischen dem OSS-Hauptquartier und den Agenten im Feld. Mit Geheimkameras konnten heimlich Fotos gemacht werden.

Donovans Leistung

Im Zweiten Weltkrieg erzielte das OSS beachtliche Erfolge mit Geheimaktionen und bei der Informationsbeschaffung und demonstrierte damit die Vorteile einer Kombination dieser beiden Aufgaben in einer Organisation. Dennoch war dieser Operationsmodus in Amerika ungewohnt und wurde nicht gänzlich akzeptiert. Zudem sah Harry S. Truman, der 1945 US-Präsident wurde, in Donovan einen politischen Konkurrenten und wollte ihn nicht auf einem hohen Regierungsposten behalten. So wurde das OSS 1945 abgeschafft. Seine nachrichtendienstliche Aufgabe übernahm das US-Außenministerium, das Kriegsministerium dagegen die Feldoperationen. Donovan hatte gehofft, nach dem Krieg einen Geheimdienst errichten zu können, aber der von ihm vorgelegte Plan wurde von Präsident Truman verworfen.

Donovan gelang es zwar nicht, einen einzigen, zentralisierten US-Geheimdienst zu schaffen, aber zwei Jahre nach der Auflösung des OSS wurde eine Variante seines Plans realisiert: die Central Intelligence Agency (CIA) (s. S. 46). Donovan hinterließ dem US-Geheimdienst mehrere hocherfahrene OSS-Veteranen, die zur CIA gingen, darunter auch William Colby und Richard Helms.

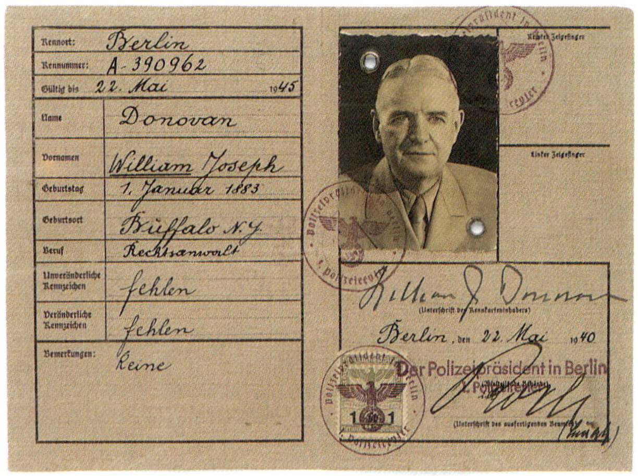
Kennort: Berlin
Kennnummer: A-390962
Gültig bis 22. Mai 1945
Name: Donovan
Vornamen: William Joseph
Geburtstag: 1. Januar 1883
Geburtsort: Buffalo N.Y.
Beruf: Rechtsanwalt
Unveränderliche Kennzeichen: fehlen
Veränderliche Kennzeichen: fehlen
Bemerkungen: Keine
Berlin, den 22. Mai 1940
Der Polizeipräsident in Berlin

Falsche deutsche Kennkarte
Dieser für OSS-Chef William Donovan hergestellte Ausweis demonstriert, wie wirklichkeitsgetreu OSS-Fälscher arbeiteten.

MEISTERSPION

William Egan Colby

Im Zweiten Weltkrieg diente William Colby (* 1920) beim OSS in Frankreich und Norwegen, wo er mit lokalen Widerstandsgruppen Sabotageakte verübte (s. S. 141). Nach dem Krieg war Colby weltweit für die Central Intelligence Agency (CIA) tätig. Nach seinem Ausscheiden leitete er im Range eines Botschafters in Vietnam ein militärisches Geheimdienstprogramm. Von 1973 bis 1976 war er Direktor der CIA.

Deutsche Geheimdienste

RÜCKSEITE

VORDERSEITE

Gestapo-Dienstmarke
Angehörige der Gestapo trugen numerierte Dienstmarken, die sie nur vorweisen durften, wenn sie Verhaftungen und Hausdurchsuchungen vornahmen.

Im Zweiten Weltkrieg besaß Deutschland zwei Geheimdienste: die Abwehr und den Sicherheitsdienst (SD). Die Abwehr war die für den Nachrichtendienst und die Geheimaktionen zuständige Sektion der Wehrmacht. Der SD wurde von der Schutzstaffel (SS) kontrolliert, einem Arm der NSDAP, die in Deutschland von 1933 bis Kriegsende an der Macht war. Der SD sollte für die SS die anderen Parteimitglieder überwachen.

ADMIRAL WILHELM CANARIS (1887-1945)

Leiter der Abwehr war seit 1935 Admiral Wilhelm Canaris. Als Marineoffizier war Canaris im Ersten Weltkrieg mit geheimen Kommandos betraut gewesen. Seine erste Aufgabe als Leiter der Abwehr war die Herstellung einer funktionierenden Beziehung zum SD, da beide Dienste bislang kaum zusammengearbeitet hatten. Chef der SD war Reinhard Heydrich. 1938 wurden die Gestapo (Geheime Staatspolizei) und die Kripo (Kriminalpolizei) dem SD unterstellt. Heydrich hatte als Kadett unter Canaris gedient, und beide einigten sich auf einen Kompromiß, wonach die Abwehr für militärische Spionage und alle Abwehraufgaben, der SD für die politische Geheimdienst- und Polizeiarbeit zuständig sein sollte.

Die Kooperation zwischen Abwehr und SD war indes nicht von Dauer, und bald erweiterte Canaris die Abwehr, um bedeutender als der SD zu werden und sich aus der Parteikontrolle zu lösen. Damit scheiterte er jedoch, und trotz mancher Erfolge zeitigten die Geheimoperationen der Abwehr im Ausland nur wenige Ergebnisse von Bedeutung.

Cicero und die Operation Bernhard

Cicero war der Deckname für Elyesa Bazna (1905-71), den albanischen Kammerdiener des britischen Botschafters in der Türkei, Sir Hugh Knatchbull-Hugessen. Bazna war von 1943 bis 1944 Agent des SD. Er stahl die Schlüssel zum Safe des Botschafters und fotografierte Dokumente über Konferenzen in Moskau, Kairo und Teheran sowie Informationen über die bevorstehende D-Day-Invasion. Den Deutschen nutzten diese Informationen indes nicht viel, weil sie von ihren Geheimdiensten falsch gehandhabt wurden. Der SD zahlte Bazna 300 000 Pfund in falschen Banknoten. Sie waren im Rahmen eines Plans – der Operation Bernhard – hergestellt worden, um die britische Wirtschaft durch die Verteilung großer Mengen Falschgeld zu destabilisieren. Dafür setzte der SD jüdische Meisterfälscher in Konzentrationslagern ein, die ihre Sache so gut machten, daß die Fälschungen erst nach dem Krieg entdeckt wurden. Davon war auch Bazna betroffen, der die deutsche Regierung vergebens auf Schadenersatz verklagte.

Elyesa Bazna
Jahre nach der Aufdeckung seiner Spionagetätigkeit demonstrierte Bazna, wie er Geheimdokumente mit einer Leica fotografiert hatte.

Gefälschte Zehn-Pfund-Note
Jüdische Meisterfälscher in Konzentrationslagern mußten britische Banknoten fälschen, was zum Rückruf einer ganzen Notenserie führte.

Der SD

Seit 1935 nahmen Größe und Macht des SD erheblich zu. Reinhard Heydrich genoß die Unterstützung und Gunst von SS-Reichsführer Heinrich Himmler. Unter Heydrich dehnte der SD seine Akti-

Operation Anthropoid

Am 27. Mai 1942 wurde Reinhard Heydrich (1904-42), amtierender Reichsprotektor von Böhmen und Mähren (dem heutigen Tschechien) und Chef des SD, bei einem Attentat schwer verletzt. Ein von der britischen SOE (s. S. 30) ausgebildetes tschechisches Kommando warf eine Handgranate auf Heydrichs Wagen, als er durch Prag fuhr. Die Attentäter starben ein paar Wochen nach Heydrich im Kugelhagel deutscher Soldaten.

REINHARD HEYDRICH

vität nach und nach auf Gebiete aus, die eigentlich der Abwehr unterstanden. 1939 wurde er noch mächtiger, nachdem Heydrich Leiter des Reichssicherheitshauptamts (RSHA) wurde. Er sammelte Informationen über alle Bereiche der Gesellschaft, wobei er sogar ein exklusives Bordell eröffnete, den Salon Kitty, dessen Besucher elektronisch überwacht wurden. Im Krieg führte der SD eine Vielzahl von Operationen durch, die zum Teil – wie die Operation Bernhard (s. links) – zu ehrgeizig waren, um Erfolg zu haben.

Der Sturz von Admiral Canaris

Nach dem Tod von Heydrich am 4. Juni 1942 wurde Canaris zum wichtigsten Mann in den deutschen Geheimdiensten. Doch ihm fehlte die Unterstützung durch Himmler, der Hitler im Februar 1944 überredete, Canaris zu entlassen. Die Abwehr wurde mit anderen Diensten zusammengelegt und dem RSHA unterstellt. Canaris wurde nach dem gescheiterten Attentat auf Hitler im Juli 1944 verhaftet und im April 1945 hingerichtet. Himmler hatte vermutlich recht, Canaris nicht zu trauen: Seit 1938 äußerte Canaris zunehmend feindseligere Ansichten über Hitler und dessen politische und militärische Anschauungen. Die Abwehr litt letztlich unter der Unsicherheit ihres Chefs gegenüber dem Regime, dem er diente.

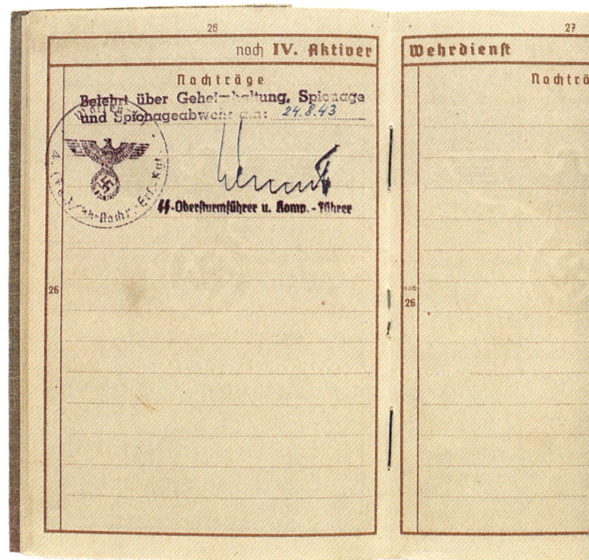

Seite aus einem SD-Ausweis
Dieser Ausweis wurde für ein SD-Mitglied ausgestellt, das eine Ausbildung »über Geheimhaltung, Spionage und Spionageabwehr« absolviert hatte.

Abstimmknopf

Kristalldetektorbuchse

Ein-Aus-Schalter

Morsetaste

Sendestärkeregler

Frontabdeckung des Senders

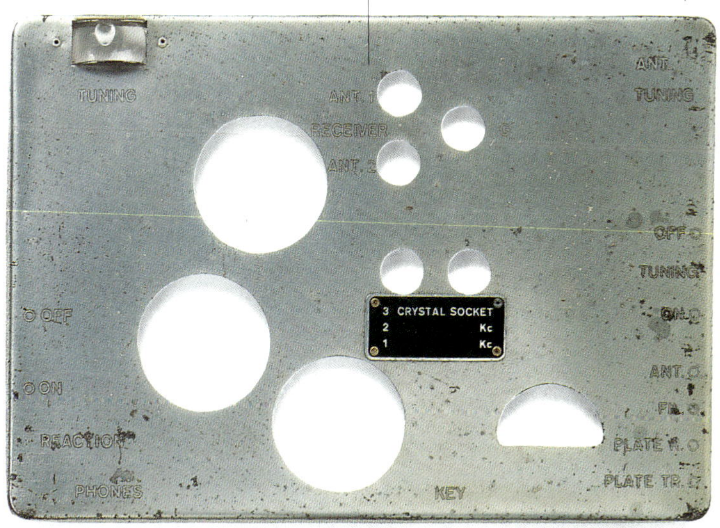

Abwehr-Funkgerät SE 109-3
Mit diesem kleinen batteriebetriebenen Funkgerät konnten Abwehr-Agenten im Feld Morsebotschaften senden und empfangen. Damit es bei einer Entdeckung unverfänglich wirkte, waren alle Aufschriften auf englisch abgefaßt.

Dechiffrieren

Spione, Diplomaten, Militärs und andere Personen verließen sich im Zweiten Weltkrieg zur Geheimhaltung ihrer Mitteilungen oft auf Chiffriermaschinen. Doch durch die deutsche Chiffriermaschine Enigma (s. S. 122) und die japanische Alphabetic Typewriter 97 verschlüsselte Nachrichten wurden sowohl in England als auch in den USA durch Codeknacker in speziellen Institutionen dechiffriert.

Baron Hiroshi Oshima
Oshima (1886-1975), im Zweiten Weltkrieg japanischer Botschafter in Deutschland, verschickte Mitteilungen mit dem geknackten Purpur-Code.

Der Purpur-Code

1939 begannen die Japaner für diplomatische Mitteilungen eine neue Chiffriermaschine zu verwenden, die sie Alphabetic Typewriter 97 nannten und die in den USA den Codenamen Purpur trug. Die Purpur-Maschine war die Weiterentwicklung einer früheren Maschine mit dem Codenamen Rot.

Amerikanische Codeknacker hatten bereits das Rot-System geknackt, und nun nahm sich der Kryptologe William Friedman mit dem US Army Signals Intelligence Service das neue Gerät vor. Zu Hilfe kam ihnen dabei eine abgefangene Nachricht, die auf beiden Maschinen chiffriert worden war.

Diese Nachricht sowie andere abgefangene Mitteilungen mit dem Purpur-Code waren die einzigen Informationen, nach denen die Codeknacker eine eigene Purpur-Maschine bauen konnten. Der Durchbruch gelang, als sie es mit Stufenschaltern aus der damaligen Telefontechnik probierten. Durch einen glücklichen Zufall funktionierten sie genauso wie die Schalter in der Purpur-Maschine.

Ende 1940 konnten Friedman und ein Team von US-Navy-Codeknackern das Gerät nachbauen. Es war so effizient, daß die japanische Kriegserklärung – die an die Botschaft in Washington einen Tag vor dem Angriff auf Pearl Harbor ging, damit man sie rechtzeitig dechiffrierte – vom amerikanischen Geheimdienst gelesen wurde, bevor sie dem US-Kriegsminister präsentiert wurde.

William Friedman

Der nach Amerika emigrierte Russe William Friedman (1891-1969) schrieb eine Reihe bahnbrechender Artikel über die Hauptprinzipien der modernen Kryptologie. Auch seine Frau Elisabeth war eine erfahrene Kryptologin. Das Knacken des japanischen Purpur-Codes 1940 war beispielsweise Friedmans Verdienst. Nach dem Zweiten Weltkrieg krönte er sein Lebenswerk mit der Bildung der US National Security Agency (s. S. 46), einer Organisation, die auf SIGINT und Kryptologie spezialisiert ist.

Wie die Enigma geknackt wurde

1939 begannen die Briten die deutsche Enigma-Chiffriermaschine (s. S. 122) zu untersuchen. Die Regierung richtete eine

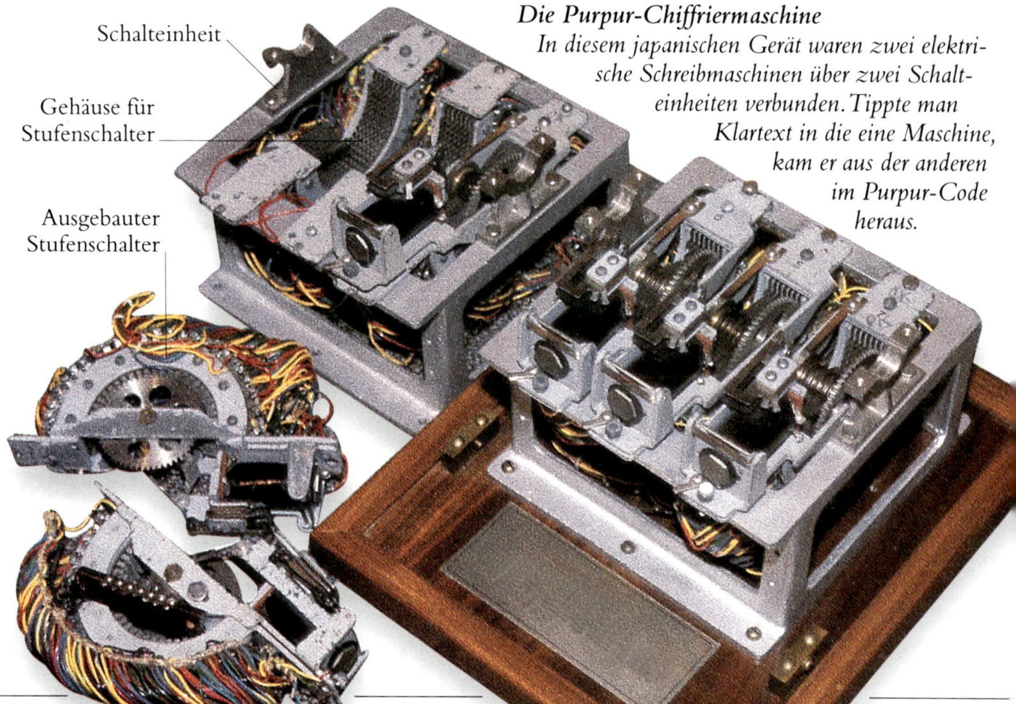

Die Purpur-Chiffriermaschine
In diesem japanischen Gerät waren zwei elektrische Schreibmaschinen über zwei Schalteinheiten verbunden. Tippte man Klartext in die eine Maschine, kam er aus der anderen im Purpur-Code heraus.

Die Enigma-Chiffriermaschine
Die Rändelräder der Enigma (die frühen Modelle hatten drei, dies hier hat vier), ihre komplizierte Verdrahtung und ihre Einstellungsänderungen ergaben eine Chiffre, die die Deutschen für unentschlüsselbar hielten.

Bletchley Park in England
In diesem Landhaus und in angegliederten Baracken knackten im Zweiten Weltkrieg über 1000 Mitarbeiter deutsche Geheimcodes.

Alan Turing

Das mathematische Genie Alan Turing (1912-54) spielte beim Knacken der Enigma-Chiffren eine führende Rolle. Mit 24 hatte Turing in einem Artikel die Prinzipien aufgestellt, nach denen moderne Computer funktionieren. Im Zweiten Weltkrieg arbeitete er an der Government Code and Cipher School in Bletchley Park. Dort kam ihm die Idee zu Colossus, dem ersten elektronischen Computer der Welt. Damit gelang es den Briten, auch die neue, kompliziertere deutsche Chiffriermaschine zu knacken, den Zehn-Rotoren-Geheimschreiber (s. S. 123).

Code and Cipher School in Bletchley Park in der Nähe von London ein, wo eine Gemeinschaft von Mathematikern, Linguisten und kreativen Köpfen aus anderen Disziplinen zunächst den Enigma-Code und später andere feindliche Codes zu knacken versuchte.

Ihr Hauptproblem bestand darin, die Schlüsseleinstellungen herauszufinden, die ausgewählt wurden, wenn eine Enigma-Maschine für den täglichen Gebrauch eingestellt wurde. Außerdem verwendeten die verschiedenen deutschen Organisationen unterschiedliche Ausführungen des Geräts.

»Bombas«

Vor dem Krieg hatten polnische Codeknacker Maschinen entwickelt, sogenannte »Bombas«, die einige Enigma-Mitteilungen erfolgreich entschlüsselt hatten. Allerdings machten die Deutschen die Enigma ständig komplizierter.

In Bletchley Park wurden neue Versionen der Bombas konstruiert. Zunächst konnten sie mit der zunehmenden Komplexität des Enigma-Codes nicht mithalten. Dann baute der Mathematiker Alan Turing zusätzlich 26 elektrische Relais ein, die das Dechiffrierverfahren beschleunigten.

Selbst dann stellte sich der Erfolg nur durch gezielte Vermutungen ein. Mit Hilfe eines Verfahrens von Hypothesen und Experimenten konnten die Codeknacker den Wortlaut des Teils der Mitteilung erschließen, der die verwendeten Schlüsseleinstellungen entzifferte.

Der Mathematiker Gordon Welchman entwickelte das Verfahren der sogenannten Funkverkehrsauswertung, mit dem man Mitteilungen nach den Organisationen sortieren konnte, die sie verschickt hatten. Damit ließ sich der jeweilige Typ der Enigma-Maschine identifizieren und die Zahl der Permutationen weiter reduzieren, mit denen es die Bombas zu tun hatten.

Enigma-Signale der Marine wurden von 1941 bis 1945 geknackt, zum Teil mit Hilfe beschlagnahmter Maschinen und Dokumente, die wichtige Informationen für England lieferten.

Ian Fleming
James Bonds Schöpfer Fleming (1908-64) versuchte im Zweiten Weltkrieg für den britischen Marinegeheimdienst Enigma-Dokumente zu stehlen.

Sowjetische Spionagenetze

Im Zweiten Weltkrieg bestand die oberste Priorität der sowjetischen Spionage darin, die Sowjetunion gegen ihre Feinde Japan und Deutschland zu verteidigen. Seit den dreißiger Jahren errichtete die Vierte Abteilung des Sowjetischen Militärgeheimdienstes (zuvor und später erneut GRU genannt) Spionagenetze in Japan und Europa. Das größte war in Westeuropa und wurde von Brüssel und später von Paris aus geführt. Die deutsche Abwehr nannte es die Rote Kapelle.

Harro Schulze-Boysen
Der Sowjetagent Schulze-Boysen (1909-42, links) war Offizier der deutschen Luftwaffe. Hier ein Bild aus dem Luftwaffenministerium.

Die Rote Kapelle wurde von Leopold Trepper geleitet und hatte Agenten auf hoher Ebene in allen zivilen und militärischen Strukturen des Feindes. Eine Schwäche war indes die schlechte Qualität ihrer geheimen Funkgeräte, so daß sich das Netz oft auf die stets gefährdeten Kuriere verlassen mußte. Es litt auch sehr unter der deutschen Spionageabwehr. Die Deutschen fingen wichtige Mitteilungen aus Moskau ab und konnten damit Schlüsselmitglieder des Netzes identifizieren; sie bekamen auch

Leopold Trepper
Trepper (1904-83), Spitzname »Grand Chef«, ging 1938 nach Brüssel (später nach Paris), um die Rote Kapelle aufzubauen und zu führen.

Die Rote Kapelle

Die Rote Kapelle war der für Westeuropa zuständige Teil des sowjetischen Spionagenetzes. Geführt von Leopold Trepper, arbeitete sie unter dem Deckmantel der Foreign Excellent Raincoat Company. Alle Residenturen waren Moskau unterstellt, aber nicht alle standen miteinander in Kontakt. Nach Treppers Verhaftung durch die Gestapo (1942) war die Rote Drei die produktivste Einheit der Roten Kapelle. Sie wurde von Alexander Rado geführt und operierte von der Schweiz aus. Ihr wichtigster Agent war Rudolf Rössler (Deckname Lucie). Heute gilt die Rote Kapelle als klassisches Beispiel eines sowjetischen Geheimdienstnetzes.

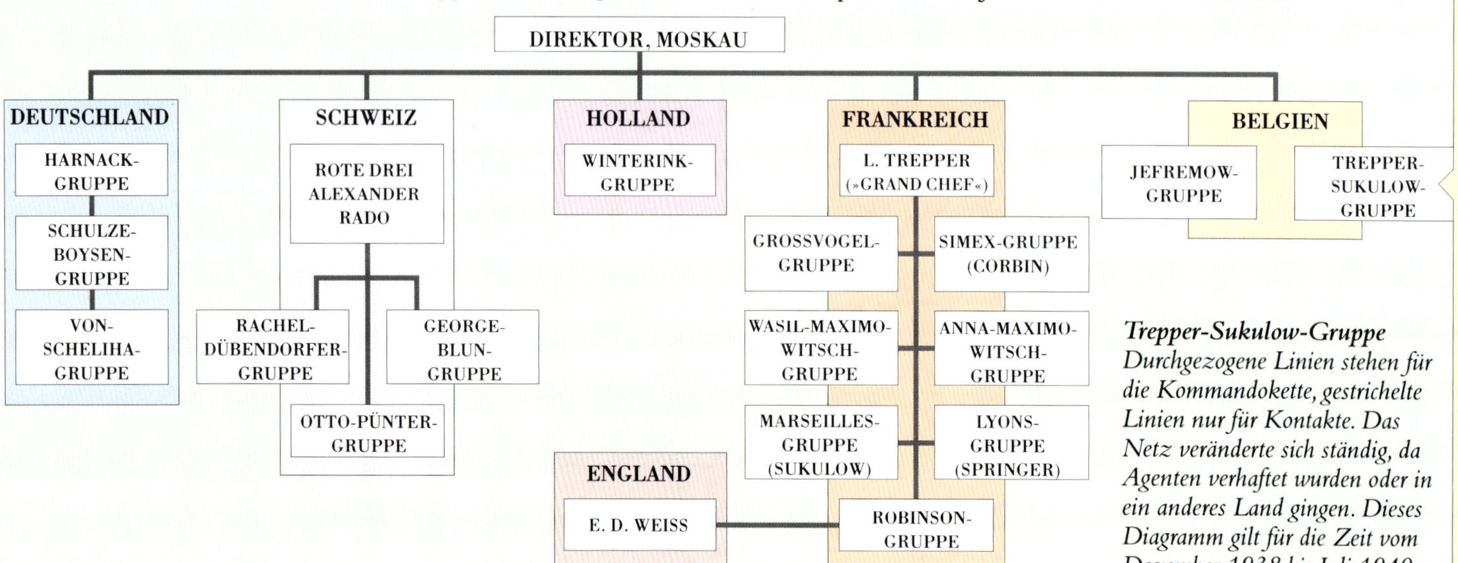

Trepper-Sukulow-Gruppe
Durchgezogene Linien stehen für die Kommandokette, gestrichelte Linien nur für Kontakte. Das Netz veränderte sich ständig, da Agenten verhaftet wurden oder in ein anderes Land gingen. Dieses Diagramm gilt für die Zeit vom Dezember 1938 bis Juli 1940.

Richard Sorge
Auf dieser sowjetischen Briefmarke trägt Sorge (1895-1944) den Orden »Held der Sowjetunion«.

die Chiffre für Mitteilungen aus Brüssel in die Hände. Überdies mißtraute der Sowjetführer Stalin Informationen der Briten und Amerikaner. Daher stellte er hohe Anforderungen an die Geheimdienste der Sowjetunion, und obwohl die Rote Kapelle viele Informationen nach Moskau weitergab, schenkten die sowjetischen Behörden ihnen nur teilweise Glauben.

Unbeachtete Warnungen

Als die Deutschen 1940 Frankreich besetzten, ging Trepper nach Paris. Er betätigte sich als Lieferant der deutschen Wehrmacht, und die auf diese Weise erhaltenen Informationen ermöglichten es ihm, Stalin vor Hitlers Plan zu warnen, im Juni 1941 in die Sowjetunion einzufallen. Aber wie andere Warnungen zuvor wurde auch diese ignoriert. Auch zwei andere sowjetische Agenten in Deutschland warnten vor dem Einfall: Harro Schulze-Boysen und Arvid Harnack. Bis zu ihrer Verhaftung und Hinrichtung 1942 standen sie mit Moskau in Funkverbindung.

Kurz danach wurde auch Trepper verhaftet. Er machte den Deutschen weis, ein Doppelagent zu sein, floh 1943 und tauchte bis Kriegsende unter.

Richard Sorge

Lange vor Japans Kriegseintritt 1941 fürchtete Moskau eine japanische Invasion. Die Vierte Abteilung schickte Richard Sorge, einen deutschstämmigen Spion, 1933 nach Tokio. In der Rolle eines deutschen Journalisten freundete Sorge sich mit Eugene Ott, dem deutschen Militärattaché in Tokio, und dem japanischen Journalisten Hotsumi Ozaki an. Im Juni 1941 erfuhr Sorge von diesen Quellen, daß Japan eher militärische Ambitionen in Südostasien hatte als den Plan, die Sowjetunion anzugreifen. Wenn dies wahr sei, dann könnten einige sowjetische Armeen von ihrer Verteidigungsposition an den Ostgrenzen der Sowjetunion abgezogen und zur Bekämpfung der Deutschen verwendet werden, die Moskau angriffen. Doch Stalin glaubte dies genausowenig wie Sorges Warnung im Mai 1941 vor einem deutschen Angriff. Erst Ende 1941 war Stalin bereit, Sorges Informationen über Japan Glauben zu schenken, als sie nachrichtendienstlich bestätigt wurden. Nun konnte Stalin mehr Truppen aus dem Osten abziehen, um die deutsche Invasion zu stoppen. Sorge wurde 1944 verhaftet und hingerichtet.

Hotsumi Ozaki
Der von Sorge 1933 rekrutierte Ozaki beschaffte Informationen aus japanischen politischen Kreisen.

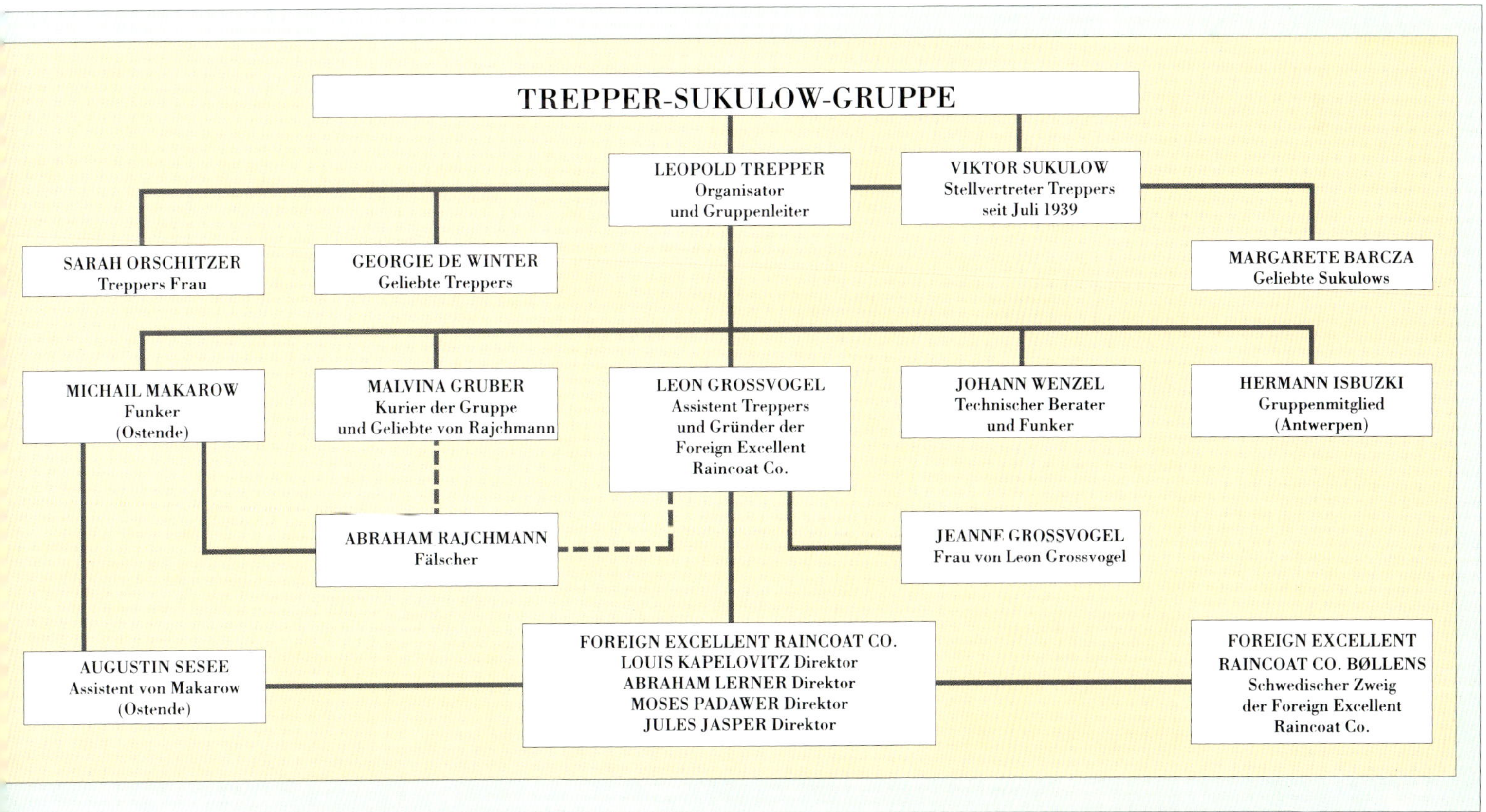

Der japanische Geheimdienst

Im Zweiten Weltkrieg bestand die japanische Geheimdienstorganisation aus mehreren Elementen. Im Ausland koordinierten die Botschaften die Nachrichtenbeschaffung. In Japan war der Tokko – ein Sonderbüro der Tokioter Polizei – für innere Abwehr zuständig. Auch das Militär hatte eigene Geheimdienstabteilungen, und die Militärpolizei (Kempei Tai) erledigte Abwehraufgaben in japanisch besetzten Territorien.

Admiral Yamamoto
Yamamoto (1884-1943) plante den Angriff auf den Stützpunkt der US-Pazifikflotte in Pearl Harbor aufgrund von Informationen eines japanischen Spions.

Der 1911 gebildete Tokko sollte »subversive Gedanken« unterdrücken und Japans streng reguliertes politisches System verteidigen. Durch ihn wurde das Aufkommen des Kommunismus in Japan in den Jahren nach dem Ersten Weltkrieg weitgehend verhindert.

Die Abwehr

1932 war der Tokko Japans wichtigste innere Abwehrorganisation geworden. Er bestand aus vier Sektionen: Die erste überwachte linke politische Aktivisten, die zweite führte Akten über die Rechte, die dritte beobachtete ausländische Staatsbürger und Botschafter, und die vierte überwachte befreundete Botschaften wie die deutsche.

Die Zuständigkeit der Kempei Tai beschränkte sich im Innern offiziell auf Angelegenheiten, die Angehörige der Streitkräfte betrafen. Die rechte Militärbewegung, die die japanische Politik beherrschte, benützte die Kempei Tai zur Einschüchterung von Oppositionspolitikern, und wer gegen die damalige politische Ordnung agierte, wurde als »Terrorist« verhaftet. Im Krieg wurde die Macht der Kempei Tai unter Premierminister Hideki Tojo (1884-1948) gestärkt, der zu Beginn seiner Karriere einer ihrer Offiziere gewesen war. In den von Japan im Krieg besetzten Gebieten, etwa Teilen von China und Südostasien, ging die Kempei Tai mit extremer Brutalität vor und hatte einen ähnlichen Ruf wie die Gestapo in Deutschland (s. S. 34).

Erfolge und Misserfolge

Sofort nach der japanischen Besetzung von Singapur im Februar 1942 verhaftete die Kempei Tai Hunderte von Singapur-Chinesen, die sie als Sicherheitsrisiko ansah und nachts an Stränden nahe dem Stadtzentrum hinrichtete. 1944 waren Marineeinheiten der Kempei Tai für die Verfolgung und Hinrichtung eines alliierten Teams von Saboteuren verantwortlich, die den Hafen von Singapur überfallen wollten (s. S. 99). Trotz allem Eifer der japanischen Abwehr gelang es einem wichtigen Spionagering der Sowjets, sich bis Anfang der vierziger Jahre in Tokio zu behaupten. Dieses von Richard Sorge (s. S. 39) geschaffene Spionagenetz gab viele bedeutende Informationen an Moskau weiter, ehe es 1944 aufflog. Sorge verdankte seinen großartigen Erfolg

Der Angriff auf Pearl Harbor
Noch Stunden vor dem Angriff am 7. Dezember 1941 lieferte ein japanischer Marineoffizier Informationen über Bewegungen amerikanischer Schiffe.

Generalkonsul Nagao Kita
Als japanischer Generalkonsul in Honolulu ließ Kita die Mitteilungen des Marinespions Takeo Yoshikawa chiffrieren.

Sabotage-Ballons

Während des Zweiten Weltkriegs lagen die USA außerhalb der Reichweite deutscher wie japanischer Bomber. Doch die Japaner setzten die USA einer ungewöhnlichen Art von Luftbombardement aus. Zwischen 1944 und 1945 wurden rund 6000 Ballons mit Brandbombensätzen von Japan aus gestartet.

Sie wurden von den vorherrschenden Winden getrieben und ließen ihre Fracht über dem waldreichen Nordwesten Amerikas fallen. Mindestens 369 Ballons schafften die 9700 km lange Strecke. Doch nur eine siebenköpfige Familie wurde von einem Ballon getötet.

Japanischer Sabotageballon
Die Japaner wollten die USA mit Brandsätzen von Ballons aus bombardieren. In erster Linie sollten Waldbrände verursacht werden.

vielleicht dem Umstand, daß der Tokko vom ungeheuren Aufkommen sinnloser Berichte überlastet war, die er von übereifrigen Informanten erhielt.

Spionage im Pazifik

In den Monaten vor Japans Kriegseintritt setzte der japanische Militärgeheimdienst seine Agenten als Teil der sogenannten Organisation F in ganz Südostasien ein. Dabei gelang dem japanischen Marinegeheimdienst ein großer Erfolg durch die Beschaffung von Informationen über den US-Marinestützpunkt Pearl Harbor auf Hawaii, den Japan angreifen wollte. Im März 1941 begab sich Fähnrich zur See Takeo Yoshikawa unter falschem Namen auf die Hawaii-Inseln. Bis zum japanischen Überraschungsangriff am 7. Dezember 1941 schickte er wöchentlich Berichte über die Aufstellungen amerikanischer Kriegsschiffe.

Purpur-Chiffriermaschine
Der diplomatische Dienst Japans verschlüsselte seine Korrespondenz mit der Purpur-Maschine (s. S. 36).

Yoshikawa war zwar kein ausgebildeter Spion, aber mit der Organisation und Struktur der US-Navy vertraut. Er besaß keinen eigenen Code und verschickte seine Mitteilungen über diplomatische Kanäle, signiert vom japanischen Generalkonsul Nagao Kita. Die amerikanischen Codeknacker konnten die codierte und per Kabel abgesandte japanische Diplomatenpost zwar lesen (s. S. 36), aber das Telegrafenamt auf Hawaii leitete aus nie geklärten Gründen den relevanten Kabelverkehr nicht an die amerikanischen Behörden weiter. Yoshikawas letzte Mitteilung wurde nur 12 Stunden vor dem Angriff der Japaner auf Pearl Harbor abgeschickt.

Spionage in Europa

Eine weitere japanische Spionageoperation wurde von Spanien aus, einem neutralen Land, geleitet. Diese Gruppe, das TO-Netz, sammelte Informationen über den alliierten Schiffsverkehr von Agenten in den USA und anderswo. Koordinator des TO war Yakichiro Suma, der im Range eines Ministers in der japanischen Botschaft in Madrid saß. Auf Informationen des TO stützten sich sowohl die Deutschen als auch die Japaner.

MEISTERSPION

Dusan Popov

Dusan »Dusko« Popov (1912-81) war ein jugoslawischer Doppelagent, der angeblich für die deutsche Abwehr (s. S. 34), in Wahrheit aber für die Briten arbeitete. 1941 schickte ihn die Abwehr zur Beschaffung von Informationen über Pearl Harbor in die USA. FBI-Direktor J. Edgar Hoover mochte Popov indes nicht und hielt sich von ihm fern. Folglich wurde die potentielle Bedeutung von Popovs Interesse an Pearl Harbor übersehen.

DER KALTE KRIEG

Spionageflugzeug U-2
Die 1956 eingeführte U-2 operierte in so großen Höhen, daß sie außer Reichweite der damaligen sowjetischen Flugzeuge und Raketen war.

Die Zeit der Konfrontation zwischen Ost und West von 1945 bis zum Niedergang des Kommunismus Anfang der neunziger Jahre wird als kalter Krieg bezeichnet. Gleich zu Beginn waren die ehemaligen westlichen Kriegsalliierten der Sowjetunion bestürzt, als sie das Ausmaß der gegen sie gerichteten sowjetischen Spionagetätigkeit erkannten. Amerika schuf daraufhin seinen Auslandsnachrichtendienst, die Central Intelligence Agency (CIA). Später wurde die National Security Agency (NSA) errichtet, die zentral für SIGINT und Kryptologie zuständig war. Die Spionageabwehr innerhalb der USA blieb Aufgabe des Federal Bureau of Investigation (FBI).

Emblem der National Security Agency
Amerikas NSA ist für Informationssicherheit, ausländische Nachrichtendienste und Kryptologie zuständig.

Spionage durch Menschen

Das geteilte Berlin war die Frontstadt der Spionageoperationen im kalten Krieg. Umgeben vom Sowjetischen Sektor (der späteren DDR), wurde sie ein internationales Zentrum der Geheimdiensttätigkeit. Die CIA und der MI6 legten sogar einen Tunnel an, um ein Kabel für militärische Kommunikation mit Moskau anzuzapfen (s. S. 44).

Die Einnahme Berlins 1945 hatte der staatlichen sowjetischen Geheimdienstorganisation, dem NKWD, die Kontrolle über Nazi-Akten verschafft, mit deren Hilfe seine Nachfolgeorganisation, der NKGB (später KGB), viele westdeutsche Bürger dazu erpressen konnte, Spione zu werden. Auch die Geheimpolizeiakten anderer Staaten enthielten Erpressungsmaterial, wie im Falle der tschechischen Spionin Anna (s. S. 48).

Die Sowjetunion unterhielt, ebenso erfolgreich, ein Spionagenetz in England. Dazu zählten auch George Blake, Gordon Lonsdale und sein Agentennetz sowie die besonders effektiven fünf Mitglieder des Cambridge-Rings (s. S. 165). Die meisten dieser frühen sowjetischen Spione waren entweder ideologisch motiviert oder

Mikropunktfilm und -leser
Im kalten Krieg wurden häufig Mikropunkte zur Nachrichtenübermittlung in miniaturisierter Form eingesetzt. Sie sind nur mit starker Vergrößerung zu lesen.

hatten Angst vor einer Kompromittierung. Später konnte der KGB indes am leichtesten mit dem Lockmittel Geld Agenten rekrutieren. Auch die beiden wichtigsten KGB-Agenten, die in neuerer Zeit in den USA aufflogen, John Walker und Aldrich Ames, boten ihre Dienste für Geld an. Ames operierte als Maulwurf in der CIA, Walker verkaufte Geheimnisse von seiner Position in der US-Navy aus.

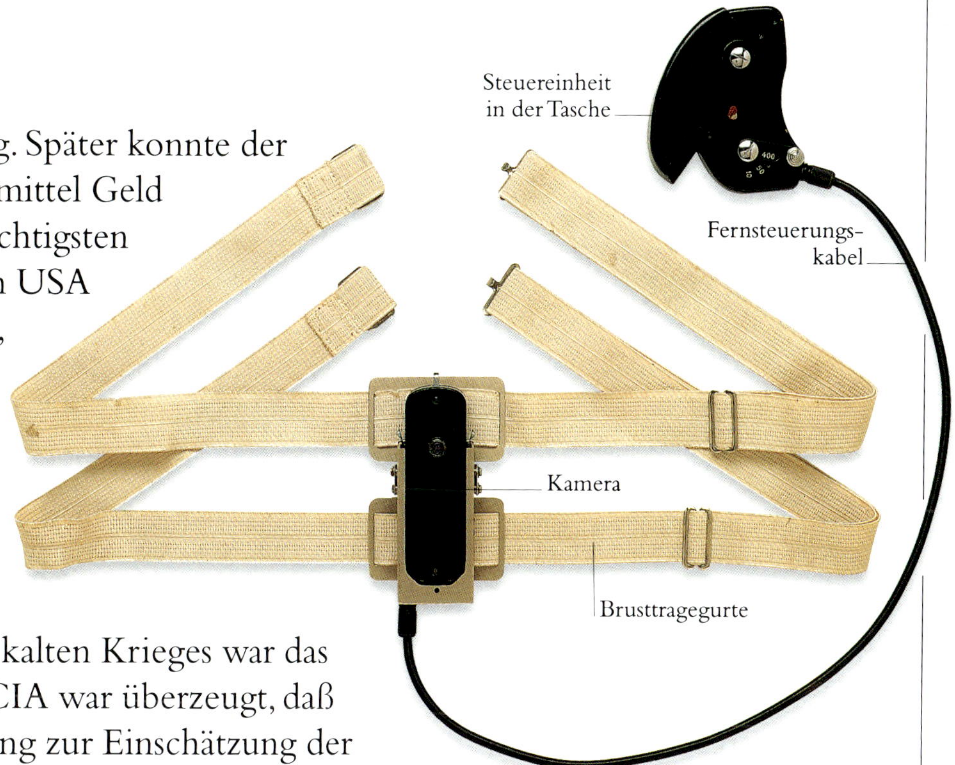

Krawattenkamera
Diese in der Kleidung eines Geheimdienstoffiziers versteckte KGB-Kamera nahm Fotos durch eine falsche Krawattennadel auf. Die Kamera wurde durch einen Fernauslöser betätigt, der in der Tasche verborgen war.

Spione am Himmel

Ein weiteres entscheidendes Element des kalten Krieges war das Wettrüsten zwischen Ost und West. Die CIA war überzeugt, daß ihre Techniken der Nachrichtenbeschaffung zur Einschätzung der atomaren Stärke der Sowjetunion nicht ausreichten. Daher wurde das Spionageflugzeug U-2 entwickelt, das fotografische Aufklärung in großer Höhe durchführen konnte. Neben Flügen über der Sowjetunion wurde es zur Überwachung von Kuba eingesetzt, wobei sowjetische atomare Mittelstreckenraketen entdeckt wurden. Dadurch kam es rasch zur Kubakrise, dem gefährlichsten Zwischenfall im kalten Krieg, der nur durch die Standfestigkeit der Amerikaner beigelegt wurde.

Sowjetische Briefmarke
Diese Marke wurde zum 50. Jahrestag der sowjetischen Sicherheitsdienste herausgegeben.

Ein anderer Wettlauf der Technik begann 1957 nach dem Start des ersten Satelliten durch die Sowjetunion. 1961 wurden Satelliten für fotografische Aufklärung eingesetzt, obwohl die frühe Technik den Abwurf des Films auf die Erde zur Bergung und Entwicklung erforderte. 1976 begannen die Amerikaner mit digitaler Technik zu arbeiten, dank der Satelliten hochauflösende Bilder sofort zur Erde senden konnten. Derartige technische Entwicklungen sind heute ein vorrangiges Spionageziel.

KGB-Gaspistole
Diese Waffe wurde im kalten Krieg entwickelt, um politische Gegner des Sowjetregimes zu ermorden. Sie versprühte Zyanidgas, das fast immer den sofortigen Tod herbeiführte.

Berlin – Stadt der Spione

Nach dem Zweiten Weltkrieg hatte Berlin in den Jahren des kalten Krieges eine außergewöhnliche Position inne. Die siegreichen Alliierten – Amerika, England, Frankreich und die Sowjetunion – hatten Deutschland nach dem Krieg in Besatzungszonen aufgeteilt. Auch die alte deutsche Hauptstadt Berlin wurde in vier Sektoren eingeteilt, obwohl sie von der sowjetischen Besatzungszone umgeben war, der späteren Deutschen Demokratischen Republik (DDR).

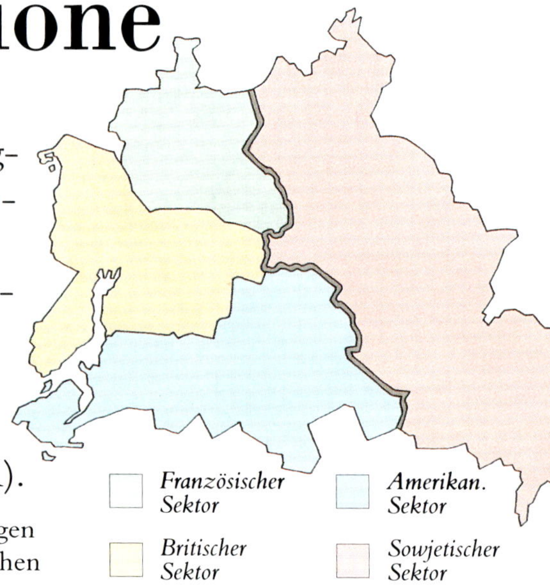

Eine geteilte Stadt
Isoliert im sowjetischen Besatzungsgebiet, der späteren DDR, gelegen, wurde Berlin von den Alliierten in vier Besatzungszonen aufgeteilt. Der Pfeil zeigt die Lage des Tunnels an, über den die sowjetischen Militärtelefone angezapft wurden.

Reinhard Gehlen
Gehlen (1902-79), im Zweiten Weltkrieg deutscher Abwehroffizier, arbeitete später für die Amerikaner und wurde Chef des westdeutschen Nachrichtendienstes BND.

Die Sowjetunion riegelte ihre Zone gegen westliche Einmischung ab. Im sowjetischen Sektor operierten uneingeschränkt der NKWD (Staatssicherheit) und die GRU (Militärischer Geheimdienst). Sie konfiszierten deutsche Industriemaschinen, ja ganze Fabriken, die in sowjetischen Städten für Arbeitsplätze sorgen sollten. Deutsche Wissenschaftler wurden gezwungen, für die sowjetische Industrie zu arbeiten.

Die Geheimdiensttätigkeit

Gleichzeitig wurden Agenten rekrutiert, die im Westen spionieren sollten. Beschlagnahmte Nazi-Akten enthielten genug Material, mit dem sich potentielle Agenten erpressen ließen. Auch Westdeutsche mit Verwandten im Osten konnte man durch Drohungen gegen ihre Angehörigen zur Zusammenarbeit mit der Sowjetunion zwingen. Zwischen 1950 und 1969 wurden in Westdeutschland insgesamt 2186 Agenten wegen Spionage verurteilt. 19 000 gaben eine Spionagetätigkeit zu, wurden aber nicht angeklagt.

Der langjährige Chef des westdeutschen Auslandsnachrichtendienstes war in dieser Zeit Reinhard Gehlen. Im Krieg war er

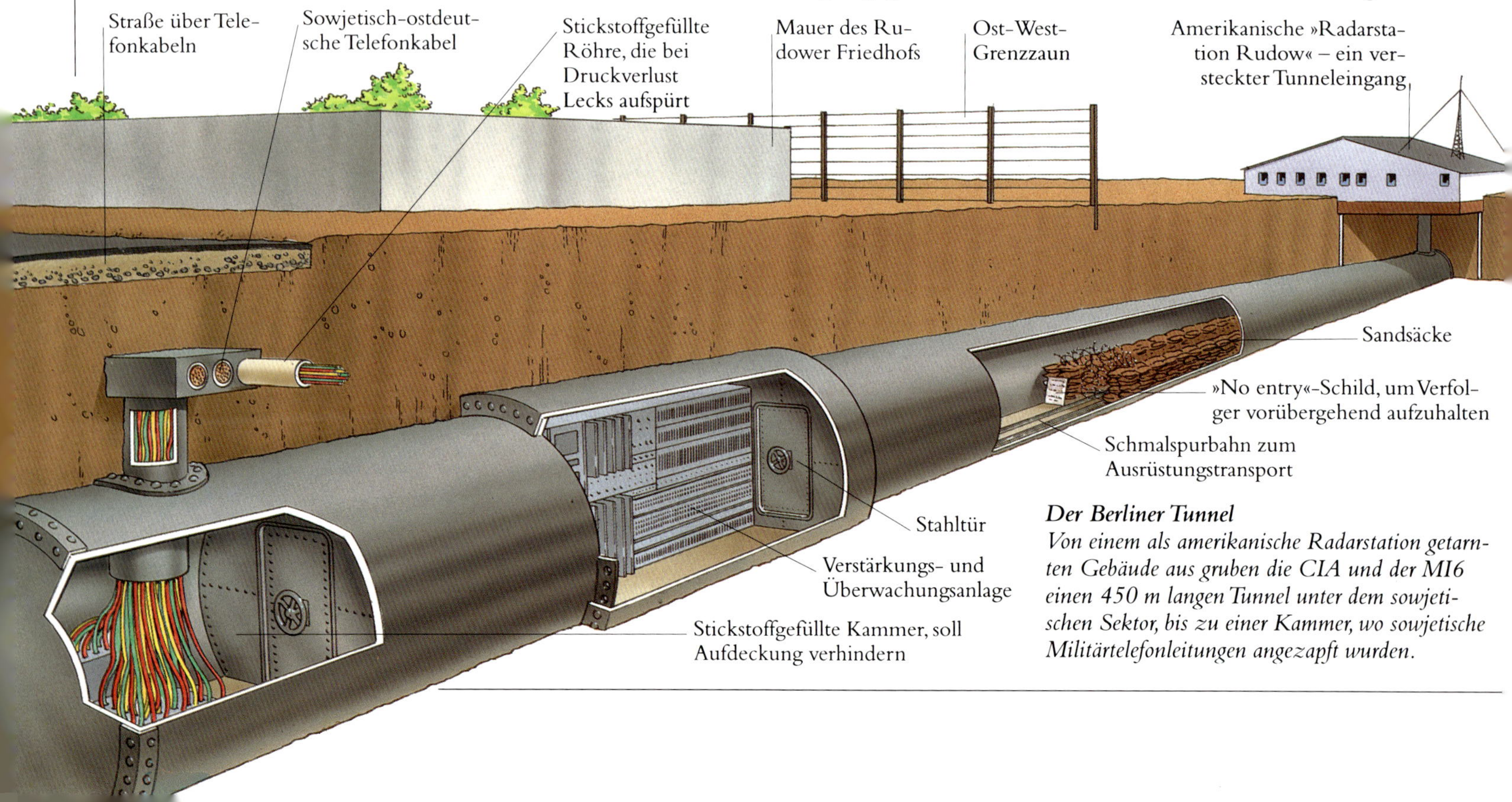

Der Berliner Tunnel
Von einem als amerikanische Radarstation getarnten Gebäude aus gruben die CIA und der MI6 einen 450 m langen Tunnel unter dem sowjetischen Sektor, bis zu einer Kammer, wo sowjetische Militärtelefonleitungen angezapft wurden.

Checkpoint Charlie
Dieser berühmte Grenzübergang an der Berliner Mauer war Schauplatz mehrerer erfolgreicher sowie einiger gescheiterter Fluchtversuche und einer gefährlichen Konfrontation zwischen amerikanischen und sowjetischen Panzern 1961.

Leiter der Abteilung Fremde Heere Ost im Generalstab des Heeres gewesen. Er wurde 1945 von den Amerikanern gefangengenommen, konnte sie aber dazu bewegen, ihn und seine Mitarbeiter als Spione zu beschäftigen, indem er ihnen Akten und Namen überließ, die sein Spionagenetz im Krieg gesammelt hatte.

1949 wurde Gehlen zum Leiter des neuen bundesdeutschen Nachrichtendienstes ernannt (dem späteren Bundesnachrichtendienst, BND). Gehlen hatte diese Position bis 1968 inne, bis sein Ruf unter der Aufdeckung des Doppelagenten Felfe (s. S. 105), einer seiner engsten Mitarbeiter, litt.

Spionagetunnel

Eine der ehrgeizigsten Geheimdienstoperationen des kalten Krieges wurde 1954 in Berlin von der CIA und vom britischen MI6 inszeniert. Von Westberlin aus grub die CIA einen 450 m langen Tunnel bis zu einem Punkt direkt unter den unterirdischen Telefonleitungen, über die das sowjetische Militärhauptquartier in Ostberlin mit Moskau verbunden war. Dann zapfte der MI6 diese Leitungen an. Der Tunnel erfüllte ein Jahr lang seinen Zweck, bis er von ostdeutschen Reparaturarbeitern entdeckt wurde. Die zuvor gewonnenen Informationen betrafen vor allem die Aufstellung sowjetischer Armee-Einheiten. Hätten die Sowjets einen Einmarsch im Westen geplant, wäre man möglicherweise gewarnt gewesen.

Später stellte sich heraus, daß der KGB-Spion George Blake (s. S. 159) seine Führungsoffiziere über die Tunneloperation unterrichtet hatte. Da diese Offiziere aber nicht wußten, daß die CIA die codierten Mitteilungen dechiffrieren konnte, informierten sie die GRU nicht.

Die Berliner Mauer

Am 13. August 1961 begann die ostdeutsche Polizei einen Zaun zwischen Ost- und Westberlin zu errichten, der sich zu einer 99 km langen, durch Wachtürme und Minenfelder verstärkten Betonkonstruktion auswuchs. An der Mauer gab es Straßenübergänge mit Militärkontrollstellen. Am 27. Oktober 1961 kam es am amerikanischen Checkpoint Charlie zu einer Konfrontation, nachdem die Sowjets versucht hatten, amerikanischen Vertretern den Zugang zur Ostzone zu verweigern. 16 Stunden lang standen amerikanische und sowjetische Panzer auf beiden Seiten des Niemandslands einander gegenüber, bis die Vertreter schließlich durchgelassen wurden.

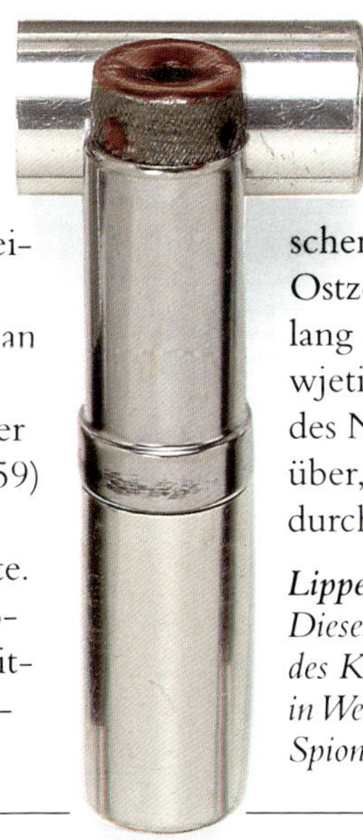

Lippenstiftpistole
Dieses 4,5-mm-Einzelschußabfeuergerät des KGB wurde in der Handtasche einer in Westberlin verhafteten ostdeutschen Spionin gefunden.

US-Sicherheitsdienste

Nach dem Zweiten Weltkrieg errichteten die USA eine Reihe neuer Organisationen, um gegen die im kalten Krieg drohende Spionage gewappnet zu sein. Die wichtigsten drei – die Central Intelligence Agency (CIA), die National Security Agency (NSA) und die Defence Intelligence Agency (DIA – s. S. 56) – befaßten sich mit dem Sammeln und Auswerten von Auslandsinformationen. Eine vierte Schlüsselorganisation, das Federal Bureau of Investigation (FBI), war bereits mit der Spionageabwehr in den USA betraut. Nur ein anderes Land hatte ein größeres Sicherheitssystem als Amerika: die Sowjetunion (s. S. 38). Aber mit ihren Nachrichtenbeschaffungssystemen waren die USA überlegen.

CIA-WAPPEN

J. Edgar Hoover
Hoover (1895-1972), US-Abwehrchef im Zweiten Weltkrieg, konnte die Auslandsinformationsbeschaffung nicht unter FBI-Kontrolle bringen.

Neben diesen wichtigsten amerikanischen Sicherheitsorganisationen gibt es noch viele andere Behörden der US-Regierung, die für verschiedene Aspekte der nationalen Sicherheit zuständig sind. Während manche oft im Blickpunkt der Öffentlichkeit stehen, operieren andere mit größtmöglicher Geheimhaltung.

Das Federal Bureau of Investigation

1909 als Abteilung des US-Justizministeriums errichtet, wurde das FBI 1934 eine nationale Behörde. Seit 1939 ist sie die für verschiedene Bereiche der inneren Spionageabwehr zuständige Hauptorganisation: Sie hat den Auftrag, alle Spionage-, Sabotage- und andere Geheimaktionen, die von feindlichen ausländischen Geheimdiensten innerhalb der USA durchgeführt werden, aufzudecken und niederzuhalten. Das Washington Metropolitan Field Office des FBI war an der Lösung einer Reihe bedeutender Spionagefälle beteiligt, beispielsweise dem aufsehenerregenden Fall Walker (s. S. 54). Das FBI arbeitet eng mit der CIA zusammen, die für ausländische Spionageabwehr zuständig ist. Die CIA ist nicht zu Verhaftungen befugt und kooperiert mit dem FBI, um Verräter und Spione in den eigenen Reihen zu enttarnen. Seit Aldrich Ames, der KGB-Maulwurf in der CIA, 1994 verhaftet wurde, ist diese Beziehung noch enger geworden: Leiter der CIA-Abteilung für Spionageabwehr ist ein FBI-Agent.

FBI-Emblem
Dies ist ein Emblem vom FBI-Hauptquartier in Washington, DC. Das FBI ist dem Justizministerium untergeordnet.

Die Central Intelligence Agency

Die CIA wurde aufgrund des National Security Act von 1947 geschaffen und basiert auf einem 1944 formulierten Konzept. Sie besteht aus mehreren Direktoraten. Das Directorate for Operations ist für die geheime Sammlung aller Auslandsinformationen und für die Spionageabwehr außerhalb der

Allen Welsh Dulles
Dulles (1893-1969), OSS-Veteran und CIA-Direktor von 1953-61, leitete verdeckte Operationen im Iran und in Mittelamerika sowie die mißglückte Schweinebucht-Operation auf Kuba.

USA zuständig. Die Auswertung der Informationen und die Abfassung von Abschlußberichten obliegen dem Directorate for Intelligence. Zum Directorate for Administration gehört auch das Office of Security, das für das Personal und die materielle Sicherheit der CIA verantwortlich ist. Das Directorate for Science and Technology besteht aus verschiedenen Büros. (Das Office of Technical Services wird auf S. 83 beschrieben.) Das Office of SIGINT Operations unterstützt die NSA bei der Nachrichtenbeschaffung. Das National Photographic Interpretation Center liefert der Geheimdienstgemeinde der USA Auswertungen von Luftaufklärungsfotografien, die von Satelliten oder Flugzeugen aufgenommen werden. Ein weiteres Büro dieses Direktorats ist der Foreign Broadcast Information Service (FBIS), der Rundfunk- und Fernsehsender auf der ganzen Welt überwacht und Abschriften von Sendungen erstellt, die zum Teil den Medien und der Öffentlichkeit zur Verfügung stehen.

NSA-WAPPEN

Die National Security Agency

Die NSA wurde 1952 errichtet und hat drei Hauptbetätigungsfelder: erstens die Informationssicherheit, also der Schutz aller nationalen Sicherheitssysteme und Informationen einschließlich der Computersysteme; zweitens die Sammlung ausländischer Nachrichten (oft SIGINT genannt); und drittens ist die NSA die Hauptorganisation der USA zur Erstellung von Codes und Chiffren für nationale Geheimdienste und das Militär. Zudem versucht sie die Codes und Chiffren ausländischer Mächte zu knacken.

Air America

Air America war nach außen eine normale kommerzielle Fluggesellschaft, die verdeckt von der CIA betrieben wurde, um ihre Operationen in ganz Südostasien zu unterstützen. Sie entwickelte sich aus der wenig bekannten Organisation Civil Air Transport (CAT), die 1946 in China zur Unterstützung verdeckter amerikanischer Operationen eingerichtet worden war. In ihrer Blütezeit im Vietnamkrieg (1961-75) unterhielt Air America die größte kommerzielle Flugzeugflotte der Welt. Ihre Piloten waren oft ehemalige Militärs, die die großzügigen Gehälter reizten. Sie flogen unterschiedliche Flugzeugtypen für die CIA und beförderten zuweilen streng geheim Agenten über nationale Grenzen hinweg. Eine Pilotengruppe unternahm mit U-2- und SR-71-Jets Aufklärungsflüge von Thailand aus. Nach dem Krieg wurde Air America verkauft, heute ist sie eine kleine Luftcharterfirma.

Air America in Aktion
Am Ende des Vietnamkriegs, 1975, fiel Saigon schließlich an die nordvietnamesischen Truppen. Hier werden südvietnamesische Geheimdienstoffiziere von einem Air-America-Hubschrauber aus der Residenz des Stellvertretenden Standortchefs der CIA in Saigon evakuiert.

ABZEICHEN VON AIR-AMERICA-PILOTEN

Deckname Anna

Anna war der Deckname des tschechischen Spions Alfred Frenzel. In den dreißiger Jahren war Frenzel Mitglied der Tschechischen Kommunistischen Partei und ging als Agent der tschechischen Exilregierung nach England, nachdem Deutschland die Tschechoslowakei besetzt hatte. Nach dem Krieg wurde Europa in einen »demokratischen« Westen und in einen von der Sowjetunion beherrschten Ostblock unterteilt. Frenzel emigrierte in die neugeschaffene Bundesrepublik Deutschland, wo er schließlich Mitglied des Bundestags wurde.

BRONZESTATUE

Spionagecoup
Alfred Frenzel (1899-1968) wurde in den späten fünfziger Jahren der wichtigste Spion der Tschechoslowakei in Westdeutschland, wo er unter dem Decknamen Anna operierte.

Die Tschechoslowakei war inzwischen ein kommunistischer Staat geworden. Der neue Staatssicherheitsdienst (Statni tajna Bezpecnost, StB) durchforstete die Akten des militärischen Geheimdienstes und der politischen Polizei aus der Vorkriegszeit und entdeckte Informationen über Frenzels Tätigkeit.

In Westdeutschland war Frenzel mittlerweile in den parlamentarischen Verteidigungsausschuß berufen worden, der für den Aufbau der neuen Bundeswehr und ihre künftige Rolle in der NATO zuständig war.

Die StB-Beamten erkannten die Bedeutung Frenzels und schickten seine Akte an den Leiter des Ersten Direktorats des StB, der I Sprava. Dieser Behörde oblag (unter Kontrolle des sowjetischen KGB) die Beschaffung von Auslandsinformationen. I Sprava beschloß, Frenzel als Spion zu rekrutieren, und betraute damit den StB-Major Bohumil Molnar in Wien.

Die Rekrutierung des Spions

Im April 1956 erhielt Frenzel Besuch von einem alten Freund, der nun für die tschechische Regierung arbeitete. Dieser bot Frenzel einen Job für die tschechische Regierung an und drohte damit, Frenzels vergangene politische und kriminelle Sünden zu enthüllen, falls dieser sich weigere. Außerdem sei die Sicherheit von Fren-

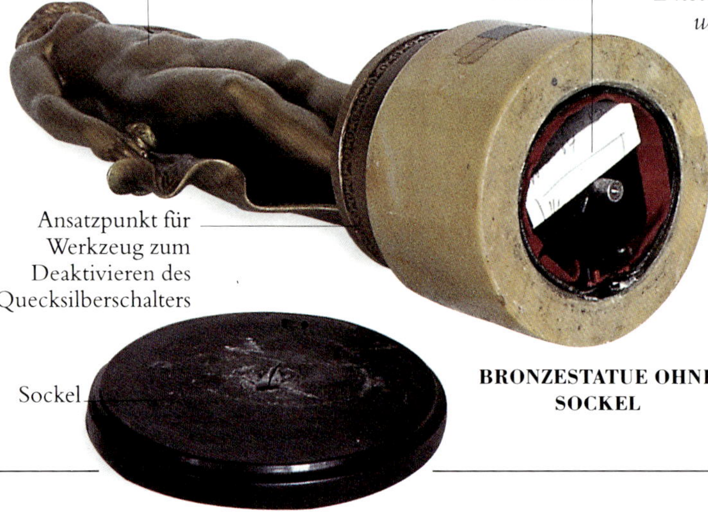

Bronzestatue als Behälter
Dieser Behälter wurde in der Tschechoslowakei vom Technischen Direktorat des StB gefertigt. Zum Öffnen mußte ein Quecksilberschalter deaktiviert werden, sonst vernichtete eine Sprengladung den Inhalt.

BRONZESTATUE OHNE SOCKEL

QUECKSILBERSCHALTER

FILMBEHÄLTER

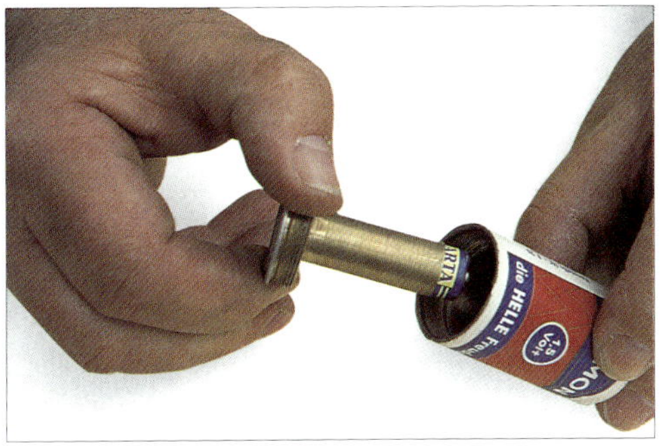

Batterie als Filmbehälter
Diese Batterie lieferte Strom für eine Taschenlampe, konnte aber auch als Versteck für Filme dienen. Öffnete man den Behälter nicht korrekt, wurde der Film durch Säure vernichtet.

zels Frau gefährdet, die damals gerade in Prag war. Frenzel stimmte unter Zwang zu und fuhr zu einem Treffen nach Wien, wo er 1500 DM bekam und den Decknamen Anna erhielt. Im Juli unterschrieb er ein Dokument, das auf seine Verbindung zum StB verwies. Damit saß Frenzel in der Falle: Die Tschechen konnten ihn erpressen, falls er nicht für sie spionierte.

Frenzel begann Informationen an seine Führungsoffiziere weiterzugeben, unter anderem eine Kopie des gesamten bundesdeutschen Verteidigungshaushalts. Dafür versprach man ihm ein großzügiges Gehalt in tschechischen Kronen sowie eine Villa und ein Auto in der Tschechoslowakei, falls er schließlich überlaufen würde. Außerdem erhielt Frenzel Geld für jede Informationslieferung. Dazu zählten Pläne der westdeutschen Luftwaffe und Details neuer amerikanischer und deutscher Flugzeuge und Raketen. Im September 1959 wurde die Führung von Anna einem neuen StB-Offizier übergeben, der als Illegaler (s. S. 169) unter dem falschen Namen Franz Altman operierte. Für den Transport geheimer Informationen verwendete Altman eine Reihe von Behältern, die vom Technischen Direktorat des StB, der IX Sprava, als Alltagsgegenstände kaschiert waren. Diese Behälter waren so konstruiert, daß ihr Inhalt vernichtet wurde, wenn sich ein Unbefugter an ihnen zu schaffen machte.

Die Entlarvung von Anna

Altmans Methode bestand darin, die kaschierten Behälter tschechischen diplomatischen Kurieren zu übergeben, die sie samt Frenzels Informationen aus der Bundesrepublik herausbrachten. Im Oktober 1960 begann das Bundesamt für Verfassungsschutz Altman zu beobachten, nachdem das Finanzamt gegen ihn Verdacht geschöpft hatte. Er flog als Spion auf. Altman wurde verhaftet, als er das Land mit sechs Filmrollen in einer präparierten Babypuderdose verlassen wollte. Die Dose mußte vor dem Öffnen entschärft werden (s. u.).

Nach dem Entwickeln kamen auf dem Film Papiere zum Vorschein, deren Herkunft bis zu Frenzel zurückverfolgt werden konnte. Er wurde verhaftet und zu 15 Jahren Zuchthaus verurteilt, aber fünf Jahre später gegen vier westdeutsche Spione ausgetauscht. 1968 starb er in der Tschechoslowakei.

MEISTERSPION

Bohumil Molnar

Bohumil Molnar war Major im Ersten Direktorat des tschechischen Staatssicherheitsdienstes StB. Ihm oblag die Rekrutierung von Anna und die Überwachung von dessen Tätigkeit. Fünf Jahre lang lieferte diese Quelle zahlreiche geheime Informationen an StB und KGB. Das Vordringen des StB bis in den Bundestag war ein großer Coup. Molnar wurde dafür mit dem Posten des Stellvertretenden Direktors des StB belohnt.

Filmbehälter in einer Babypuderdose
Vor dem Öffnen dieses Behälters mußte ein interner Stromkreis abgeschaltet werden, andernfalls ruinierte ein Blitzlicht den Film.

VORRICHTUNG IN DER DOSE

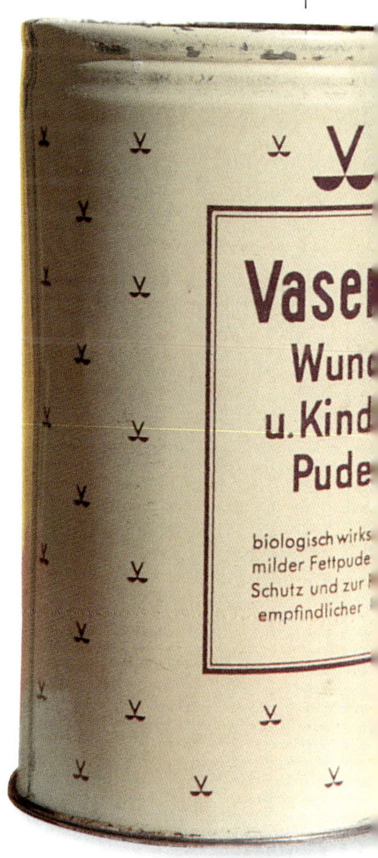

BABYPUDERDOSE

Das Haus der Spione

45 Cranley Drive, ein kleiner Bungalow im westlichen Londoner Vorort Ruislip, war Stützpunkt eines sowjetischen Spionagenetzes. Leiter war Konon Trifimowitsch Molody alias Gordon Lonsdale. Als »illegaler« KGB-Offizier ohne den Schutz der Botschaft war Lonsdale Moskau direkt unterstellt und operierte unter einer Legende (s. S. 162). Er kam 1955 nach London und gründete mit KGB-Mitteln eine Leasingfirma für Spielautomaten, die so erfolgreich war (wie er später behauptete), daß sie für den KGB sogar Gewinn abwarf. Sechs Jahre lang führte Lonsdale das Leben eines wohlhabenden Geschäftsmannes und umgab sich mit schönen Frauen.

45 Cranley Drive, Ruislip
Dieser unscheinbare Bungalow in einem Londoner Vorort war das Zuhause der Krogers und Stützpunkt für Lonsdales Kontakte zu Moskau.

Gleichzeitig leitete er ein Agentennetz in England. Er rekrutierte seine Agenten nicht selbst, sondern griff auf bereits rekrutierte zurück. Die Cohens etwa hatten sich schon in New York als sowjetische Agenten betätigt. Houghton war vom polnischen Geheimdienst angeworben worden.

Die Krogers

In 45 Cranley Drive führte ein Ehepaar ein scheinbar normales Leben: Lona und Morris Cohen, die unter dem Decknamen Helen und Peter Kroger operierten. Sie boten Lonsdale die technische Unterstützung, die er zur Weitergabe seiner nachrichtendienstlichen Informationen an die KGB-Zentrale in Moskau benötigte. Die Krogers hatten ein kleines Buchantiquariat, das es ihnen ermöglichte, Mikropunkte in den Büchern zu schmuggeln, die sie international kauften und verkauften. Solche Bücher schickten sie an verschiedene Adressen im Ausland, von wo sie dann in die Sowjetunion weitergeleitet wurden. Der Funk- und Impulssender (s. S. 118) der Krogers war für dringende Kontakte mit Moskau bestimmt.

HELEN UND PETER KROGER

Erstes Hauptdirektorat des KGB

Der KGB war in eine Reihe von Direktoraten eingeteilt; die wichtigsten waren das Erste Hauptdirektorat, das sogenannte FCD, und das Zweite Hauptdirektorat, das für die innere Sicherheit zuständig war. Das FCD war verantwortlich für Operationen in Übersee und besaß mehrere Subdirektorate. Direktorat T sammelte wissenschaftliche und technische Informationen. Direktorat K infiltrierte ausländische Geheimdienste und war für die Sicherheit sowjetischer Botschaften zuständig. Direktorat S führte weltweit sowjetische Illegale (s. S. 162) wie Konon Molody alias Gordon Lonsdale.

EMBLEM DES ERSTEN HAUPTDIREKTORATS DES KGB

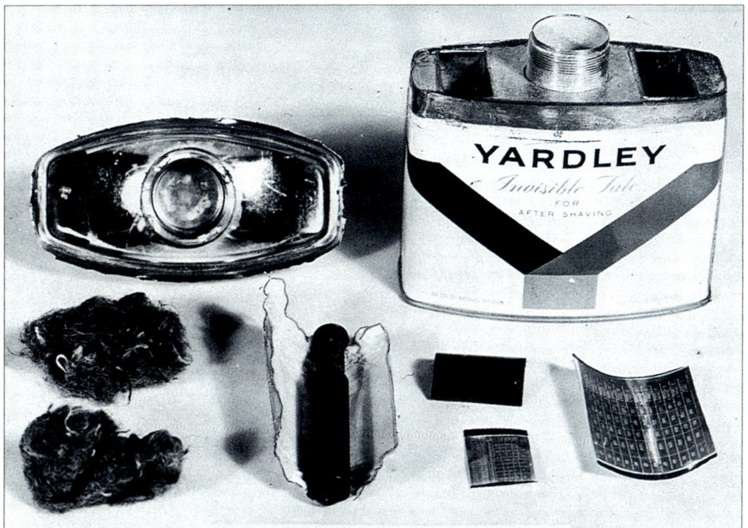

Talkumpuderdosenversteck
Die britischen Sicherheitsdienste MI5 und Special Branch fanden dieses Versteck bei der Durchsuchung des Bungalows der Krogers. Die Talkumpuderdose enthielt Funkkontaktzeitpläne auf Mikrofilm.

ETHEL ELIZABETH »BUNTY« GEE

HARRY FREDERICK HOUGHTON

Der Geheimkeller der Krogers
Diese Falltür führte zu einem Keller unter der Küche im Haus 45 Cranley Drive. Eine Durchsuchung förderte die Funkanlage zutage, die von den Krogers für dringende Mitteilungen von KGB-Agenten an Moskau verwendet wurde.

Spionagegeräte

Der Bungalow der Krogers war für die Unterstützung von Lonsdales Spionagenetz ausgerüstet. In einem Raum unter dem Küchenboden, in den man durch eine enge Öffnung gelangte, befand sich der Funk- und Impulssender. In einer Büchse Talkumpuder war Mikrofilm versteckt, eine Taschenlampenbatterie (ein ähnliches Versteck wird auf S. 49 u. 130 erklärt) enthielt Einmalblocks und Signalpläne. In einer Puderdose steckte ein kleiner Mikropunktleser (s. S. 127). Neben einem Gerät zum Anfertigen von Mikropunkten besaßen die Krogers auch falsche Pässe und Tausende von Dollars.

Der Ring fliegt auf

Lonsdales Spionagenetz wurde schließlich zerrissen, als der britische Geheimdienst MI5 (s. S. 164) von einem polnischen Überläufer Informationen erhielt. Der MI5 observierte die sogenannten Portland-Spione und gelangte so zu Lonsdale und anschließend zu den Krogers.

Die Portland-Spione waren Harry Houghton, Angestellter in einer Waffenforschungseinrichtung in Portland, Dorset, und seine Geliebte Ethel Gee, eine Registraturangestellte, die auch Zugang zu Geheiminformationen hatte. Gegen Geld gaben die beiden Details über NATO-Pläne, Marinemanöver und ein neues U-Boot-Ortungssystem an Lonsdale weiter. Am 7. Januar 1961 wurde Lonsdale verhaftet, als er ein Päckchen mit Informationen von Houghton und Gee entgegennahm, die kurz darauf auch verhaftet wurden.

Bei seinem Prozeß weigerte sich Molody, seine Identität preiszugeben. Seine vom Ersten Direktorat des KGB präparierte Legende als Lonsdale war makellos – bis auf ein Detail: Der echte Lonsdale war nach der Geburt beschnitten worden, Molody aber nicht.

Molody und die Krogers wurden eingesperrt, aber 1964 kam Molody bei einem Austausch von Spionen frei. Houghton und Gee wurden zu 15 Jahren Zuchthaus verurteilt. Nach ihrer Entlassung heirateten sie. Molody hatte vermutlich noch andere Spione geführt, deren Zahl und Identität aber nicht bekannt wurden.

MEISTERSPION

Konon Molody

Konon Molody (1924-70) wurde in Kanada geboren und wuchs in Amerika auf. 1938 ging er in die Sowjetunion und trat dem NKWD bei (s. S. 27). 1955 kam Molody nach England, nachdem er die Identität von Gordon Lonsdale, einem toten Kanadier, angenommen hatte. Seine Spionagetätigkeit kaschierte er hinter der Maske eines überaus erfolgreichen Geschäftsmanns. Man glaubt, daß er viele Agenten geführt hat, obwohl nur vier gefaßt wurden.

Aufklärungsflugzeug U-2

In den frühen fünfziger Jahren reichte die konventionelle Informationsbeschaffung der Amerikaner nicht aus, um das wachsende Atomwaffenpotential der Sowjets effektiv zu überwachen. Die erste sowjetische Wasserstoffbombe war 1953 getestet worden, und Moskau baute Düsenbomber, die angeblich Amerika angreifen konnten. Luftaufnahmen mit eindeutigen Informationen über die neue militärische Bedrohung durch die Sowjets wurden dringend benötigt. Ende 1954 ließ die CIA ein Spionageflugzeug bauen, das entsprechende Bilder liefern konnte.

Chruschtschow inspiziert U-2-Wrackteile
Ministerpräsident Chruschtschow (im hellen Anzug) besichtigt Geräte, die aus den Trümmern von Powers' Flugzeug geborgen wurden.

Dieses neue Flugzeug, die U-2, sollte sowjetische Militäranlagen aus sehr großer Höhe fotografieren. Auf über 24 000 m war die U-2 gegen Angriffe aller sowjetischen Abfangjäger und Luftabwehrraketen der frühen sechziger Jahre gefeit. Die in der U-2 installierte Hycon-Kamera Modell 73C konnte Details von minimal 30 cm Seitenlänge aufnehmen. Mit einer 73B-Pan-Kamera wurden während einer einzigen Mission über 4000 Bilder geschossen. Die U-2 ähnelte einem Motorsegler. Bei einer Spannweite von 23,5 m verfügte sie lediglich über einen einzigen Motor. In großen Höhen besteht das Risiko eines Motorversagens infolge von Sauerstoffmangel, des sogenannten »Flammenabrisses«. Um den Motor wieder zu zünden, mußte der Pilot einer U-2 gegebenenfalls auf eine Höhe hinabgehen, die wieder mehr mit Sauerstoff gesättigt war.

Operation Overflight

Als erstes U-2-Geschwader wurde das 1st Weather Reconnaissance Squadron (Provisional) gebildet. 1960 waren zehn U-2 im Einsatz, alle innerhalb einer Deckorganisation, die National Advisory Committee for Aeronautics hieß und angeblich meteorologische Forschungen betrieb. Die U-2-Missionen hatten den Decknamen Operation Overflight und starteten von Stützpunkten in England, der Türkei und Japan aus. Die Sowjetunion wußte zwar über die Verletzungen ihres Luftraums Bescheid, wollte aber nicht öffentlich zugeben, daß ihre Abfangjäger und Luftabwehrraketen dies nicht verhindern konnten. Nachdem die U-2-Aufklärung ermittelt hatte, daß eine Bedrohung durch sowjetische Bomber nicht bestand, wandte sich das Interesse dem Atomraketenprogramm der Sowjetunion zu. Informationen darüber wurden

Francis Gary Powers
Dieses Bild zeigt den CIA-Piloten als Gefangenen, kurz nachdem seine U-2 über sowjetischem Gebiet abgeschossen worden war.

Abgestürzte U-2
Russische Bürger besichtigen die Trümmer von Powers' U-2 nach dem Absturz bei Swerdlowsk im Ural, 1120 km östlich von Moskau.

Spionageflugzeug U-2
Die U-2 hatte lediglich ein Düsentriebwerk und war mit ihrer Flügelspannweite von 23,5 m optimal für extreme Höhen ausgerüstet.

Die U-2 in Moskau
Das Wrack der U-2 wurde öffentlich ausgestellt, um die Amerikaner bloßzustellen. Hier inspizieren Bewohner Moskaus die Trümmer.

von US-Präsident Eisenhower vor der Teilnahme am Pariser Gipfeltreffen mit dem sowjetischen Ministerpräsidenten Chruschtschow benötigt. Der CIA-Direktor Allen Dulles versicherte Eisenhower, es bestehe kein Risiko, daß ein U-2-Pilot lebend gefangengenommen würde. Eisenhower vertraute darauf und genehmigte am 1. Mai 1960 einen Flug über das sowjetische Testzentrum für Interkontinentalraketen in Tjuratam.

Powers' Absturz

CIA-Pilot Francis Gary Powers startete in Peshawar, Nordpakistan, eine Mission, um Raketentestgelände und andere Militär- und Industriegebiete zu überfliegen, und wollte in Norwegen landen. Über Swerdlowsk erlitt seine U-2 einen Flammenabriß, so daß er zum Wiederzünden des Triebwerks die Höhe verringern mußte. Dadurch geriet er in die Reichweite einer neuentwickelten sowjetischen Flugabwehrrakete, der SA-2.

Eine der abgefeuerten Raketen explodierte dicht am Flugzeug, wodurch die empfindlichen Tragflächen der U-2 verbogen wurden und die Maschine ins Trudeln geriet. Powers wurde hinausgeschleudert, ehe er den Selbstzerstörungsmechanismus auslösen konnte. Er landete sicher mit dem Fallschirm. Die Aggregate der U-2 blieben nach dem Aufprall intakt und konnten von den Sowjets inspiziert werden. Die US-Regierung war der Meinung, die U-2 wäre vernichtet und ihr Pilot tot, und erklärte, daß ein Flugzeug auf einem Wettererkundungsflug verschollen sei, nachdem es irrtümlicherweise in den sowjetischen Luftraum eingedrungen war. Chruschtschow enthüllte, daß Powers in sowjetischer Hand sei und seine Spionagetätigkeit gestanden habe. So wurden die Amerikaner bei einer offensichtlichen Lüge ertappt. Aus dem Scheitern der Pariser Gipfelkonferenz zog die Sowjetunion politischen Gewinn. Powers wurde bei einem Prozeß in Moskau wegen Spionage verurteilt und später gegen einen in den USA enttarnten KGB-Spion ausgetauscht (s. S. 164).

Die U-2 und die Kubakrise

In den frühen sechziger Jahren konzentrierte sich die CIA auf die Beschaffung von Informationen aus Kuba, da dessen kommunistische Regierung mit der Sowjetunion befreundet war. Am 14. Oktober 1962 lieferte eine U-2 Bilder von der Aufstellung sowjetischer Raketen bei Havanna. Es handelte sich offenbar um atomare Mittelstreckenraketen vom Typ SS-4, die leicht die USA erreichen konnten. Um das weitere Horten von Raketen zu verhindern, verkündete Präsident Kennedy am 22. Oktober die Blockade von Kuba. Die Spannungen zwischen den USA und der UdSSR erreichten am 27. Oktober ihren Höhepunkt, als eine U-2 beim Flug über Kuba abgeschossen wurde. Ein Krieg drohte. Doch am 28. Oktober erklärte die Sowjetunion, sie werde die Raketen abziehen. Später überprüften U-2-Missionen diesen Abzug.

Flugplatz auf Kuba mit 21 sowjetischen Bombern

Nahaufnahme bestätigt Identität der Bomber

Sowjetische Bomber auf Kuba
U-2-Fotos bewiesen, daß nicht nur Raketen, sondern auch sowjetische Atombomber Il-28 auf Kuba waren – in Reichweite der USA.

Walkers Spionagering

Der wichtigste Spion des KGB im Amerika der siebziger Jahre war John Anthony Walker jr. Als Oberstabsbootsmann in der US Navy hatte er Zugang zu Marinegeheimnissen. Weil er nach einer Reihe von geschäftlichen Mißerfolgen Geld brauchte, beschloß er, Spion zu werden. Anfang 1968 nahm Walker erstmals Kontakt zum KGB auf, indem er bei der sowjetischen Botschaft in Washington »jemand von der Sicherheit« sprechen wollte. Er hatte richtig kalkuliert: Die Sowjets waren bereit, ihn wie in ähnlichen Fällen bar zu entlohnen.

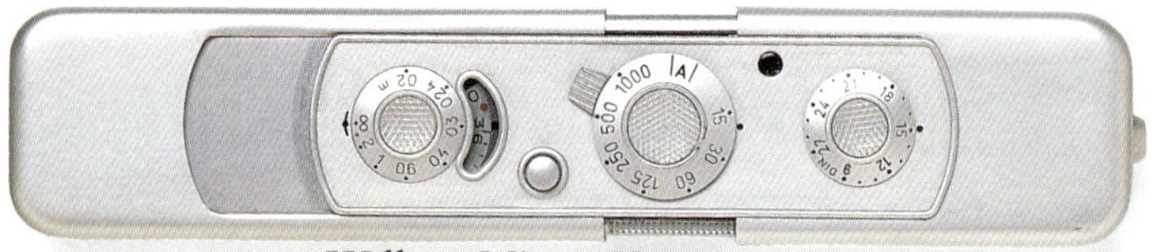

Walkers Minox-Kamera
Im Laufe seiner langen Karriere als Spion fotografierte Walker so viele Geheimdokumente, daß er seine Minox C verschliß.

John Walker
Zu Walkers Tarnung gehörte es, daß er sich als engagierter Antikommunist gab und rechten Gruppen wie dem Ku-Klux-Klan beitrat.

Walker hatte die Schlüsseleinstellungen eines ganzen Monats für die Chiffriermaschine KL-47 dabei, wie man sie im Kommandozentrum der US Navy, wo er arbeitete, für die U-Boot-Streitkräfte im Atlantik verwendete. Er sagte, er habe leichten Zugang zu diesen Einstellungen, und verlangte 1000 Dollar pro Woche. Man gab ihm etwas Bargeld im voraus, und bei einem späteren Treffen bekam er 5000 Dollar für mehrere Chiffrierschlüsseleinstellungskarten. Walker erhielt auch eine Minox-Kamera (s. S. 70) zum Kopieren von Dokumenten und Chiffriermaterial.

Geschäfte mit dem KGB

In den folgenden 17 Wochen übergab Walker dem KGB weitere Chiffrierschlüsselkarten sowie technische Handbücher. Dadurch verschafften sich die Sowjets wichtige Marinegeheimnisse, etwa über die Bewegungen der amerikanischen Atom-U-Boot-Flotte. Außerdem erfuhren sie im voraus von amerikanischen Bombenangriffen auf Nordvietnam Anfang der siebziger Jahre.

Der KGB gab Walker einen Rotorleser zur Auswertung der Innenverdrahtung von Chiffriermaschinenrotoren der US Navy. Bei mehreren Geheimtreffen in Österreich bildeten sie ihn zum Spion aus. In Amerika kam Walker mit seinem KGB-Führer selten zusammen. Mittels toter Briefkästen (s. S. 132) gab er Informationen weiter und nahm Zahlungen entgegen.

Familie und Freunde

Als Walker klar war, daß er wegen seines bevorstehenden Ausscheidens aus der Navy keinen Zugang zu Geheimmaterial mehr haben würde, bezog er seine Familie in den Spionagering ein. Er rekrutierte seinen Bruder Arthur und seinen Sohn Michael, der auch in der Navy diente. Dazu gewann er noch seinen Freund Jerry Whitworth, einen

Rotorleser

Dieses Gerät erhielt Walker vom KGB, um die Innenverdrahtung der Rotoren zu studieren, die die KL-47-Chiffriermaschine der US Navy enthielt. Walker entfernte die Rotoren und legte sie auf die Scheibe des Lesers. Kontakte in der Scheibe schickten Signale durch die internen Schaltkreise des Rotorlesers, so daß Zahlen auf einem Display aufleuchteten. Walker war unterrichtet, wie man mit diesen Zahlen die Innenverdrahtung der Chiffrierrotoren ermittelte.

Der KGB besaß bereits von Walker gestohlene Listen mit den Schlüsseleinstellungen der KL-47 und konnte deshalb mit den Kenntnissen über die Rotorinnenverdrahtung einige Funkmeldungen der US Navy dechiffrieren.

KL-47-ROTOR AUF LESER MONTIERT

RÖNTGENBILD DES LESERS ZEIGT VERDRAHTUNG

Der Wiener Weg

Sobald Walker als Agent eingeführt war, vermied der KGB aus Sicherheitsgründen direkte Treffen mit ihm in Amerika. Statt dessen mußte er ins Ausland reisen, meist nach Wien (oder zuweilen nach Hongkong), wo ihn sein Führungsoffizier ausbildete, instruierte und bezahlte.

Wien wurde vom KGB oft für solche Zwecke gewählt, weil es eine internationale Stadt und die österreichische Spionageabwehr neutral war. Die Treffpunkte erfuhr Walker aus Karten und handgeschriebenen Anweisungen. Die Routen waren verzweigt, damit der KGB herausfinden konnte, ob Walker observiert wurde. Entlang seiner Route wurde er von KGB-Agenten mit Überwachungssendern am Körper (s. S. 106) verfolgt. Etliche Frequenzen wurden auf Anzeichen für ungewöhnliche Aktionen der österreichischen Abwehr oder der CIA, die von der amerikanischen Botschaft aus operierte, abgehört. Falls einer der KGB-Agenten etwas Verdächtiges bemerkt hätte, wäre das Treffen abgesagt worden. Für solche Fälle erhielt Walker Ersatzanweisungen für alternative Treffpunkte.

Die Instruktionen und die Karte (links) verwendete Walker 1978 auf einer Wien-Reise. Während eines 40minütigen Treffens mit seinem Betreuer erhielt er Geld und Anweisungen und übergab kryptographische Geheimnisse, die von seinem Komplizen Jerry Whitworth gestohlen worden waren.

Die Linie markiert Walkers Route

STRASSENKARTE VON WIEN

Rot geschriebene Wörter verweisen auf Namen von Plätzen oder Gebäuden

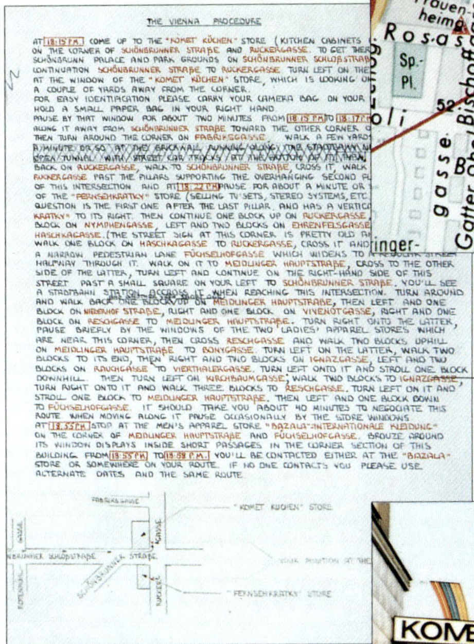

THE VIENNA PROCEDURE

AT 18:15 P.M. COME UP TO THE "KOMET KÜCHEN" STORE (KITCHEN CABINETS ... ON THE CORNER OF SCHÖNBRUNNER STRAßE AND RUCKERGASSE. TO GET THER... SCHÖNBRUNN PALACE AND PARK GROUNDS ON SCHÖNBRUNNER SCHLOßSTRAß... CONTINUATION SCHÖNBRUNNER STRAßE TO RUCKERGASSE TURN LEFT ON THE... AT THE WINDOW OF THE "KOMET KÜCHEN" STORE, WHICH IS LOOKING O... A COUPLE OF YARDS AWAY FROM THE CORNER.
FOR EASY IDENTIFICATION PLEASE CARRY YOUR CAMERA BAG ON YOUR ... HOLD A SMALL PAPER BAG IN YOUR RIGHT HAND.
PAUSE BY THAT WINDOW FOR ABOUT TWO MINUTES FROM 18:15 P.M. TO 18:17 P... ALONG IT AWAY FROM SCHÖNBRUNNER STRAßE TOWARD THE OTHER CORNER ... THEN TURN AROUND THE CORNER ON FABRIKSGASSE. WALK A FEW YARDS ... ~~A MINUTE OR SO AT THE BRICKWALL RUNNING ALONG THE STADTBAHN ... OPEN TUNNEL WITH STREET CAR TRACKS ...~~ BACK ON RUCKERGASSE, WALK TO SCHÖNBRUNNER STRAßE, CROSS IT, WALK ... RUCKERGASSE PAST THE PILLARS SUPPORTING THE OVERHANGING SECOND F... OF THIS INTERSECTION AND AT 18:22 P.M. PAUSE FOR ABOUT A MINUTE OR ... OF THE "FERNSEHKRATKY" STORE (SELLING TV SETS, STEREO SYSTEMS, ETC. ... QUESTION IS THE FIRST ONE AFTER THE LAST PILLAR AND HAS A VERTIC... KRATKY" TO ITS RIGHT. THEN CONTINUE ONE BLOCK UP ON RUCKERGASSE, ... BLOCK ON NYMPHENGASSE, LEFT AND TWO BLOCKS ON EHRENFELSGASSE ... HASCHKAGASSE. (THE STREET SIGN AT THIS CORNER IS PRETTY OLD A... WALK ONE BLOCK ON HASCHKAGASSE TO RUCKERGASSE, CROSS IT AND ... A NARROW PEDESTRIAN LANE FÜCHSELHOFGASSE WHICH WIDENS TO A ... HALFWAY THROUGH IT. WALK ON IT TO MEIDLINGER HAUPTSTRAßE, CROSS TO THE OTHER SIDE OF THE LATTER, TURN LEFT AND CONTINUE ON THE RIGHT-HAND SIDE OF THIS STREET PAST A SMALL SQUARE ON YOUR LEFT TO SCHÖNBRUNNER STRAßE. YOU'LL SEE A STADTBAHN STATION ACCROSS IT WHEN REACHING THIS INTERSECTION. TURN AROUND AND WALK BACK ONE BLOCK UP ON MEIDLINGER HAUPTSTRAßE, THEN LEFT AND ONE BLOCK ON NIEDERHOF STRAßE, RIGHT AND ONE BLOCK ON VIVENOTGASSE, RIGHT AND ONE BLOCK ON RESCHGASSE TO MEIDLINGER HAUPTSTRAßE. TURN RIGHT ONTO THE LATTER, PAUSE BRIEFLY BY THE WINDOWS OF THE TWO LADIES' APPAREL STORES WHICH ARE NEAR THIS CORNER, THEN CROSS RESCHGASSE AND WALK TWO BLOCKS UPHILL ON MEIDLINGER HAUPTSTRAßE TO BONYGASSE. TURN LEFT ON THE LATTER, WALK TWO BLOCKS TO ITS END, THEN RIGHT AND TWO BLOCKS ON IGNAZGASSE, LEFT AND TWO BLOCKS ON RAUCHGASSE TO VIERTHALERGASSE. TURN LEFT ONTO IT AND STROLL ONE BLOCK DOWNHILL. THEN TURN LEFT ON KIRCHBAUMGASSE; WALK TWO BLOCKS TO IGNAZGASSE, TURN RIGHT ONTO IT AND WALK THREE BLOCKS TO RESCHGASSE. TURN LEFT ON IT AND STROLL ONE BLOCK TO MEIDLINGER HAUPTSTRAßE, THEN LEFT AND ONE BLOCK DOWN TO FÜCHSELHOFGASSE. IT SHOULD TAKE YOU ABOUT 40 MINUTES TO NEGOCIATE THIS ROUTE. WHEN MOVING ALONG IT PAUSE OCCASIONALLY BY THE STORE WINDOWS.
AT 18:55 P.M. STOP AT THE MEN'S APPAREL STORE "BAZALA"-INTERNATIONALE KLEIDUNG" ON THE CORNER OF MEIDLINGER HAUPTSTRAßE AND FÜCHSELHOFGASSE. BROUZE AROUND ITS WINDOW DISPLAYS INSIDE SHORT PASSAGES IN THE CORNER SECTION OF THIS BUILDING FROM 18:55 P.M. TO 18:58 P.M. YOU'LL BE CONTACTED EITHER AT THE "BAZALA" STORE OR SOMEWHERE ON YOUR ROUTE. IF NO ONE CONTACTS YOU PLEASE USE ALTERNATE DATES AND THE SAME ROUTE.

HANDGESCHRIEBENE ANWEISUNGEN

In den getippten Anweisungen erwähntes Gebäude

IN DEN ANWEISUNGEN ERWÄHNTER LADEN

Fernmeldespezialisten der Navy. Walkers Frau hatte jahrelang gewußt, daß Walker ein Spion war, schwieg aber. Nach ihrer Scheidung informierte sie schließlich das FBI. 1985 verfolgten FBI-Agenten John Walker eines Abends bis zu einem toten Briefkasten außerhalb Washingtons, wo Walker ein Päckchen mit Geheimmaterial deponierte, das er von seinem Sohn erhalten hatte.

Das FBI fing dieses Material ab – vertat aber die Chance, den KGB-Führer zu schnappen – und verhaftete Walker am selben Abend in einem nahegelegenen Hotel.

John Walker erhielt eine lebenslängliche Haftstrafe; auch seine Komplizen wanderten ins Gefängnis. Der Schaden für die Sicherheit der USA läßt sich bis heute nicht ermessen.

MICHAEL WALKER: CODENAME S – IM AKTIVEN DIENST BEI DER US NAVY

ARTHUR WALKER: CODENAME K – ÄLTERER BRUDER VON JOHN WALKER

JERRY WHITWORTH: CODENAME D – NAVY-FERNMELDEFACHMANN

Spionage aus dem All

Der Start des ersten Satelliten durch die Sowjetunion im Jahre 1957 eröffnete der Nachrichtenbeschaffung neue Möglichkeiten. Eine Satellitenkamera konnte jeden Teil eines feindlichen Gebiets überwachen, das unter der Umlaufbahn lag. 1961 starteten die Amerikaner den ersten Spionagesatelliten. Satellitenbilder konnten natürlich ein viel größeres Gebiet erfassen als aus einem Spionageflugzeug aufgenommene Fotos. Doch dauerte die Auswertung am Boden viel länger. Erst in den siebziger Jahren standen Satellitenbilder dank der Digitaltechnik unverzüglich zur Verfügung.

Amerikanisches Satellitenbild
Ein Auswerter der US Navy kam ins Gefängnis, weil er dieses KH-11-Satellitenbild vom Bau eines sowjetischen Flugzeugträgers freigegeben hatte.

Die frühen Satelliten mußten den Film in einem Behälter abwerfen, der erst gesucht und dann oft über große Entfernungen zum Entwickeln gebracht wurde. Diese Methode des »Eimerabwurfs« war so langsam, daß der arabisch-israelische Sechs-Tage-Krieg von 1967 beendet war, ehe die ersten Satellitenfotos Washington erreichten. Satelliten dienten der strategischen (langfristigen) Überwachung, während taktische (tagtägliche) Observationen von Spionageflugzeugen durchgeführt wurden.

KH-11

Die Amerikaner leiteten ein streng geheimes Programm zur Produktion besserer Satelliten ein. 1976 kam der Satellit KH-11 zum Einsatz. Im Unterschied zu früheren Modellen arbeitete er nicht mit Filmen, sondern sendete die Bilder sofort in digitaler Form an Bodenstationen. Dieses System hat neben der schnellen Auswertung auch noch den Vorteil, daß digitale Bilder extrem scharf sind. Aus seiner Umlaufbahn in 322 km Höhe konnte KH-11 Details bis zu einer Seitenlänge von 15 cm abbilden. Derar-

Das US National Reconnaissance Office (NRO)

Diese Dienststelle, die 1992 ihren Status als Geheimorganisation verlor, wurde in den sechziger Jahren zur Durchführung des US Photographic and Electronic Listening Satellites Program und des US Airborne Reconnaissance Program eingerichtet. Ihre Computer dienten im Golfkrieg (1990/91) der Erkennung irakischer Waffensysteme auf Fotos.

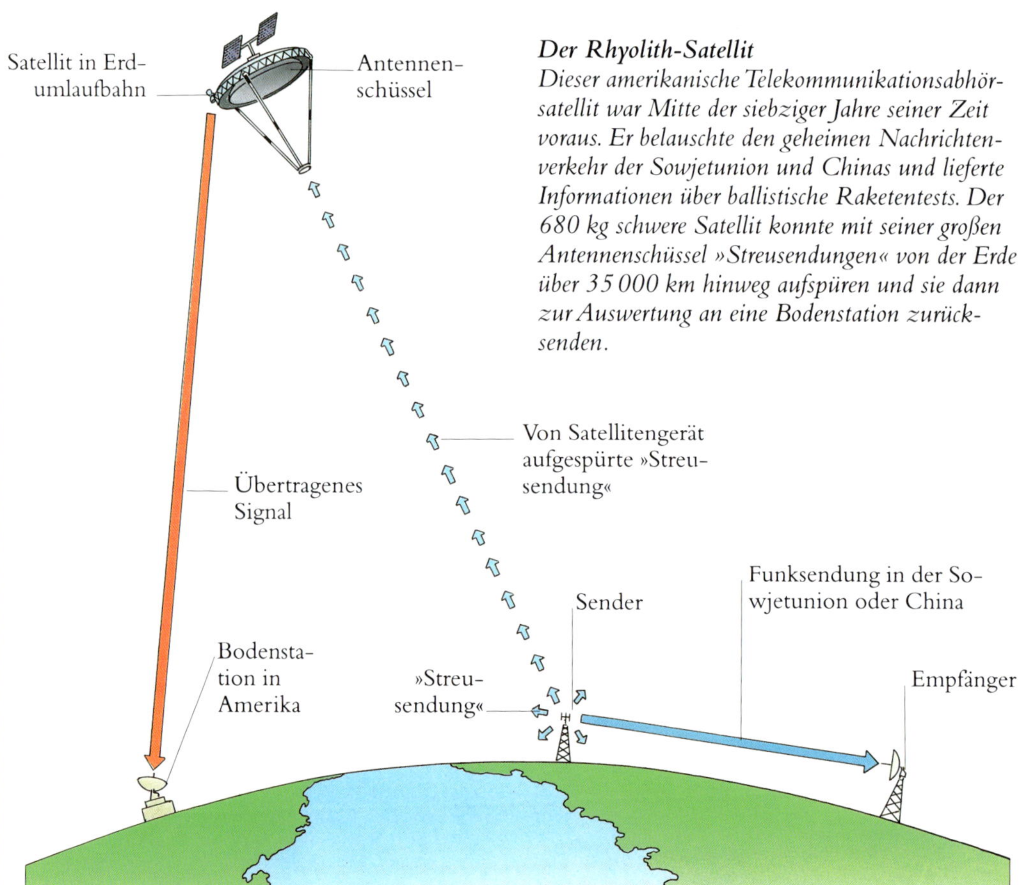

Der Rhyolith-Satellit
Dieser amerikanische Telekommunikationsabhörsatellit war Mitte der siebziger Jahre seiner Zeit voraus. Er belauschte den geheimen Nachrichtenverkehr der Sowjetunion und Chinas und lieferte Informationen über ballistische Raketentests. Der 680 kg schwere Satellit konnte mit seiner großen Antennenschüssel »Streusendungen« von der Erde über 35 000 km hinweg aufspüren und sie dann zur Auswertung an eine Bodenstation zurücksenden.

Sowjetisches Satellitenbild
Die CIA fing dieses sowjetische Satellitenbild von Washington und ihrem eigenen Hauptquartier ab; später wurde es intern als Plakat ausgestellt.

tige Bilder lassen sich durch Computerbearbeitung sogar noch weiter verbessern. Das amerikanische National Photographic Interpretation Center unterhält eine ganze Bibliothek von visuellen Interpretationsschlüsseln. Ein Geheimdienstauswerter kann ein Satellitenbild mit diesen visuellen Schlüsseln abgleichen, um wichtige Waffensysteme zu erkennen.

1988 wurde ein Satellit mit dem Codenamen Lacrosse gestartet, der mit Hilfe von Radar durch Wolken »sehen« konnte. 1989 kam eine Infrarotversion dazu, die die Nachtsicht ermöglichte. Auf diese Weise läßt sich die Einhaltung der Strategischen Rüstungsbegrenzungsverträge zwischen den USA und dem heutigen Rußland weiterhin überwachen.

Satellitenspione

Unvermeidlicherweise wurde die Satellitentechnik zum Ziel der Spionage, und ihre Geheimnisse müssen streng gehütet werden. Amerikanische Dienste geben ihre Satellitenbilder erst frei, wenn die Fotos so modifiziert sind, daß sie nicht zuviel von der verwendeten Technik preisgeben.

1977 kam es in Amerika jedoch zu einem großen Spionageskandal, der Sicherheitslücken in einigen Satellitenfirmen aufdeckte. Die Täter waren zwei etwas amateurhafte Berufsspione: Christopher Boyce und sein Jugendfreund Andrew Lee. Sein Vater, ehemaliger FBI-Agent, hatte Boyce einen Job bei der Firma TRW vermittelt, die den Rhyolith-Satelliten für die CIA baute und betrieb. Dieser Spionagesatellit überwachte die geheime Telekommunikation der Sowjets und Chinesen.

Boyce war in einer streng geheimen Dienststelle, dem Black Vault, mit der Koordination der Kontakte zwischen TRW, den nationalen Geheimdiensten und den Satellitenüberwachungsstationen betraut. Doch die Sicherheit im Black Vault war so lax, daß Boyce leichten Zugang zu Geheimmaterial hatte.

Lee sollte den Kontakt zum KGB herstellen. Er flog nach Mexico City und zuweilen sogar nach Wien, um den Sowjets die Informationen zu verkaufen. Sie betrafen unter anderem das Rhyolith-Programm, den KH-11 und verschiedene Chiffren.

Boyce und Lee kamen vor Gericht, nachdem Lee von der mexikanischen Polizei verhaftet worden war, weil er außerhalb der sowjetischen Botschaft ihren Verdacht erregt hatte. Er führte eine Tasche voller Satellitengeheimnisse auf Minoxfilm mit sich.

MEISTERSPION

Christopher Boyce

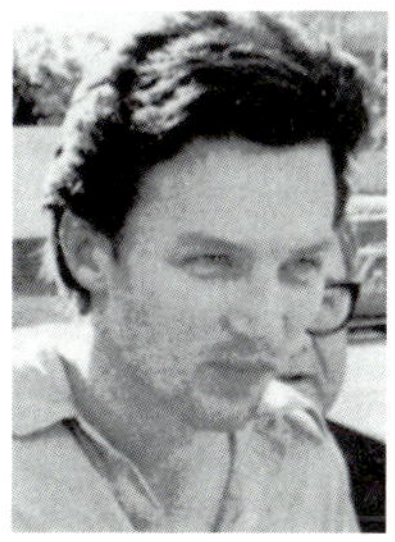

Christopher Boyce (* 1953) mißbrauchte seinen Job bei der amerikanischen Satellitenfirma TRW dazu, sich Informationen über Amerikas Satelliten zu beschaffen, die er und Lee an den KGB verkauften. Sie zeigten der Sowjetunion, wie anfällig ihre militärischen Kommunikationssysteme für Lauschangriffe durch amerikanische Satelliten waren. Boyce wurde 1977 verhaftet, zu 40 Jahren verurteilt, floh und bekam bei der erneuten Gefangennahme weitere 20 Jahre.

MEISTERSPION

Andrew Daulton Lee

Lee (* 1952) ist das aktenkundige Beispiel eines Spions, dessen Motiv die Finanzierung seiner Drogenabhängigkeit war. 1975 begann er Satellitengeheimnisse, die sein Freund Christopher Boyce beschaffte, in Wien und Mexico City an den KGB zu verkaufen. Nach seiner Verhaftung in Mexiko wurde er ans FBI überstellt und zu lebenslanger Haft in den USA verurteilt.

Kamerakapsel aus einem Spionagesatelliten
Lange nachdem die Amerikaner die digitale Übertragung eingeführt hatten, arbeiteten sowjetische Satellitenkameras weiterhin mit konventionellem Film. Hier eine leere sowjetische Kamerakapsel, die in Kasachstan landete.

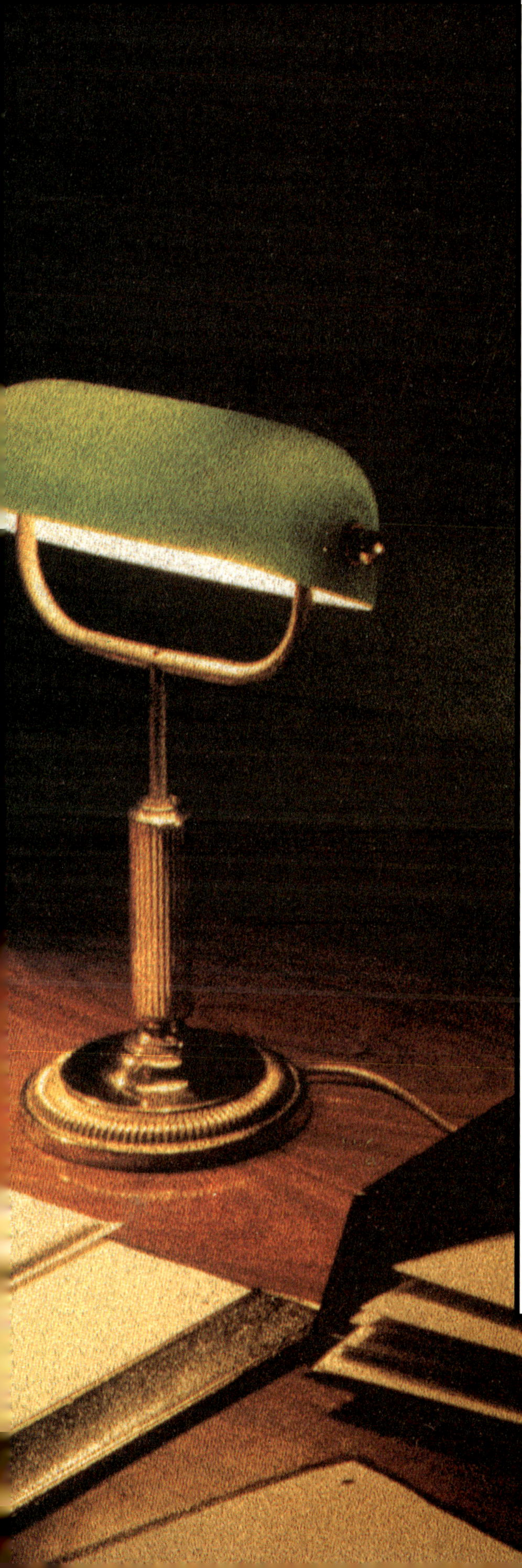

AUSRÜSTUNG UND TECHNIKEN

Die Ausrüstung und die Techniken der Spionage sind heute viel komplizierter und phantasievoller, als es sich die ersten Agenten je hätten träumen lassen. Die meisten Spione operieren unter höchst individuellen Umständen, so daß sie auf ihre Bedürfnisse zurechtgeschnittene Techniken und Geräte benötigen. Um effizient zu arbeiten, muß ein Spion Zugang zu Geheiminformationen haben, sie kopieren oder stehlen, unentdeckt entkommen und zu seinem Führungsoffizier Kontakt aufnehmen können. Für diese Zwecke ist eine ungeheure Vielfalt von Kameras, Lauschgeräten, Nachschlüsseln, Kommunikationsvorrichtungen, Chiffrier- und Dechiffriertechniken, Verstecken und Waffen entwickelt worden. Und all diese Ausrüstungsgegenstände müssen sich leicht tarnen oder verstecken lassen, um die Sicherheit des Spions zu gewährleisten. Sie sind so konstruiert, daß sie sogar dann noch funktionieren, wenn sie jahrelang nicht benutzt worden sind. So kompliziert wie diese Spionagegeräte ist auch die Ausstattung der Spionageabwehr, die unermüdlich versucht, Spione zu enttarnen. Im folgenden Abschnitt wird die unglaubliche Vielfalt der Spionageausrüstung und -techniken ausführlich dargestellt.

KAMERAS

Seit ihrer Erfindung in der Mitte des 19. Jahrhunderts hat die Fotografie eine immer wichtigere Rolle bei der Nachrichtenbeschaffung gespielt. Spione benutzen Kameras, um damit Menschen, militärische Einrichtungen wie z. B. Flugplätze sowie Objekte wie Brücken, militärische Ausrüstung, Flugzeugkonstruktionspläne oder Dokumente zu fotografieren. Dies geschieht am effizientesten in aller Heimlichkeit, und dafür wird eine kleine, leicht zu versteckende Kamera benötigt, mit der sich hochwertige Bilder machen lassen. Die Geheimdienste verwenden drei Haupttypen von Kameras.

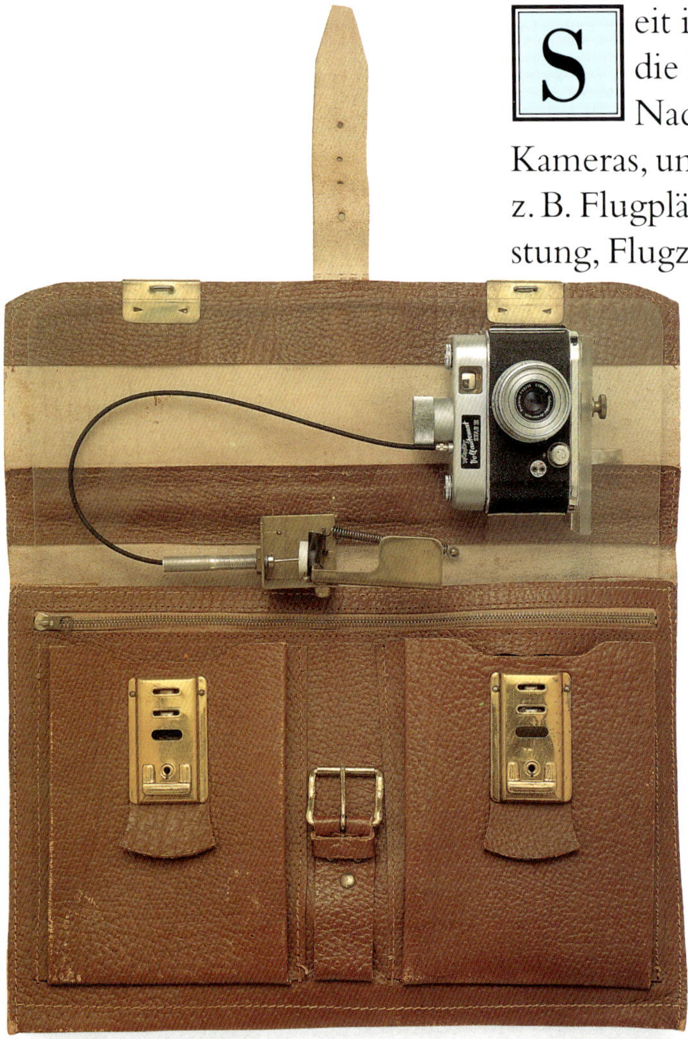

Aktentasche mit Geheimkamera
In dieser Aktentasche ist eine Robot-Kamera installiert worden. Der Spion klemmt die Tasche unter den Arm und löst nach Gefühl aus, einen Sucher gibt es nicht.

Miniaturkassetten
Diese modernen Filmkassetten für Spionagekameras sind hier in Originalgröße abgebildet.

Kleinstbildkameras

Diese Kameras sind so klein, daß sie sich in einer Tasche verstecken und verschiedenen Zwecken anpassen lassen, wie etwa der Überwachungsfotografie und dem Kopieren von Dokumenten. Um leichter verborgen werden zu können, haben einige Kleinstbildkameras keinen Sucher und müssen nach Gefühl ausgelöst werden. Die berühmteste und erfolgreichste Kleinstbildkamera ist die Minox, die erstmals 1937 in Lettland hergestellt wurde. Sie wurde zwar nicht in erster Linie für Spionagezwecke konzipiert, doch mit ihrem ausgezeichneten Objektiv, ihrer geringen Größe und ihrer Präzisionsbauweise ist sie dafür bestens geeignet. Mit ihrem reichhaltigen Zubehör lassen sich Minox-Kameras versteckt oder für die Dokumentenfotografie einsetzen. Weitere für den Handel produzierte Kleinstbildkameras sind etwa die Feuerzeugkamera Echo 8 und die Steineck-Armbanduhrkamera, die beide im kalten Krieg verwendet wurden. Im Zweiten Weltkrieg entwickelten die Geheimdienste eigene Kameras, vor allem die Zündholzschachtelkameras des französischen Geheimdienstes und des OSS (s. S. 32).

Minox-Filmbehälter
Die erstmals 1937 produzierte Minox arbeitete mit Filmkassetten für 50 Aufnahmen.

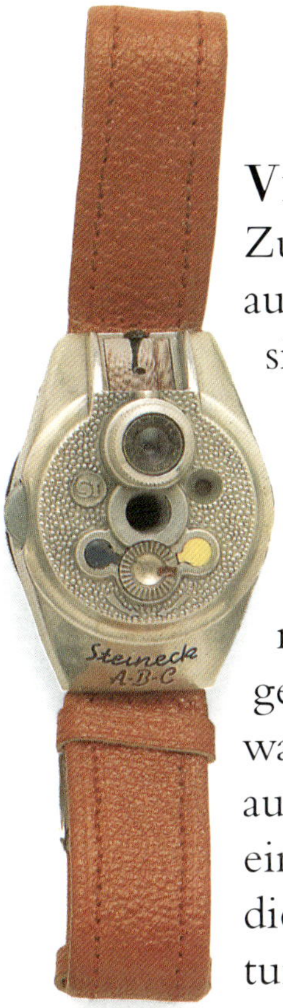

Armbanduhrkamera Steineck ABC
Unter dem Vorwand, auf die Uhr zu schauen, konnte man bis zu sechs Bilder machen.

Versteckte Kameras

Zu Spionageoperationen gehört das unauffällige Fotografieren. Kameras lassen sich in einem Gegenstand wie einer Handtasche verstecken oder am Körper befestigen, wobei das Objektiv hinter einer präparierten Krawattennadel oder einem Knopf verborgen ist. Dabei werden Bilder mit einem in einer Tasche versteckten Fernauslöser gemacht. Zwei häufig verwendete versteckte Kameras waren die sowjetische F21 und die westdeutsche Robot. Beide wurden aus einer deutschen Vorkriegskonstruktion entwickelt und arbeiteten mit einem Federtransportmechanismus. Sowjetische und westliche Geheimdienste und die Firma Robot selbst haben eine Fülle von Tarnvorrichtungen konstruiert (s. S. 64).

KGB-Agentenkamera
Diese Kamera wurde in der Hand oder in einem Körpergurt versteckt und vom Spion durch Druck auf den Stangenauslöser bedient.

Reprokameras

Für das Fotografieren von Dokumenten benutzen Agenten Spezialkameras. Oft fertigen Geheimdienste eigene Apparate an, gelegentlich werden auch handelsübliche Geräte verwendet. Mit herkömmlichen Kameras lassen sich Dokumente aber nur mit Geschick und Übung abfotografieren. Die meisten Geheimdienste arbeiten mit speziellen Kopierkameras in unauffälligen Schachteln oder Diplomatenköfferchen. Diese Kameras lassen sich auch von Agenten ohne besondere Vorkenntnisse bedienen. Der KGB entwickelte eine Miniaturkopierkamera von der Größe einer Minoxfilmkassette, die sich an Sicherheitskontrollen vorbeischmuggeln ließ. Später konzipierte der KGB eine »Bürsten-Kamera«, die wie ein Handfotokopiergerät über die Dokumente geführt wird und dabei die Bilder macht.

Tschechische Kopierkamera
Diese vom tschechischen Sicherheitsdienst StB zur Dokumentenfotografie verwendete Kamera steckte in einem unauffälligen Holzkästchen.

Versteckte Kameras

Spione verwenden versteckte Kameras für heimliche Fotos. Die Kamera kann unter der Kleidung versteckt oder als ein anderer Gegenstand getarnt sein. Für einige Kleinstbildkameras gibt es nur eine feste Tarnung, andere lassen sich auf verschiedene Weise verbergen. So wurden etwa für die Tessina, die Robot (s. S. 64) und die F21 (s. S. 66) eine ganze Reihe von Versteckmöglichkeiten konstruiert. Auch Standardkameras lassen sich verdeckt einsetzen, beispielsweise mit Spezialzubehör wie dem Nationalitätskennzeichen (links) mit Spionageglas im »A«, durch das Bilder gemacht werden können.

AUTOKENNZEICHEN ALS VERSTECK

TESSINA-KAMERA IN ZIGARETTENPACKUNG

Die kleinste motorbetriebene 35-mm-Kamera der Welt, die Schweizer Tessina, paßt in eine Zigarettenschachtel (im Einsatzland übliche Marke). Ein Innenrahmen fixiert das Objektiv hinter winzigen Löchern in der Packung. Der Auslöser wird durch die Packung gedrückt; es lassen sich bis zu 10 Bilder machen.

ZIGARETTENPACKUNG ALS VERSTECK

TESSINA-KAMERA

MODIFIZIERTER LEICA-OBJEKTIVDECKEL

Aus diesem Standardobjektivdeckel ist das Wort »Leica« ausgestanzt worden. Durch die Aussparung lassen sich Fotos knipsen, während das Objektiv abgedeckt ist und die Kamera scheinbar nicht benutzt wird.

MODIFIZIERTER OBJEKTIVDECKEL

STANDARD-LEICA

BUCHVERSTECK FÜR TESSINA-KAMERA

Die kleine Tessina läßt sich auch in einem ausgestanzten Buchblock verstecken. Die Bilder werden durch den Buchschnitt gemacht, indem man auf den Buchdeckel drückt und dadurch eine Auslöserplatte betätigt.

MEISTERSPION

Victor Ostrovsky

Der gebürtige Kanadier Ostrovsky (* 1949) wuchs in Israel auf und diente bei der israelischen Marine. 1983 ging er zum israelischen Geheimdienst Mossad (s. S. 150 u. 165). Ostrovsky wurde Spezialagent oder *katsa* (s. S. 165) und entwickelte viele originelle Versteck- und Fototechniken. Seine Erfahrungen im Mossad hat er in seinem Bestseller *By Way of Deception* wiedergegeben, der 1990 erschien, nachdem er Israel verlassen hatte.

KRAWATTENKAMERA TOYKA 58-M

Diese KGB-Kamera wurde am Körper eines Spions befestigt und schoß die Bilder durch eine präparierte Krawattennadel. Dafür gab es zwei identisch aussehende Nadeln, eine für den Kamera-Einsatz und eine normale für den Alltagsgebrauch. Ein Spion trug die Standardnadel regelmäßig, so daß sich seine Umgebung daran gewöhnte. Die Kamera hat einen Federwerkantrieb und ist fast geräuschlos.

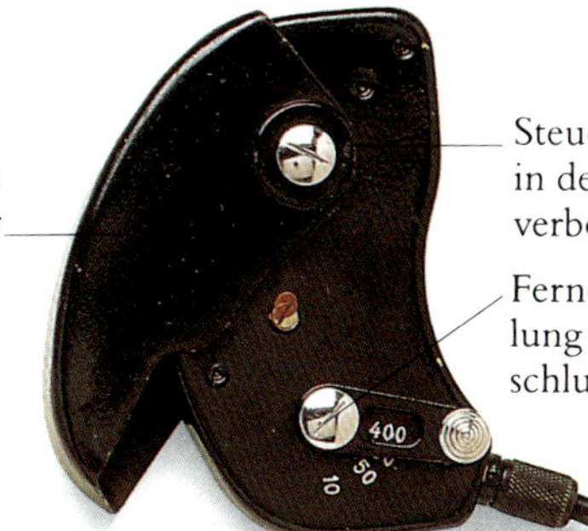

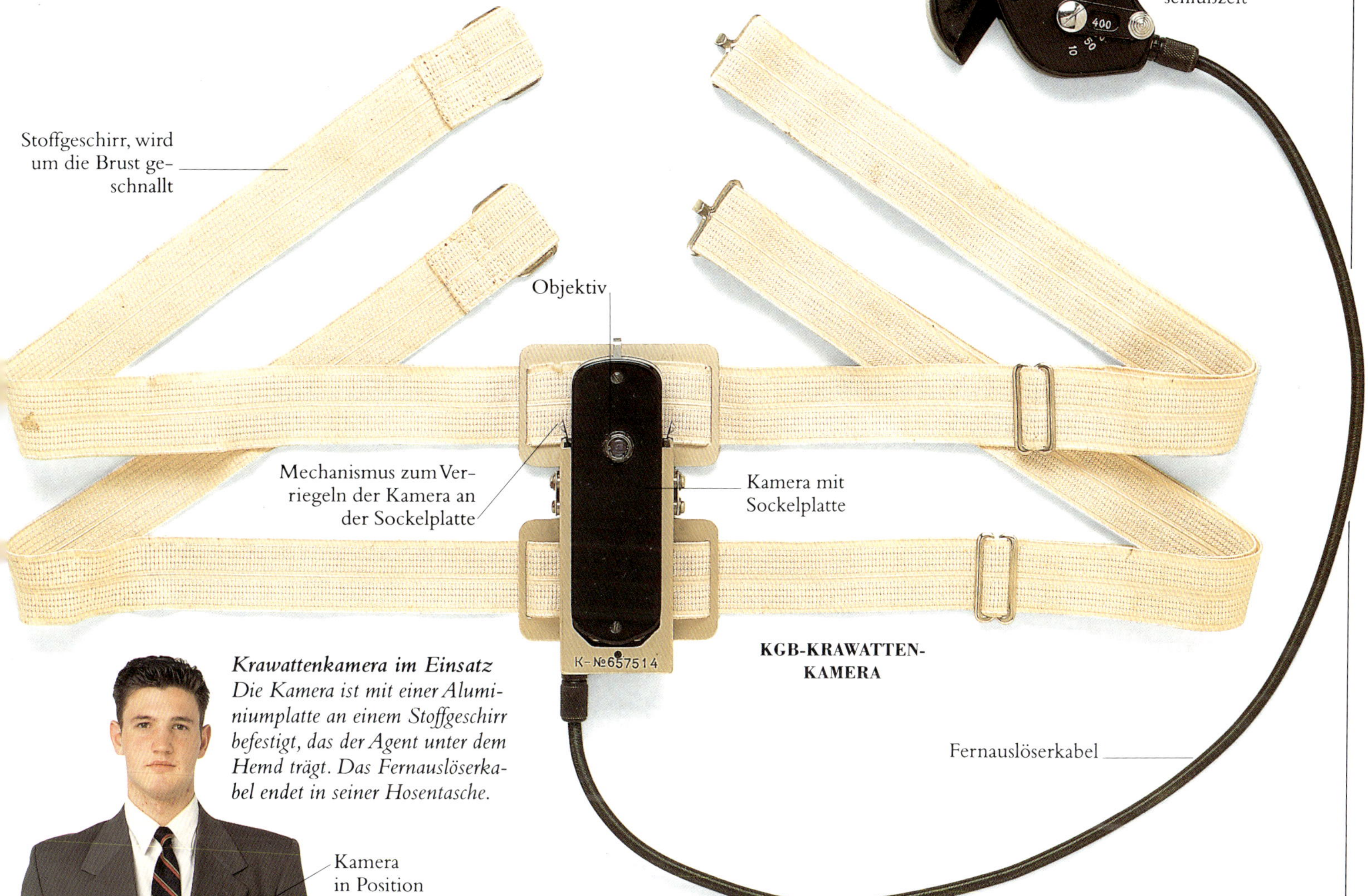

KGB-KRAWATTEN-KAMERA

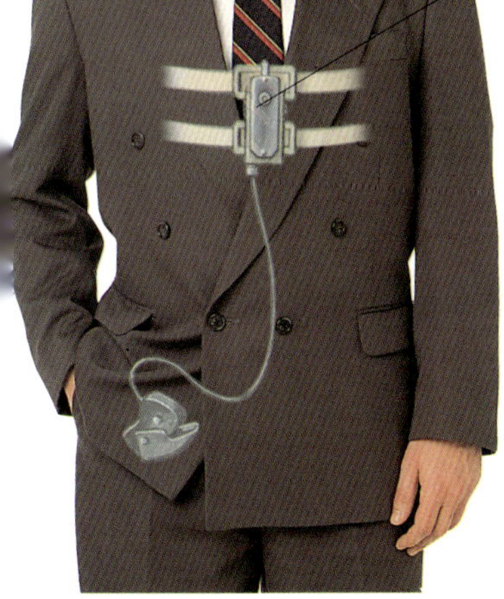

Krawattenkamera im Einsatz
Die Kamera ist mit einer Aluminiumplatte an einem Stoffgeschirr befestigt, das der Agent unter dem Hemd trägt. Das Fernauslöserkabel endet in seiner Hosentasche.

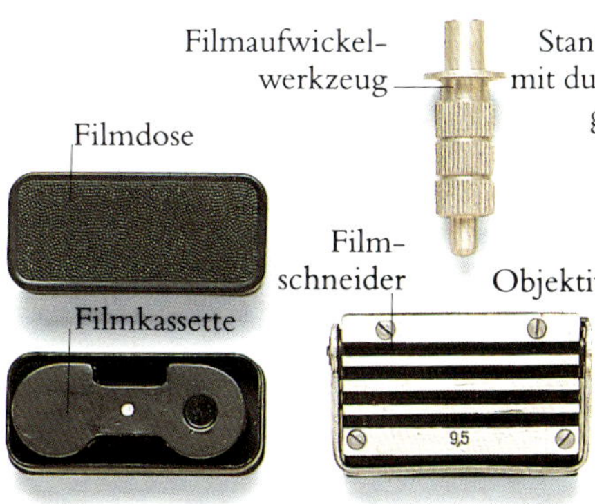

FILMLADEAUSRÜSTUNG

KRAWATTEN-NADEL

• • • • • • TECHNISCHE DATEN

Negativgröße	8,5 x 11 mm
Film	9,5 mm Minox-Kassettenformat; Spezialfilmschneider zur Anpassung von 35-mm-Film
Kassette	Standard-Minox-Kassette mit 50 Bildern
Belichtungszeiten	1/10, 1/50, 1/150 und 1/400 Sekunde
Filmtransport	Federwerkaufzug; 27 Bilder in Folge
Abmessungen	8,3 x 3 x 1,5 cm

Die Robot-Kamera

Die Robot-Kamera von 1934 wurde von einem Federwerkmotor angetrieben, so daß Bilder in Folge ohne manuelles Weiterspulen gemacht werden konnten. Sie wurde im Zweiten Weltkrieg von der deutschen Luftwaffe – für Belegaufnahmen von zerstörten Zielen – und der deutschen Abwehr (s. S. 34) eingesetzt. In der Frühzeit des kalten Krieges wurde sie von Spionen im Ostblock wie im Westen verwendet, da sie sich dank des automatischen Filmtransports problemlos verstecken ließ.

KAMERA ROBOT STAR 50

Die Star 50 war das letzte Robot-Modell, das aus der Kriegsversion hervorging. Mit ihr konnte man 50 Bilder aufnehmen, die kurze Brennweite des Objektivs ergab eine gute Schärfentiefe.

TECHNISCHE DATEN

Herstellungsdatum	1969
Objektiv	Xenon 1:1,9/40 mm
Negativgröße	24 x 24 mm
Film	Standard 35-mm- oder Spezialfilm, je nach Anwendung; 50 Bilder
Verschluß	Zentralverschluß, 1/4-1/500 Sekunde plus B
Motor	Doppelfederwerk
Optionen	geräuscharmes, langsam transportierendes Sondermodell

ZUBEHÖR FÜR HANDTASCHEN-VERSTECK

Für die unterschiedlichen geheimdienstlichen Anwendungen ihrer Kameras lieferte die Firma Robot Zubehör zur Installation in allen möglichen Verstecken – hier für die Tarnung einer Robot Star 50 in einer Handtasche. Die verborgene Kamera machte die Aufnahmen durch ein zierendes Metallornament, das beim Hersteller in verschiedenen Abwandlungen erhältlich war.

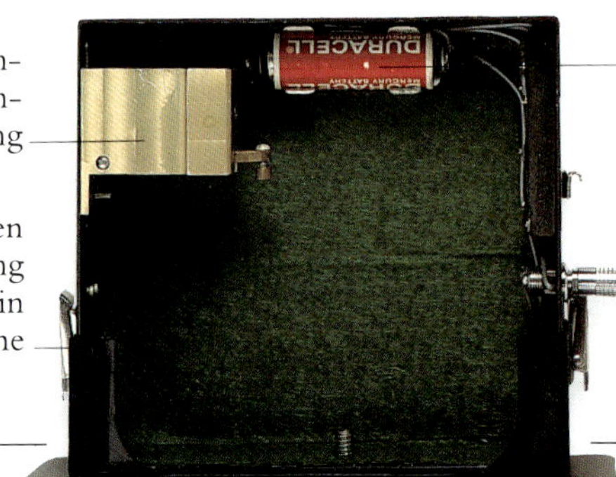

Handtaschenversteck
Das Robot-Versteckzubehör konnte allen möglichen Taschen angepaßt werden. Wichtig war die Wahl eines Taschentyps, der im jeweiligen Einsatzland weit verbreitet und auch stabil genug war, die Kamera zu tragen.

METALLORNAMENTE

AKTENTASCHE FÜR AGENTENKAMERA

Diese Aktentasche mit einer versteckten Kamera wurde in den fünfziger und sechziger Jahren von den US-Geheimdiensten bei Fotoüberwachungsoperationen verwendet. Geheimdienstbeamte trugen die Tasche unterm Arm und machten Fotos im rechten Winkel zur Blickrichtung. Da der Sucher nicht benutzt werden konnte, erforderte es viel Übung, Fotos mit dem richtigen Bildausschnitt zu machen. Der Beamte mußte lernen, die Tasche optimal korrekt zu halten, um das gewünschte Objekt aufzunehmen. Der Auslöser wurde durch leichten Druck auf die Tasche betätigt.

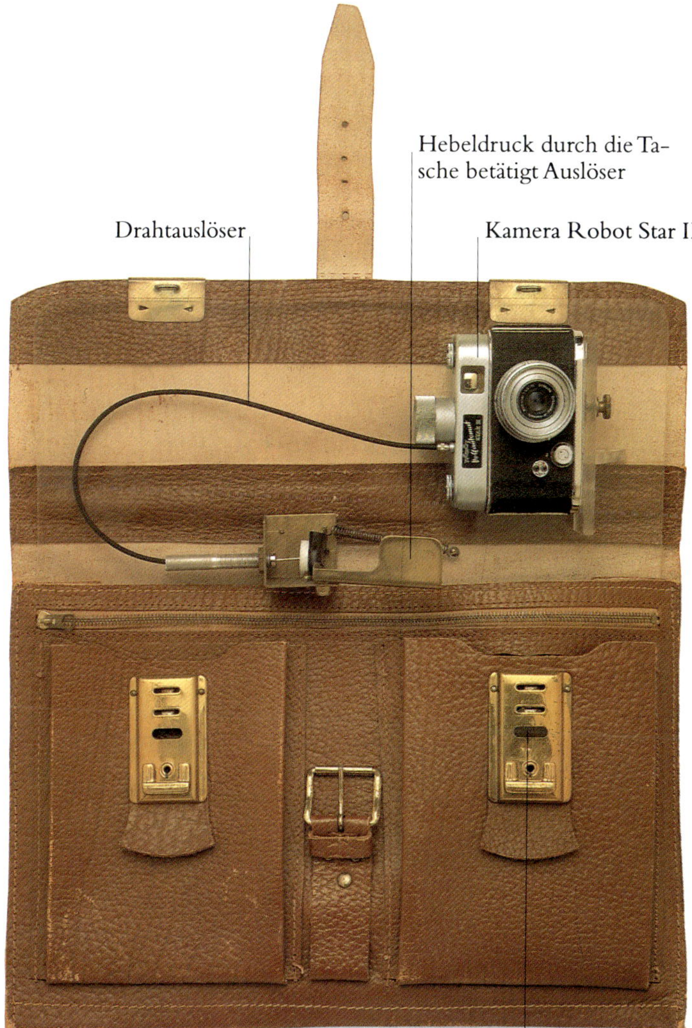

MEISTERSPION

Philip Agee

1968 schied Philip Agee aus der CIA aus. In einem 1975 erschienenen Buch enthüllte er Details über CIA-Beamte und Operationen, mit denen er während seiner 12jährigen Karriere zu tun hatte. Er bestritt zwar, mit feindlichen Diensten zusammengearbeitet zu haben, aber ehemalige KGB-Offiziere erklärten, er habe für den KGB gearbeitet. Agee wurde nach dem Ausscheiden überwacht und dabei heimlich mit einer in einer Aktentasche verborgenen Robot-Kamera fotografiert.

GEHEIMKAMERA IM GÜRTEL

Bei einem Gürtelversteck nimmt eine Robot-Kamera unauffällig geheime Fotos durch einen präparierten Knopf auf. Ersatzknöpfe wurden mitgeliefert, so daß alle Knöpfe am Mantel des Benutzers ausgetauscht werden konnten, damit sie zum falschen Knopf paßten.

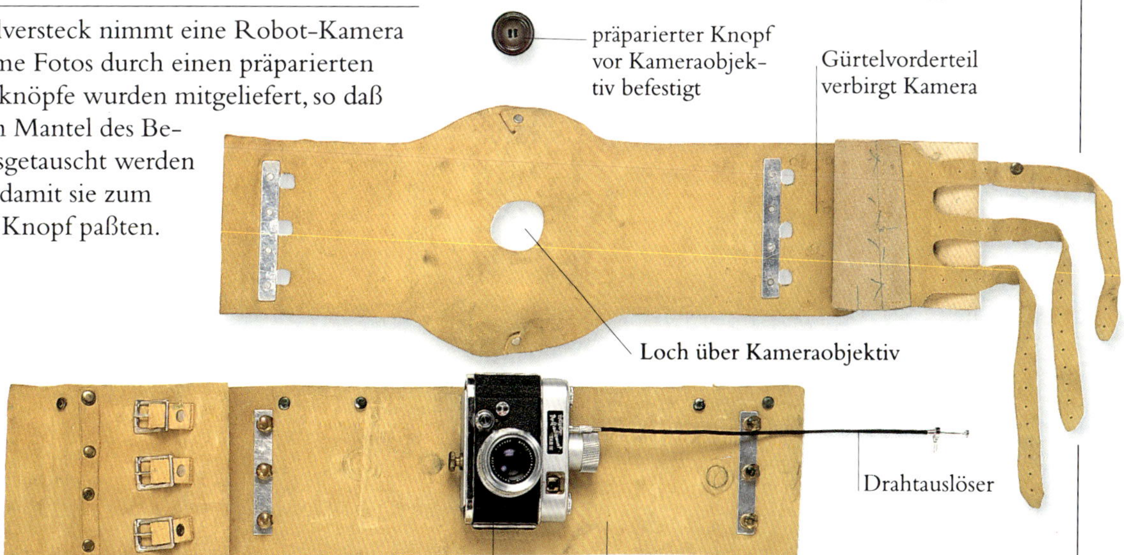

Geheimkamera in Position
Wenn die Robot-Kamera an einem Gürtel unter dem Mantel getragen wird, ist sie praktisch nicht zu entdecken.

Versteckte Kamera F21

GÜRTELSCHNALLENVERSTECK

Die kleine, leichte F21 wurde 1948 vom KGB nach dem Vorbild der deutschen Robot-Kamera (s. S. 64) konstruiert. Sie wurde zur Fotoaufklärung eingesetzt, konnte mit ihrem Federwerkantrieb in rascher Folge mehrere Bilder machen und ließ sich auf vielerlei Weise tarnen, so daß Spione sie in allen möglichen Situationen verwenden konnten. Eine Version der F21, das Modell Zenit MF1, ist – ohne Verstecke – seit Ende des kalten Kriegs im Handel.

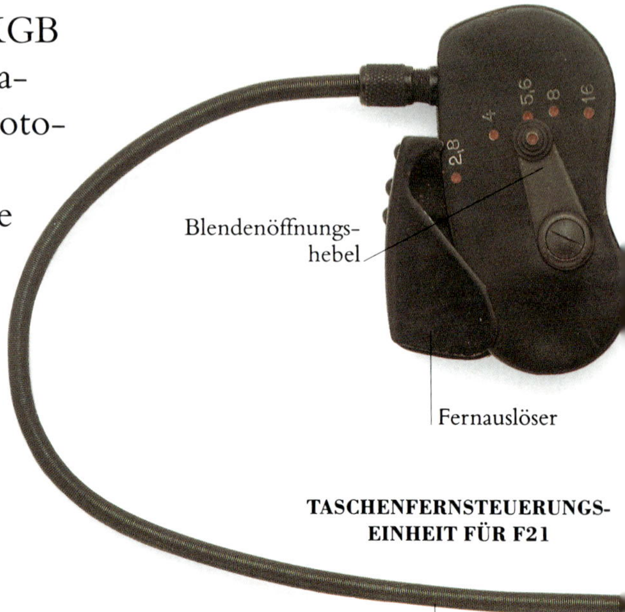

TASCHENFERNSTEUERUNGSEINHEIT FÜR F21

KAMERA F21 UND ZUBEHÖR

Die F21 ist mit ihren Objektiven, Zubehörteilen und Verstecken ein vielseitiges Gerät für die geheime Fotografie. Wegen ihrer geringen Größe (hier im Original) und Geräuscharmut ist sie unauffällig. Sie hat keinen Sucher und muß nach Gefühl ausgerichtet werden.

ALTERNATIVE FRONTPLATTE UND OBJEKTIV FÜR KAMERA

KAMERA F 21

TECHNISCHE DATEN

Objektiv	1:2,8/28 mm
Tiefenschärfenbereich	3 m bis unendlich
Negativgröße	18 x 24 mm
Film	Standardfilm 21 mm
Kassette	14-100 Bilder, je nach Filmdicke
Verschlußgeschwindigkeiten	1/10, 1/30, 1/100 Sekunde
Abmessungen	77 x 41 x 55 mm
Gewicht	180 g
Temperaturbereich	-20° bis 55° Celsius

F21-SCHIRMVERSTECK (INNENANSICHT)

SAKKOVERSTECK

Das hier gezeigte Sakko ist eines von vielen Modellen, die von sowjetischen Geheimdiensten mit der F21 benutzt wurden. Eine an der F21 befestigte Abdeckung trägt einen präparierten Knopf, der das Objektiv verdeckt. Die Kamera ist im Futter aufgehängt. Wird der Fernauslöser – in einer Tasche – sanft gedrückt, öffnet sich der falsche Knopf kurz in der Mitte, so daß ein Foto gemacht werden kann.

POSITION VON F21-VERSTECK

F21 MIT ABDECKPLATTE MIT PRÄPARIERTEM KNOPF

NORMALER KNOPF

ALTERNATIVAUFSATZ FÜR PRÄPARIERTEN KNOPF

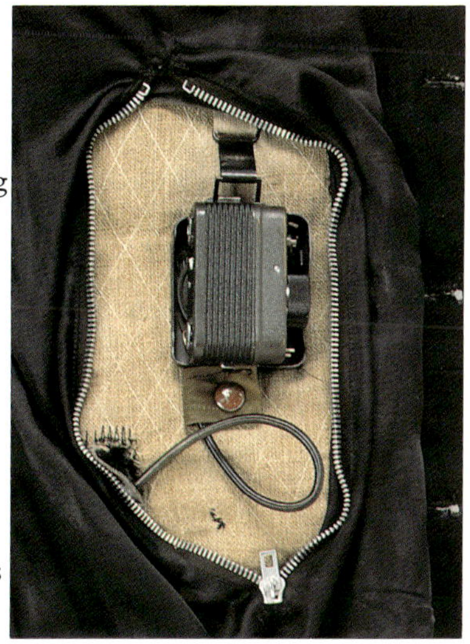

INNENANSICHT VON F21-VERSTECK

KAMERAFUTTERALVERSTECK

Ein Spion trug diese Kamera im Futteral um den Hals, als ob die Kamera nicht benutzt würde. Aber im Innern war eine F21 seitlich montiert und nahm Bilder im rechten Winkel zur Vorderseite der Tasche auf. Drückte der Spion auf einen Knopf, öffnete sich zum Fotografieren eine Klappe.

SCHIRMVERSTECK

Ein Spion konnte auch Aufnahmen durch ein kleines Loch in einem unauffälligen Gegenstand wie einem gewöhnlichen Taschenschirm machen, ohne Aufmerksamkeit zu erregen. Die F21 wurde in einem Holzrahmen montiert, der in den Schirm paßte, wobei das Objektiv hinter einem Loch in der Schirmhülle lag. Der Spion trug den Schirm in der Hand und machte ein Foto, indem er den Auslöser durch die Außenhülle des Schirms betätigte.

F21-SCHIRMVERSTECK (AUSSENANSICHT)

Kleinstbildkameras

Kleinstbildkameras sind Taschenkameras, die mit kleinen Filmgrößen (16 oder 9,5 mm) arbeiten. Sie werden zur Beschaffung fotografischer Informationen eingesetzt. Viele sind in ein Gehäuse eingebaut, das die Kamera tarnt. Damit die Tarnung funktioniert, können bestimmte Bestandteile normaler Kameras, wie der Sucher, weggelassen werden. Spione müssen für die Arbeit mit Kleinstbildkameras ausgiebig trainieren, da die Aufnahmen heimlich unter oft sehr schwierigen Umständen gemacht werden müssen. Geheimdienste setzen zuweilen Kleinstbildkameras ein, die speziell gefertigt werden, verwenden zur Spionagefotografie gelegentlich aber auch geeignete handelsübliche Modelle.

FRANZÖSISCHE ZÜNDHOLZ-SCHACHTELKAMERA AUS DEM ZWEITEN WELTKRIEG

ARMBANDUHR-KAMERA

Die Steineck ABC sah aus wie eine Armbanduhr. Die sechs Aufnahmen auf einem kreisförmigen Stück Film können gemacht werden, während man vorgibt, auf die Uhr zu sehen.

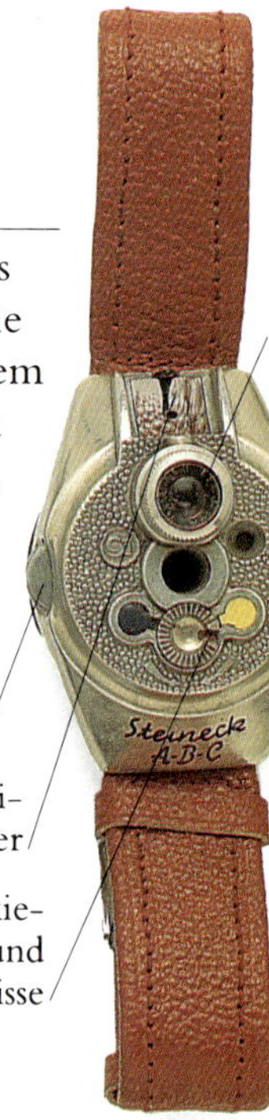

FEUERZEUGKAMERA

Die 1951 in Japan entstandene Feuerzeugkamera Echo 8 war damals die kleinste im Handel erhältliche Kamera der Welt. Sie war in einem funktionierenden Feuerzeug untergebracht – ein ideales Versteck für den Einsatz im gesellschaftlichen oder geschäftlichen Umfeld, wo ein Feuerzeug nicht auffiel. Der Spion betätigte die Kamera, indem er den Deckel aufklappte und eine Zigarette anzündete.

FILMSCHNEIDER

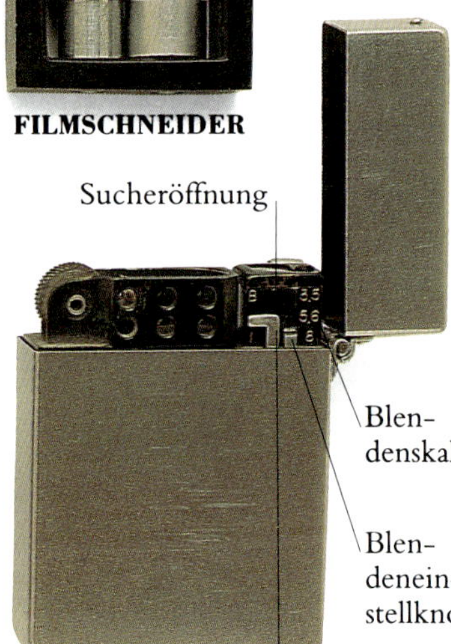

FEUERZEUGKAMERA

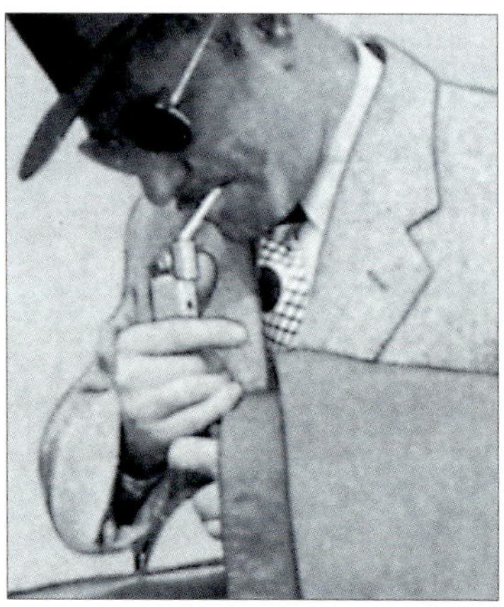

Kamerabedienung
Dieses Bild stammt aus einer Gebrauchsanleitung. Das Objektiv ist zur Veranschaulichung deutlich als Punkt markiert.

ZIGARETTENSCHACHTELKAMERA

Diese sowjetische 16-mm-Kamera Kiew 30 ist in einer präparierten Zigarettenschachtel aus Metall untergebracht. Durch Bewegen einer der präparierten Zigaretten wird der Film weitergespult und der Auslöser gespannt. Zur Tarnung kann die Schachtel eine echte Zigarette enthalten.

PRÄPARIERTE ZIGARETTENSCHACHTEL

VERSTECKTE KAMERA

AGENTENKAMERA

Diese Agentenkamera hat der KGB von den fünfziger bis in die siebziger Jahre eingesetzt. Sie war in der Handfläche verborgen und mußte nach Gefühl ausgerichtet werden. Man konnte sie auch am Körper in einem Gurt tragen, so daß sich Fotos durch einen präparierten Knopf oder eine Brosche machen ließen. Beim Druck auf den Daumenhebel wurde der Auslöser betätigt und der Film weitergespult.

LOCHKAMERA

Diese winzige KGB-Kamera aus den achtziger Jahren arbeitet nach einem alten fotografischen Prinzip: Jede der vier Kammern hat eine Lochblende für ein Objektiv, so daß man nahe und ferne Objekte ohne Feineinstellung fotografieren kann.

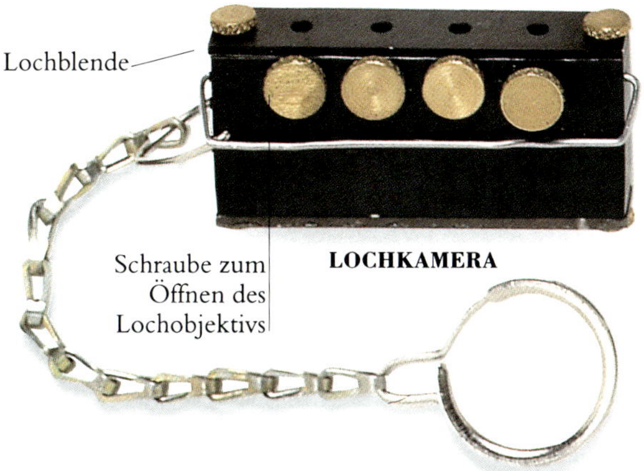

LOCHKAMERA

KGB-TESTFOTO, MIT EINER LOCHKAMERA AUFGENOMMEN

ZÜNDHOLZSCHACHTELKAMERA

Diese 16-mm-Kamera wurde im Zweiten Weltkrieg von der Firma Kodak für den OSS (s. S. 32) entwickelt. Sie hatte die Form einer Zündholzschachtel und konnte mit einem für das Einsatzland üblichen Zündholzschachteletikett getarnt werden.

KAMERA

KAMERA MIT ZÜNDHOLZSCHACHTELETIKETT

Die Minox

FRÜHER FILM-KASSETTEN-BEHÄLTER

Die Kleinstbildkamera Minox war mit ihren verschiedenen Modellen jahrelang die gebräuchlichste Spionagekamera der Welt. Ursprünglich wurde sie 1937 in der lettischen Hauptstadt Riga als handelsübliche Kamera hergestellt, aber schon bald war klar, daß die kleine, präzise und flexible Minox für die heimliche Fotografie ideal war. Sie eignet sich sowohl für den allgemeinen Einsatz als auch für Nahaufnahmen, etwa das Fotografieren von Dokumenten, und liefert 50 Bilder ohne Nachladen. Mit den Modellen, die nach dem Zweiten Weltkrieg produziert wurden, ließen sich dank hochauflösender Objektive und empfindlicherer Filme unglaublich viele Details aus den winzigen Negativen herausvergrößern. Mit ihrem reichhaltigen Zubehör war die Minox bis zum Ende des kalten Krieges Anfang der neunziger Jahre weltweit im Einsatz.

Minox-Vorführung
Der amerikanische KGB-Spion John Walker (s. S. 54) zeigt nach seiner Verhaftung, wie er seine Minox C mit der Entfernungsmeßkette verwendet hat.

DAS MODELL MINOX B MIT ZUBEHÖR

Dieses von 1958 bis 1972 produzierte Modell war die für Geheimdienstzwecke gebräuchlichste Minox. Sie verfügte erstmals über einen eingebauten Belichtungsmesser. Da sie keine Batterien benötigte, ließ sie sich lange vor Gebrauch verstecken.

ENTFERNUNGSMESSKETTE

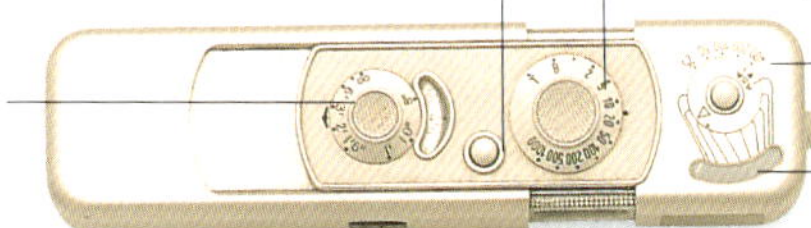

KAMERA

BLITZAUFSATZ

RECHTWINKELAUFSTECKSUCHER

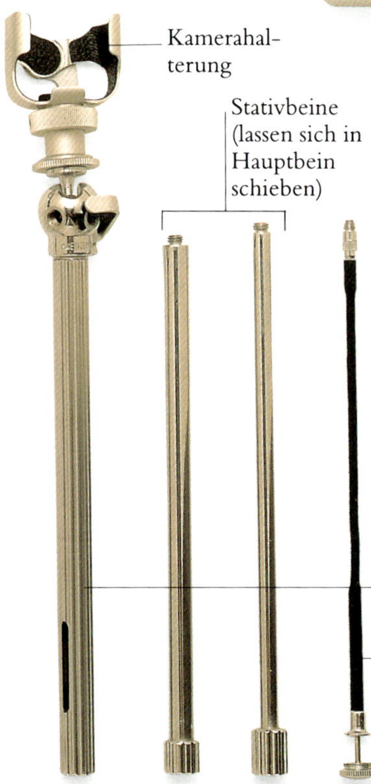

STATIV

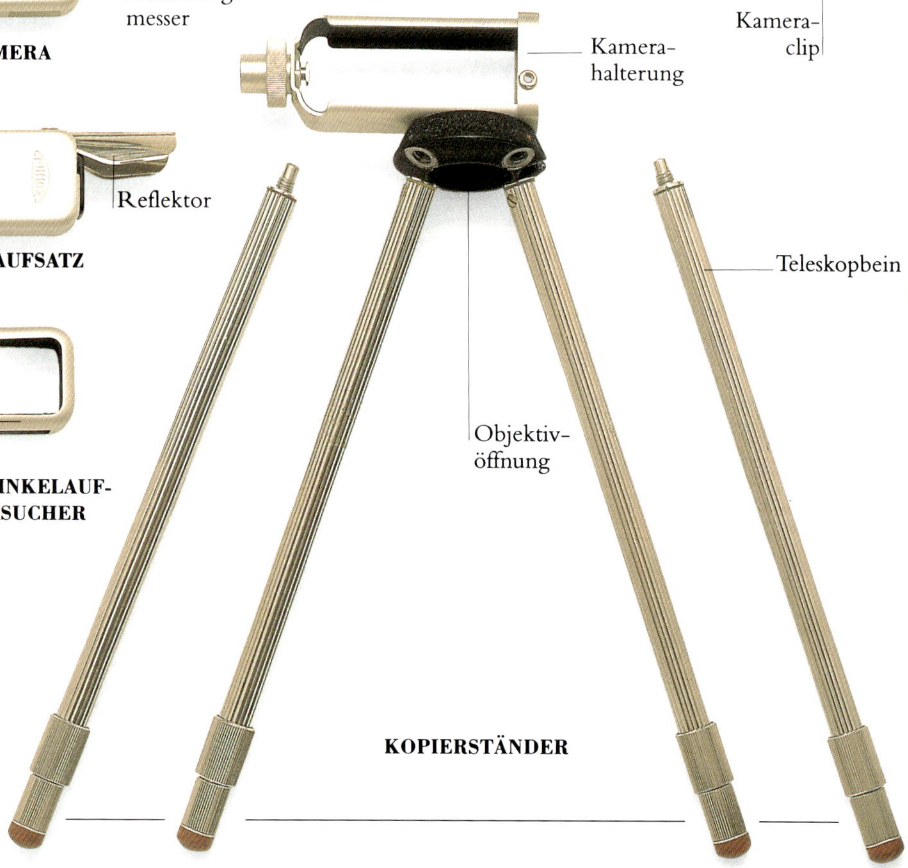

KOPIERSTÄNDER

TAGESLICHTENTWICKLUNGSGERÄT

Mit der Minox-Miniaturentwicklerdose konnten Spione ihren Film bei Tageslicht entwickeln. Die Dose von der Größe einer kleinen Getränkedose arbeitet mit geringen Mengen von Chemikalien, die man durch eine lichtdichte Öffnung einfüllt.

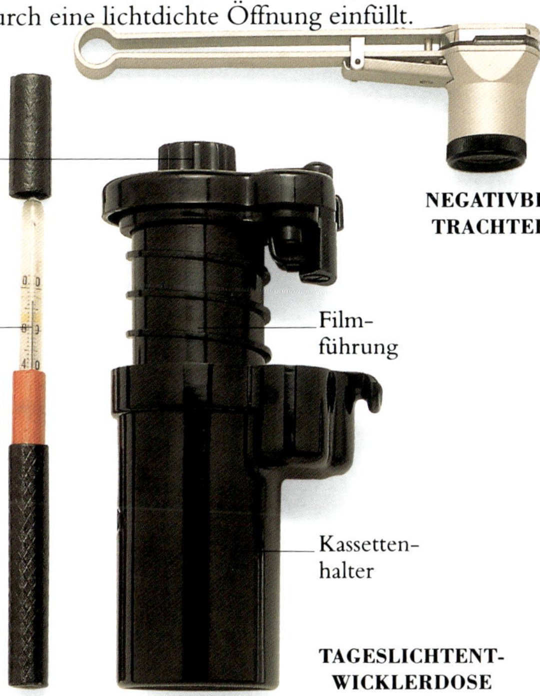

RIGAER MINOX-VERGRÖSSERUNGSGERÄT

Mit diesen frühen Vergrößerungsgeräten ließen sich kleine Abzüge von den winzigen Negativen machen. Die nach dem Krieg verbesserten Vergrößerungsgeräte liefern von dem heute erhältlichen hochauflösenden Film größere Abzüge.

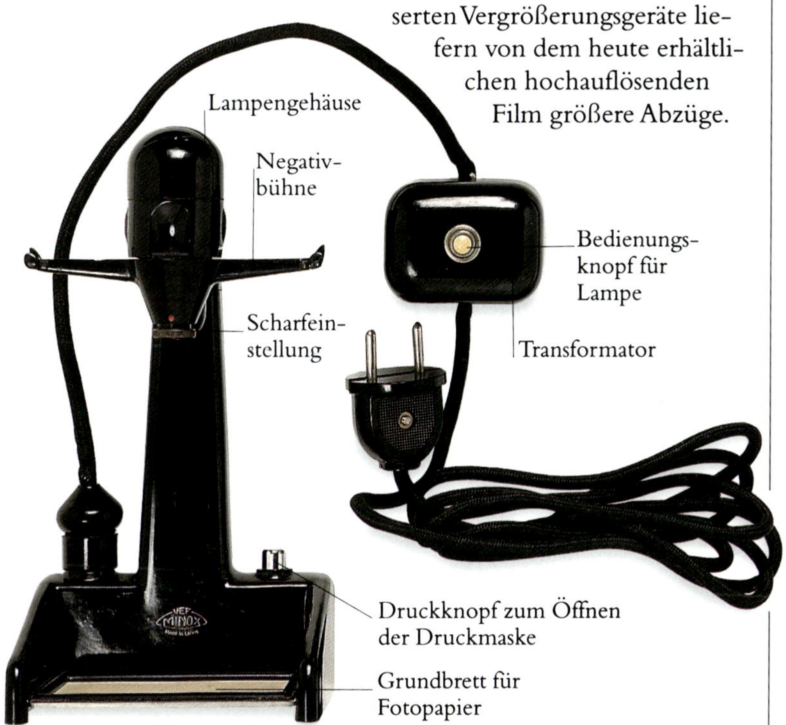

DIE RIGAER MINOX

Die erste Minox galt als Wunder der Technik, als sie 1937 auf den Markt kam. Im Zweiten Weltkrieg stieg die Nachfrage der Geheimdienste nach Minox-Kameras für ihre Spionagetätigkeit beträchtlich. Das Bild zeigt die Kamera in Originalgröße.

•••••• TECHNISCHE DATEN

Objektiv	fünflinsiger Minastigmat
größte Blende	3,5
Brennweite	15 mm
Negativgröße	8,5 x 10 mm
Film	unperforierter 9,5-mm-Film; 50 Bilder
Belichtungszeiten	$^1/_2$ bis $^1/_{1000}$ Sekunde
Tiefenschärfebereich	20 cm bis unendlich
Abmessungen	79 x 27 x 15 mm
Gewicht	128 g

DER MINOX-ERFINDER

Der lettische Ingenieur Walter Zapp (* 1905) wollte eine tragbare Kamera bauen, die leicht in die Handfläche paßte und doch hochwertige Schnappschüsse lieferte. In den dreißiger Jahren entwickelte er einen Mechanismus, der diesen Größenanforderungen genügte. 1937 wurde die erste Minox in Riga produziert. Der von ihr verwendete Film betrug ein Viertel der Standardfilmgröße von 35 mm, eine Filmkassette lieferte 50 Bilder. Zapp hatte die Minox für den allgemeinen Gebrauch produziert, aber bald war sie von den Geheimdiensten in aller Welt als Spionagekamera begehrt.

Das erste Minox-Konstruktionsteam
Walter Zapp (Mitte) und das Team, das 1937 die erste Rigaer Minox produzierte.

Reprokameras I

Spione haben oft nicht viel Zeit, Geheimdokumente zu kopieren. Entweder haben sie die Dokumente entwendet und müssen sie zurücklegen, bevor diese vermißt werden, oder sie haben Zugang zu ihnen in einem Büro, das nur für kurze Zeit verlassen wurde. Normale Kameras können für die Dokumentenfotografie verwendet werden, aber gute Bilder erfordern Sorgfalt und Zeit. Geheimdienste haben spezielle tragbare Reprokameras entwickelt, die schnell, einfach und zuverlässig sind. Sie sind entweder miniaturisiert oder getarnt, wie etwa die KGB-Überrollkamera, die als Notizbuch getarnt ist (s. S. 74).

REPROKAMERA YELKA C-64

Dieses Gerät wurde für den KGB konstruiert und arbeitet unter verschiedenen Stromspannungen, auch mit Autobatterien. Es ist einfach zu bedienen und liefert gute Bilder. Die Yelka ließ sich mit Hilfe von Scharnieren zusammenfalten und paßte dann in das Unterteil (den Vorlagentisch), das etwa so groß wie ein großes Buch ist. Das hier gezeigte Exemplar wurde vom Ministerium für Staatssicherheit der DDR eingesetzt.

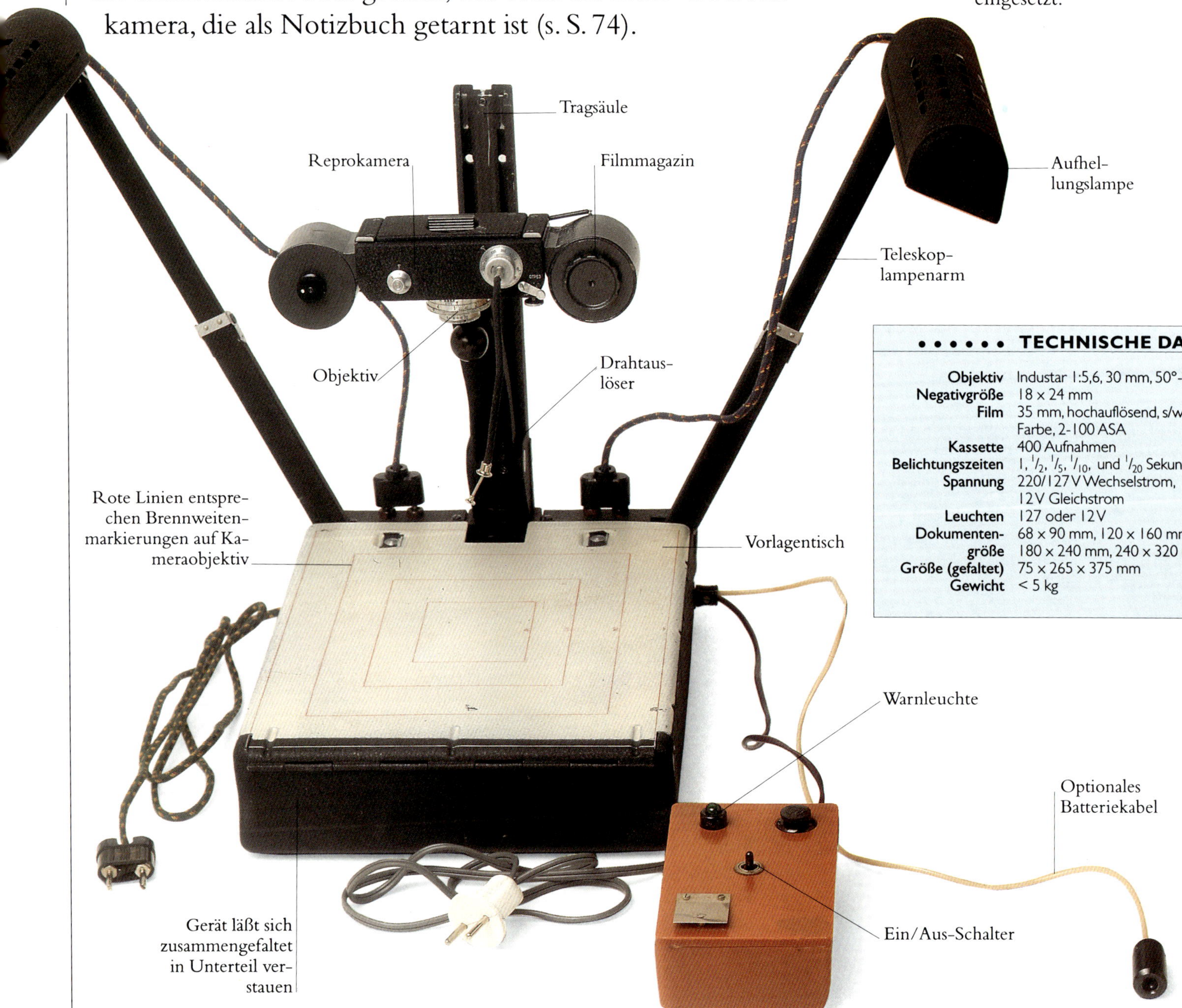

TECHNISCHE DATEN

Objektiv	Industar 1:5,6, 30 mm, 50°-Winkel
Negativgröße	18 x 24 mm
Film	35 mm, hochauflösend, s/w oder Farbe, 2-100 ASA
Kassette	400 Aufnahmen
Belichtungszeiten	1, $^1/_2$, $^1/_5$, $^1/_{10}$, und $^1/_{20}$ Sekunde plus B
Spannung	220/127 V Wechselstrom, 12 V Gleichstrom
Leuchten	127 oder 12 V
Dokumentengröße	68 x 90 mm, 120 x 160 mm, 180 x 240 mm, 240 x 320 mm
Größe (gefaltet)	75 x 265 x 375 mm
Gewicht	< 5 kg

Das Ministerium für Staatssicherheit

Dieses DDR-Ministerium, kurz Stasi genannt, rangierte von seiner Effizienz her unter den Ostblockgeheimdiensten gleich hinter dem KGB. Die Stasi unterhielt ein Agentennetz in Westdeutschland und war auch für die Überwachung der eigenen Staatsbürger zuständig. Nach dem Zusammenbruch der DDR 1989 wurde der deutschen Öffentlichkeit das wahre Ausmaß der Überwachung bekannt.

Stasi-Abzeichen
Stasi-Beamte, die eine öffentliche Zusammenkunft oder Demonstration beobachteten, wiesen sich untereinander und gegenüber Informanten mit diesem (hier in doppelter Originalgröße gezeigten) Abzeichen aus. Es besaß eine Drehscheibe, die vier verschiedene Identifikationsfarben enthielt.

DIPLOMATENKOFFER-REPROKAMERA

Ein Diplomatenkoffer bildet das Versteck für diese amerikanische Reprokamera. Wird er geöffnet, klappen die Leuchten, die mit Netzstrom oder Batterien arbeiten, in Position. Die modifizierte 35-mm-Fixfokuskamera hat ein geräuscharmes Nylongetriebe. Dieser Reprokameratyp wird von verschiedenen amerikanischen Geheimdiensten verwendet.

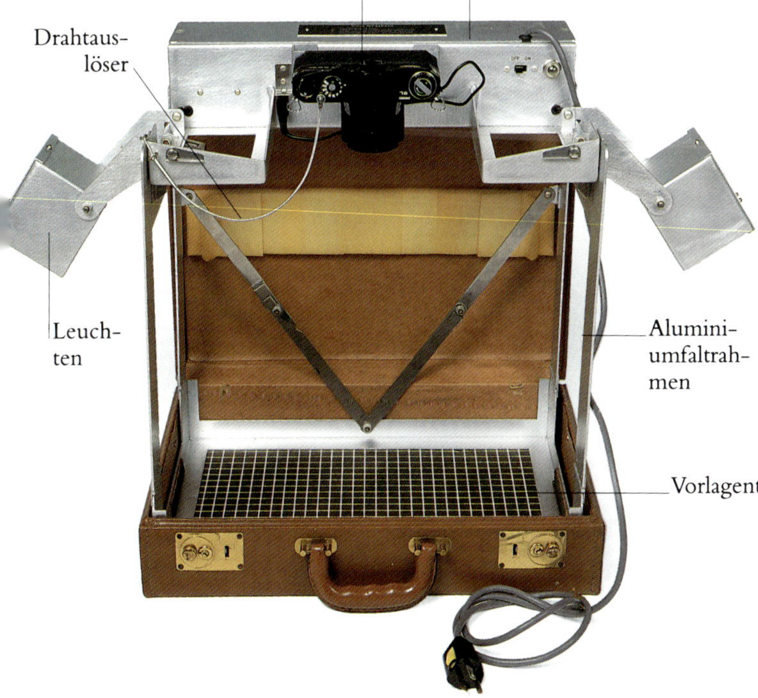

REPROKAMERAAUSRÜSTUNG

Die Teile dieser Reprokamera des tschechischen Sicherheitsdiensts StB ließen sich rasch aus dem kleinen Kasten zusammenbauen, in dem sie gewöhnlich getragen wurden. Farbmarkierungen an den Beinen entsprechen den Entfernungseinstellungen an der Kamera.

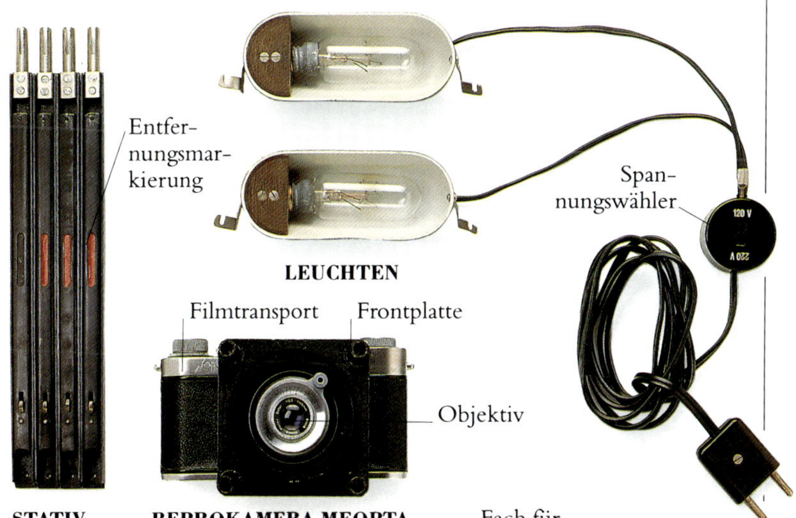

STATIVBEINE

LEUCHTEN

REPROKAMERA MEOPTA

GEHÄUSE FÜR KAMERAAUSRÜSTUNG

BETRIEBSBEREITE KAMERA

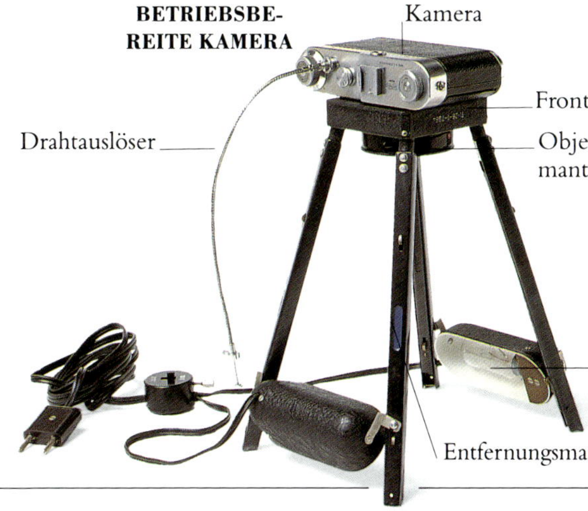

Reprokameras II

ÜBERROLLKAMERA

Diese Überroll- oder Bürstenkamera des KGB kann mit einem Film bis zu 40 Seiten kopieren. Sie ist in einem präparierten Notizbuch versteckt, das einem echten gleicht, welches der Spion dabei hat und regelmäßig benutzt. Um die Kamera zu betätigen, rollt oder fährt er mit der Innenseite des Notizbuchrückens über eine Vorlage. Winzige Rädchen im Rücken aktivieren den Kameramechanismus und die eingebaute Lichtquelle.

35-mm-Film

Bei angehobenem Griff läßt sich der Film in den Schneider schieben.

FILMSCHNEIDER

Filmschneider
Damit wird der 35-mm-Standardfilm auf die korrekte Breite für die Kassette der Überrollkamera zugeschnitten.

ECHTES NOTIZBUCH

ÜBERROLLKAMERA ALS NOTIZBUCH GETARNT

Filmkassette

Batterien für Lichtquelle

Rollen berühren die Vorlage

Rad zeigt Filmposition an

Zählwerk

Deckel mit Scharnieren

MECHANISMUS DER ÜBERROLLKAMERA

Überrollfotografie
Hier kopiert die KGB-Kamera ein Dokument beim Überrollen. Es funktioniert in jeder Richtung.

MINIATURDOKUMENTENKAMERA

Die hier in Originalgröße gezeigte kleine KGB-Kamera sollte in Einrichtungen mit strengen Sicherheitsvorkehrungen eingesetzt werden. Sie hat keinen Sucher und nur einen Auslöser und eine Filmspule. Ein Filmschneider verkleinert 35-mm-Standardfilme auf das Minox-Kassettenformat (s. S. 70) von 9,5 mm.

KAMERA

FILMKASSETTE

FILMSCHNEIDER

Einsatz der Dokumentenkamera
Die Kamera hat eine feste Brennweite und muß daher in einer bestimmten Entfernung vom Dokument gehalten werden, damit man scharfe Bilder erhält. Das Dokument sollte dabei beleuchtet werden.

IMPROVISIERTE REPROTECHNIKEN

Agenten sind darauf trainiert, zu improvisieren und gute Reproduktionen auch unter ungünstigen Umständen zu machen. Da diese »Kopierer« aus gewöhnlichen Bürogeräten bestehen, erregen sie im zerlegten Zustand keinen Verdacht.

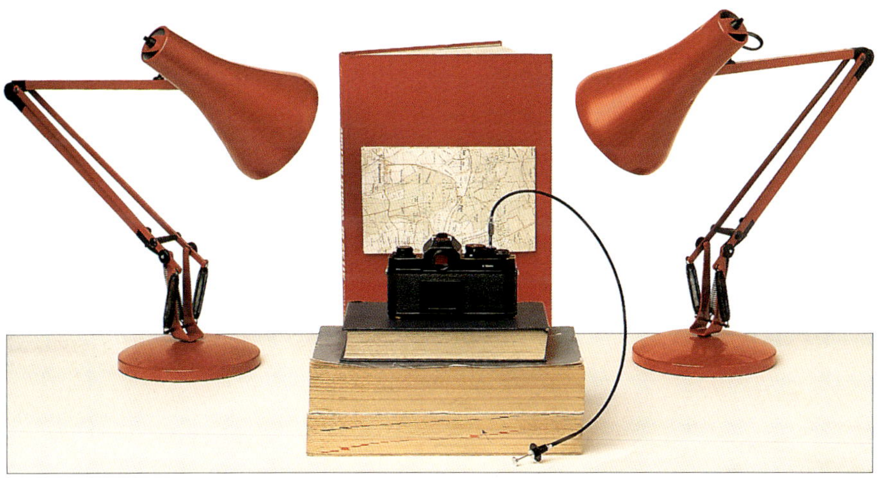

EINFACHE KOPIERVORRICHTUNG

Einfache Kopiertechnik
Diese Technik wurde von Victor Ostrovsky (s. S. 62) für den Mossad entwickelt. Die an ein Buch geheftete Vorlage steht vor der Kamera, die an einem anderen Buch mit Kaugummi fixiert ist. Schreibtischlampen sorgen für die Aufhellung. Ein Fernauslöser verhindert ein Verwackeln der Kamera.

SEITENANSICHT

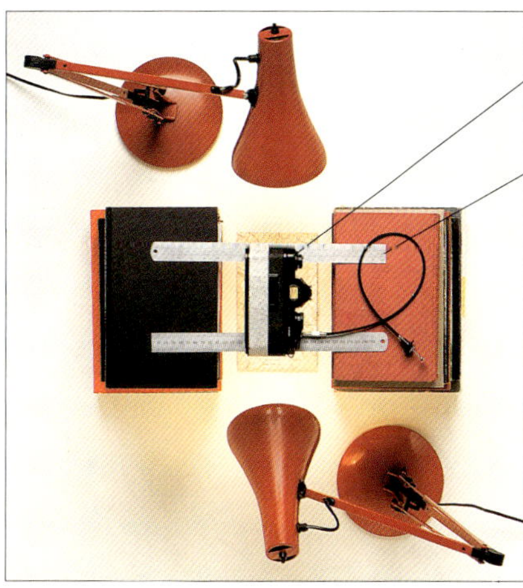

DRAUFSICHT

Stapelreproduktion
Mit dieser Technik lassen sich große Dokumentenmengen kopieren, denn sobald die Vorrichtung steht, kann jedes Dokument rasch in die korrekte Position gelegt und fotografiert werden. Man benötigt eine 35-mm-Standardkamera, Bücher, Klebeband, Lineale und Tischlampen. Mit etwas Übung läßt sich die beste Kombination von Belichtungszeit, Entfernung und Beleuchtung ermitteln. Bei jedem erneuten Durchgang wird die Vorrichtung exakt nachgebaut.

GEHEIM-OPERATIONEN

Wanzen in Steckern
Elektroteile wie Stecker sind gute Verstecke für Lauschvorrichtungen. Sie beziehen ihren Strom aus der Steckdose und bleiben jahrelang einsatzbereit, falls sie nicht entdeckt werden.

Die wesentliche Aufgabe eines Geheimdienstes ist die Beschaffung geheimer Informationen. Wichtige Geheimoperationen sind aber auch die Nachrichtenübermittlung, die Gegenobservation, die Sabotage sowie Flucht und Entkommen (bei einer Gefangennahme oder Wiedergefangennahme durch den Feind). Für diese Tätigkeiten bilden die großen Geheimdienste ausgewählte Personen aus und entwickeln Spezialtechniken und -geräte. Im KGB war dafür das sogenannte Direktorat OT (für Technische Operationen) zuständig. Das CIA-Gegenstück ist das Office of Technical Services. Der israelische Mossad beschäftigt für den gleichen Zweck Technikexperten, sogenannte *marats*.

Miniaturfernrohr
Dieses KGB-Fernrohr ist so klein, daß es in eine 35-mm-Filmdose paßt.

Beobachten und belauschen

Eine Hauptaufgabe der Technikexperten in einem Geheimdienst ist die Bereitstellung von Überwachungsmitteln. Mit Foto- und Videokameras lassen sich die Aktivitäten feindlicher Agenten kontrollieren. Eine Reihe bekannter Spione sind durch gezielte Observationen enttarnt worden. Auch die akustische Überwachung kann wertvolle Erkenntnisse liefern. Spezialisten sind dafür ausgebildet, Lauschvorrichtungen – sogenannte Wanzen – an Orten zu installieren, wo geheime Unterredungen oder Treffen stattfinden können. Unter gewissen Umständen sind die Lauschgeräte per Draht mit einem Horchposten in der Nähe verbunden. Wanzen können aber auch mit einem Sender gekoppelt werden, dessen Funksignale von Spezialempfängern aufgefangen und von einem Tonbandgerät aufgezeichnet werden. Bei einer anderen Methode der akustischen Überwachung trägt der Agent das Lauschgerät am Körper. Für diesen Zweck sind Mikrofone und Aufnahmegeräte entwickelt worden, die sich in der Kleidung des Agenten verstecken lassen.

Drahttongerät
Dieses kompakte KGB-Aufnahmegerät Mezon läßt sich gut in der Kleidung verstecken und durch einen Steuerschalter in der Tasche aktivieren. Es zeichnet nicht auf Band, sondern auf dünnen Draht auf.

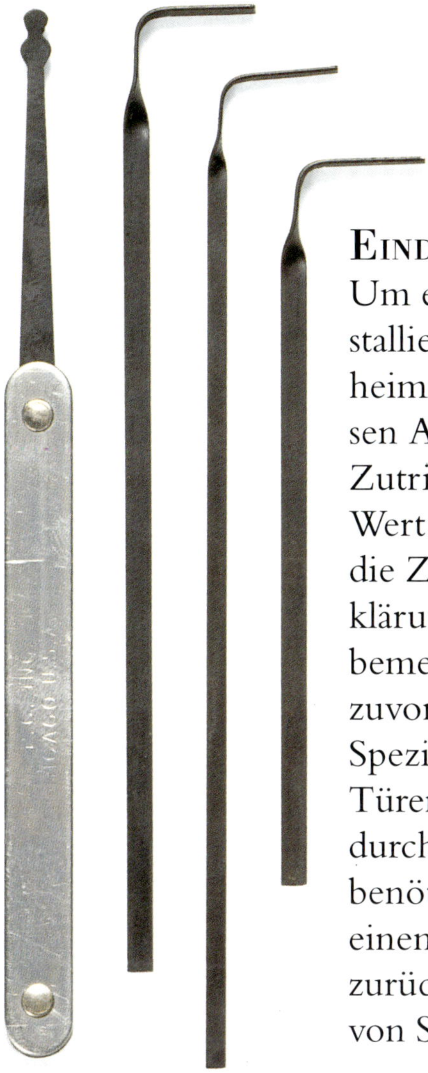

Dietrich und Federschlüssel

Nach dem Schloßtyp am Zielort richtet sich die Auswahl des Einbruchswerkzeugs.

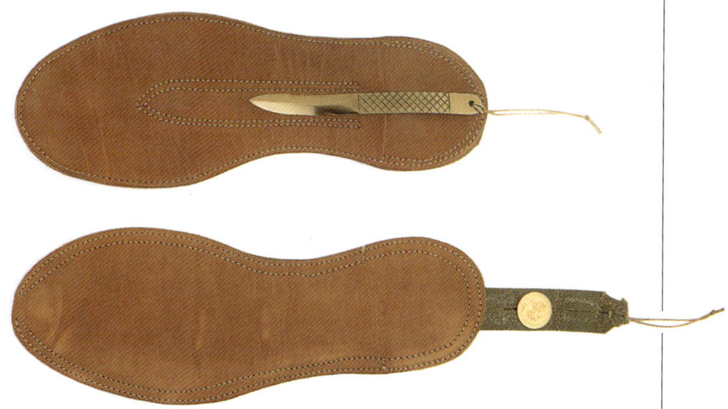

Versteckte Klingen

Für Fluchthilfen wurden spezielle Verstecke entwickelt. Hier sind in Schuheinlagen eine Klinge und fünf Goldmünzen untergebracht.

Eindringen

Um eine Lauschvorrichtung zu installieren oder Zugang zu Geheimmaterial zu bekommen, müssen Agenten sich oft unbemerkt Zutritt verschaffen. Es mindert den Wert der beschafften Information, wenn die Zielpersonen Verdacht schöpfen. Aufklärung ist der erste Schritt zu einem unbemerkten Zutritt. Das Zielobjekt muß zuvor sorgsam beobachtet werden. Mit Spezialgeräten kann man sogar unter Türen und durch Schlüssellöcher hindurchsehen. Dann wird ein Schlüssel benötigt – am besten »leiht« man sich einen, den man kopiert und wieder zurückgibt. Andernfalls muß ein Schloß von Spezialisten geknackt werden.

Kriegsoperationen

Im Krieg sind Personen, die hinter den feindlichen Linien operieren, dafür ausgebildet und ausgestattet, der Gefangennahme durch den Feind zu entkommen oder sich ihr zu entziehen. Im Zweiten Weltkrieg hat man sich viele Verstecke für Fluchthilfen ausgedacht.

Damals wurden auch verstärkt Werkzeuge und Techniken zur Sabotage entwickelt. Man produzierte unterschiedlichste Sprengsätze, die zum Teil als Kohle oder Tierkot getarnt waren. Manche hatten Verzögerungsvorrichtungen, die eine gesteuerte Detonation ermöglichten. Feindliche Schiffe lief man mit speziellen kleinen Booten an, um Haftminen am Schiffskörper anzubringen. Sabotage lohnt sich nicht nur wegen der intendierten Zerstörung, sondern auch weil der Feind ein Großaufgebot abordern muß, um Verkehrs-, Fernmelde- und Industrieeinrichtungen zu überwachen.

»Farbstiftzünder«

Mit diesen Geräten verzögerten Saboteure im Zweiten Weltkrieg die Detonation von Sprengstoffen, um sich rechtzeitig in Sicherheit zu bringen (s. S. 97).

Optische Überwachung I

Optische Überwachung ist die Kunst zu beobachten, ohne entdeckt zu werden. Für Geheimdienste übernehmen Spezialteams diese Aufgabe, die mit optischen Handapparaten (einschließlich Nachtsichtgeräten) sowie Film- und Videokameras arbeiten. Kameras können zur langfristigen Observation installiert oder miniaturisiert am Spion versteckt werden. In amerikanischen und britischen Diensten heißen optische Überwachungsexperten »Beobachter«, die für die innere Sicherheit und bei Abwehroperationen eingesetzt werden. In der Sowjetunion richtete der KGB ein ganzes Direktorat (das siebte) dafür ein.

MEISTERSPION

Oleg Penkowski

Oleg Penkowski (1919-63), Offizier im sowjetischen Militärgeheimdienst, war im kalten Krieg als Maulwurf tätig. 1961 und 1962 gab er Informationen über das militärische Potential und die Absichten der Sowjetunion an die CIA und den MI6 (s. S. 169) weiter. Schließlich verhafteten ihn die Sowjets, vermutlich aufgrund von optischer und fotografischer Überwachung durch den KGB. Nach einem Schauprozeß wurde er hingerichtet.

Fotografischer Beweis
Auf diesem KGB-Überwachungsfoto betritt der als Maulwurf für den Westen in Moskau arbeitende Penkowski ein als toter Briefkasten (s. S. 132) dienendes Gebäude.

AUTOKAMERA MARK 3

Diese in den fünfziger Jahren produzierte festinstallierte englische Überwachungskamera wird noch heute eingesetzt. Die großen Filmkammern enthalten soviel 35-mm-Film, daß sich bis zu 250 Bilder machen lassen. Sie kann mit einem 12-Volt-Netzteil oder bei mobiler Überwachung über den Autozigarettenanzünder betrieben werden.

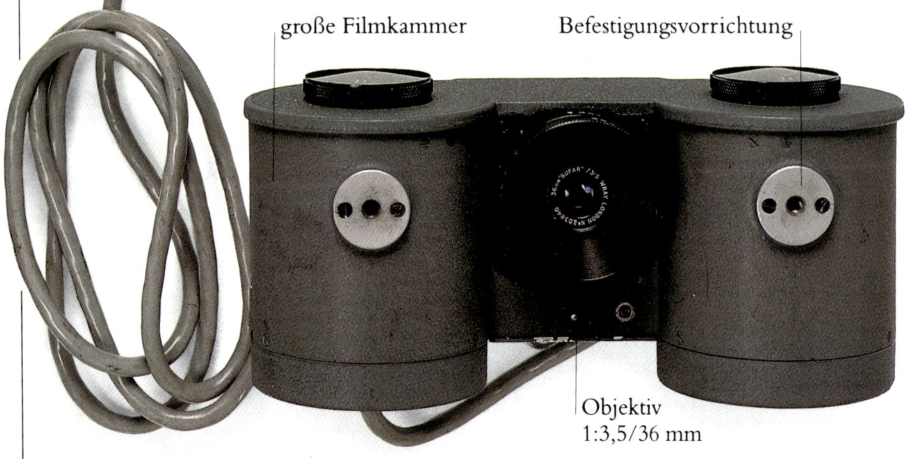

ÜBERWACHUNGSFERNGLAS

Dieser französische Feldstecher aus dem 19. Jahrhundert hat in seiner rechten Seite einen Winkelspiegel. So konnte der Benutzer scheinbar geradeaus schauen, während er heimlich nach rechts äugte. Die linke Seite bot eine normale Sicht.

FALTFERNROHR

KGB-Mitarbeiter verwendeten dieses Faltfernrohr zur heimlichen Observation. Das Rohr ließ sich an Gelenken zusammenklappen (wie hier) und unauffällig in der Faust halten.

MINIATURFERNROHR

Dieses Fernrohr war so klein (hier in Originalgröße), daß die KGB-Benutzer es in einer leeren Filmdose verstecken konnten. Es ermöglichte eine 2,5fache Vergrößerung. Wenn der Spion das Instrument nicht benutzte, hielt er es am Fingerring unauffällig in einer Hand.

KGB-GRENZTRUPPEN

Die Grenztruppen der Sowjetunion stellten ein eigenes Direktorat im KGB dar. Sie waren eine voll ausgerüstete Streitkraft mit eigener Artillerie, Panzerfahrzeugen und Patrouillenbooten. Im Höchstfall umfaßte die Truppe 300 000 bis 400 000 Mann. Sie hatte die Doppelfunktion, einerseits Eindringlingen den Zugang zur Sowjetunion zu verwehren und andererseits jedes unerlaubte Verlassen zu verhindern. Dafür wurden die Grenztruppen mit speziellen optischen Überwachungsgeräten wie dem passiven Nachtsichtgerät PN-1A (unten links) ausgestattet.

GRENZTRUPPEN-MEDAILLE (RÜCKSEITE)

MEDAILLE MIT ZERTIFIKAT

PASSIVES NACHTSICHTGERÄT PN-1A

Moderne Nachtsichtgeräte mit Restlichtverstärker potenzieren das vorhandene Licht, etwa Sternenlicht, so daß der Benutzer bei fast totaler Finsternis sehen kann. Dieses Handgerät arbeitet nahezu geräuschlos und ist extrem unauffällig.

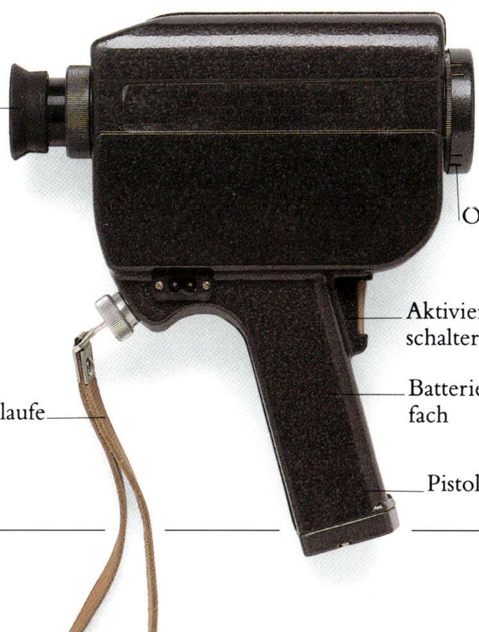

FIBROSKOP

Das aus der Medizintechnik übernommene Fibroskop empfängt Bilder durch 7500 Glasfaserstränge. Damit läßt sich unter einer Tür oder durch ein kleines Loch in der Wand hindurch observieren.

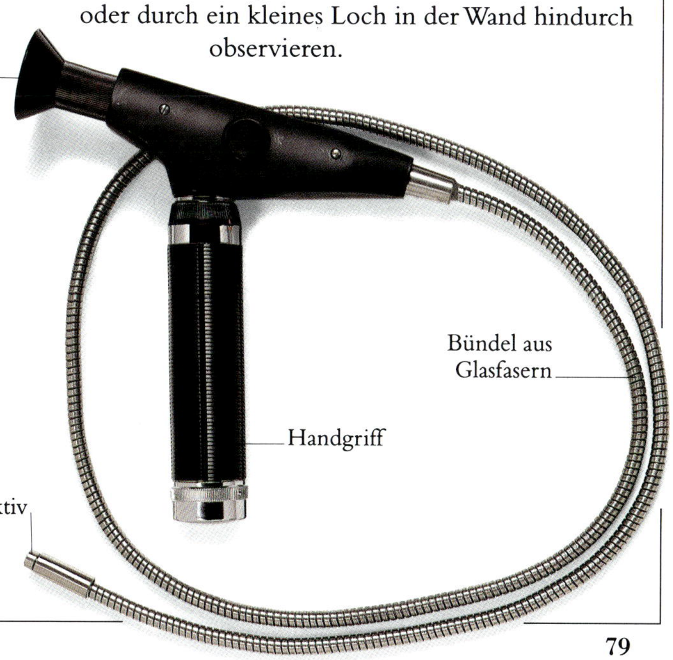

Optische Überwachung II

FESTINSTALLIERTE GEHEIMKAMERA

Der KGB hat diese Kamera für die Montage in allen möglichen Verstecken konstruiert. Hier ist sie in einer dekorativen Maske verborgen und mit einem Zeitschalter (einem Intervallgeber) gekoppelt, der die Kamera in vorgegebenen Intervallen auslöst. Derartige Kameras wurden auch in anderen Gehäusen eingesetzt, etwa um kompromittierende Fotos zur Erpressung zu erhalten.

ERSATZ-KASSETTE

OBJEKTIV-DECKEL

FESTE GEHEIM-KAMERA

KAMERADECKEL

MASKENVERSTECK

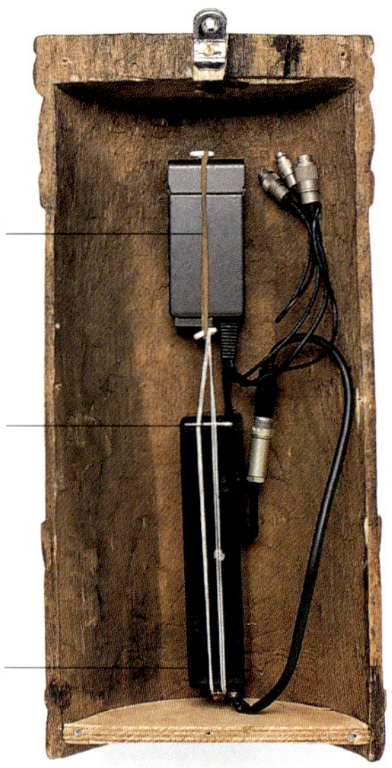

VERSTECKTE KAMERA

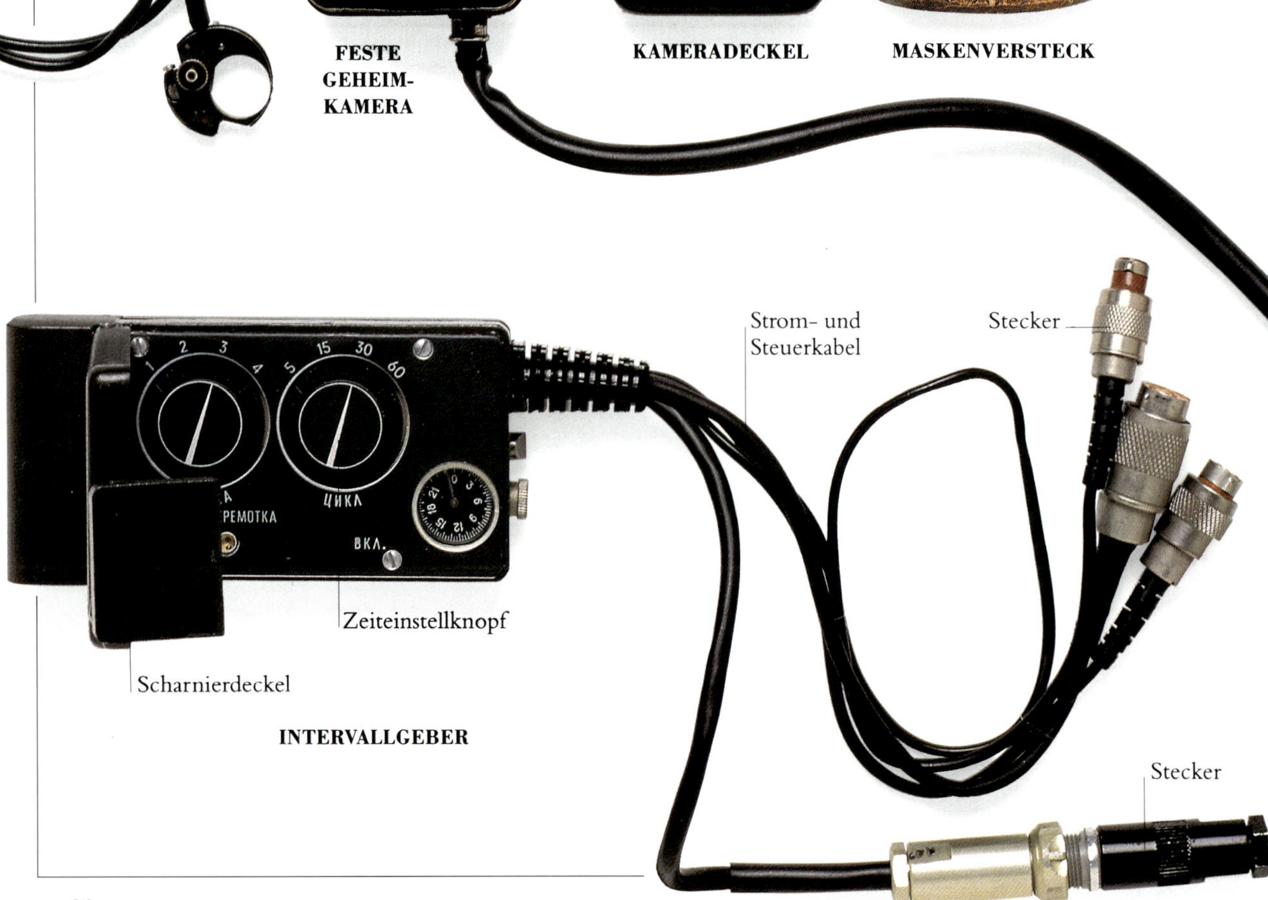

INTERVALLGEBER

KNOPFLOCHFILMKAMERA

Dieses vom KGB in den sechziger und siebziger Jahren eingesetzte Gerät war das filmische Pendant zur KGB-Kamera F21 (s. S. 66) und filmte wie diese durch einen präparierten Knopf, der sich öffnen ließ und ein Objektiv freigab. Die Filmkassette war rechtwinklig zum Objektiv montiert. Der Benutzer betätigte die Kamera mit einem Schalter in der Tasche. Ein in einer anderen Tasche versteckter Akku versorgte die Kamera mit Strom.

ERSATZFILMKASSETTE

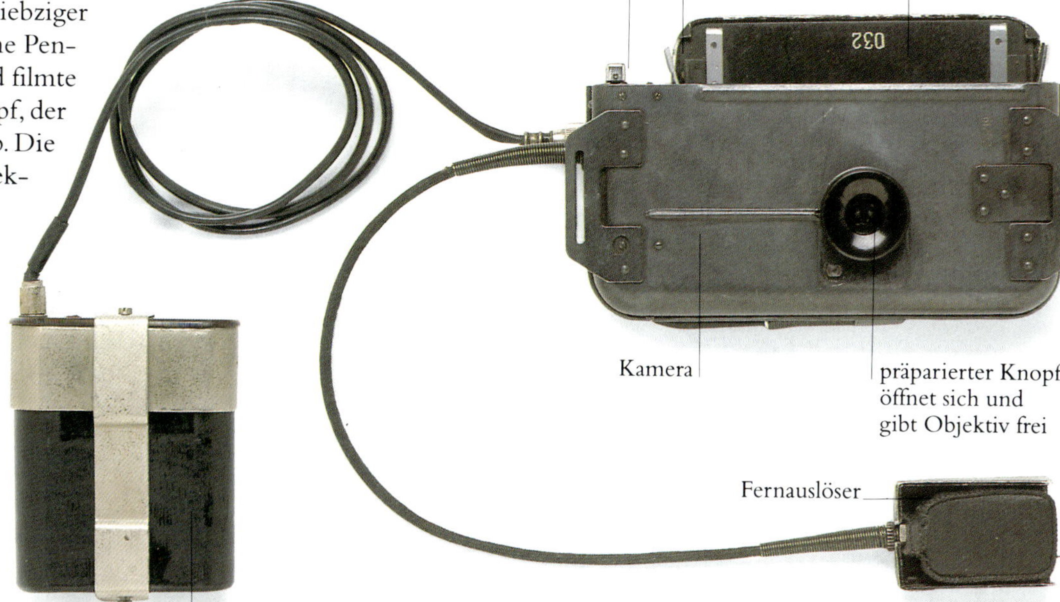

KNOPFLOCHFILMKAMERA

MIKROVIDEOKAMERA

Dank der modernen Halbleitertechnik lassen sich Miniaturvideokameras wie diese hier herstellen. Wegen ihrer geringen Größe kann sie auf unterschiedlichste Art, etwa in einer Baseballmütze, versteckt werden. Die Kamera ist so empfindlich, daß sie sich unter einem Baumwollhemd verbergen läßt und Bilder durch das Gewebe aufnehmen kann.

KAMERA (ORIGINALGRÖSSE)

KAMERAINNERES (VERGRÖSSERT)

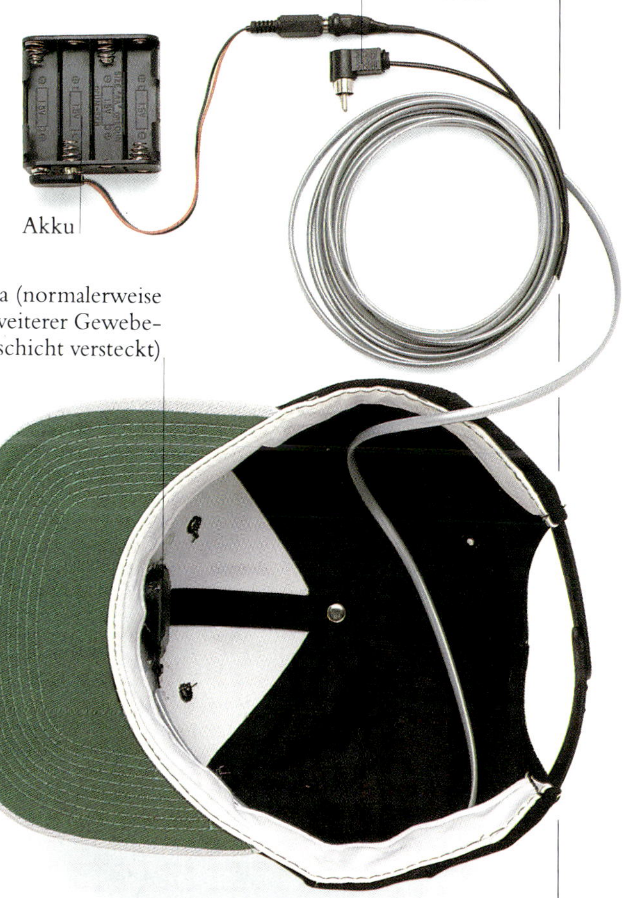

VERSTECKTE KAMERA IN BASEBALLMÜTZE

Lauschgeräte I

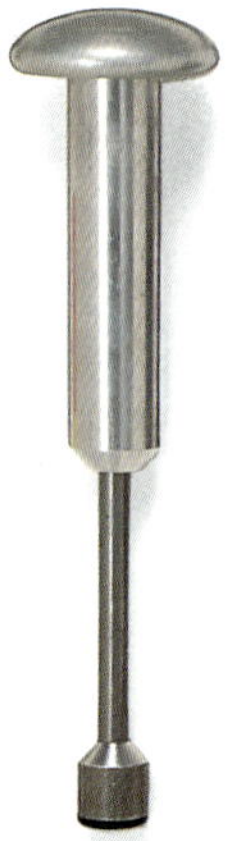

LAUT-LOSER HAMMER

Geheimdienste unternehmen große Anstrengungen, Geräte für Lauschangriffe zu entwickeln. Winzige Mikrofone werden an Miniaturverstärker, -sender oder -kassettenrecorder angeschlossen. Andere Vorrichtungen dienen dem Anzapfen von Telefonleitungen. Zum Installieren von Mikrofondrähten in Wänden gibt es spezielles Feindrahtwerkzeug und schallgedämpfte Hämmer. Vom Lauschgerät gesendete Signale sollten so stark sein, daß sie vom Lauschposten gerade noch empfangen werden, aber mit normalen Wanzenspürgeräten schwer lokalisierbar sind. Heutige Lauschgeräte können Signale digital speichern und zu einer festgelegten Zeit an einen Lauschposten absenden.

FEINDRAHTWERKZEUG

Um die Drähte einer installierten Wanze zu verbergen, entwickelten amerikanische Techniker dieses Drahtverlegewerkzeug samt Zubehör. Damit lassen sich feine Drähte oder Kabel in weichen Baumaterialien oder Rissen verlegen. Ein Kontrollschaltkreis überprüft, ob der Stromkreis nach der Installation geschlossen ist.

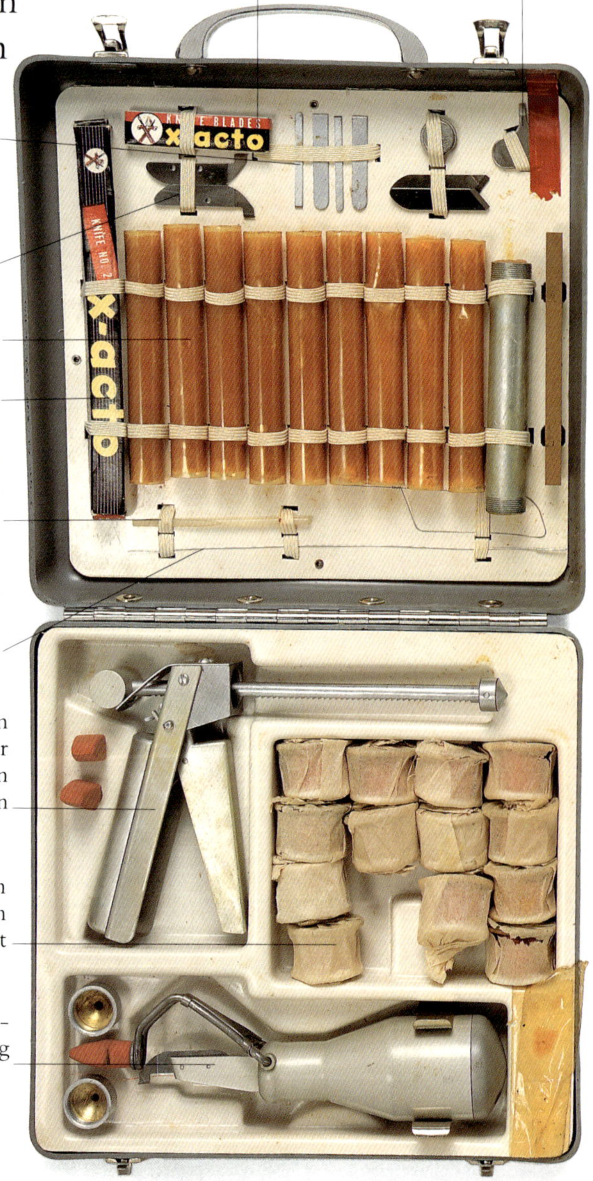

MINIATURISIERTE LAUSCHAUSRÜSTUNG

Viele Ausführungen solcher Geräte werden für Spionagezwecke hergestellt: eine Sprechmuschel mit einer Wanze zum Einbau in ein öffentliches Telefon; eine winzige Vielzweckwanze; und ein durch die Wand geführtes Gerät mit einem Plastikrohr, das für Metalldetektoren nicht aufspürbar ist.

SPRECHMUSCHEL MIT WANZE FÜR ÖFFENTLICHES TELEFON

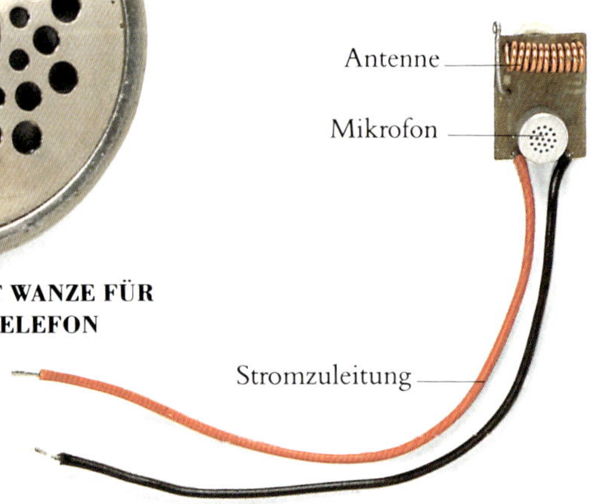

ALLZWECKMINIATURAUSSTATTUNG

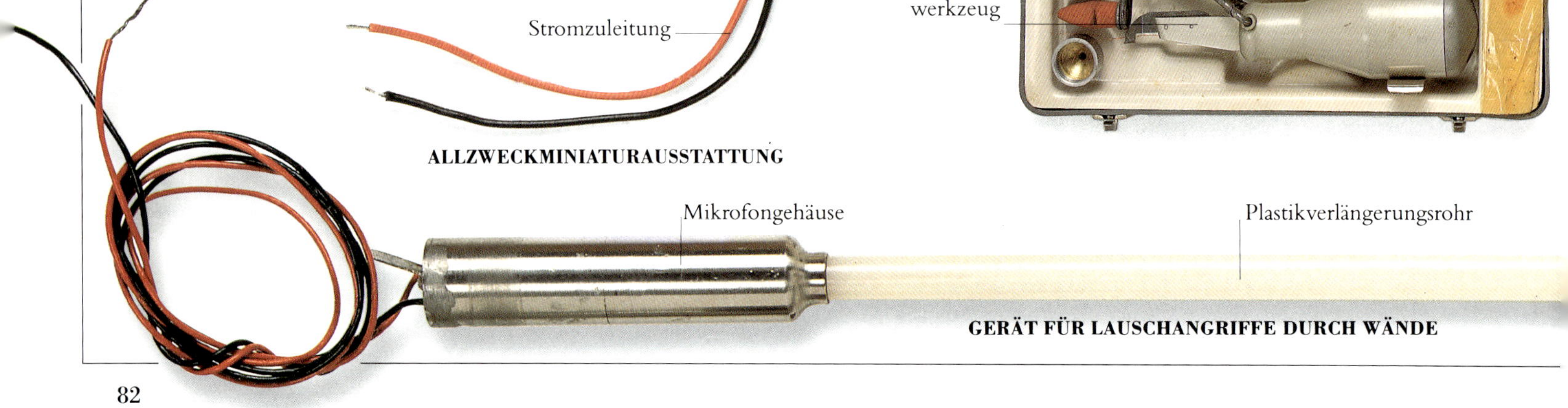

GERÄT FÜR LAUSCHANGRIFFE DURCH WÄNDE

MIKROFON UND SENDER FÜR BUCHRÜCKEN

FÜLLER- UND BUCHAPPLIKATIONEN

In der Nachkriegszeit benutzten Agenten als Füller getarnte Lauschgeräte, um heimlich Gespräche aufzuzeichnen. Ein anderes geniales Gerät paßte in den Rücken eines Buches, das man unauffällig in ein Zimmer legte. Dies waren typische Wanzen der sechziger Jahre – heutige Geräte arbeiten digital und sind viel kleiner.

Mikrofon und Sender

ANBRINGUNG DES SENDERS IM BUCHRÜCKEN

Antennendraht

Stromleitung

VERSTECKTES MIKROFON UND SENDER IM FÜLLER

Ton gelangt durch Rohr zum Mikrofon

ANZAPFEN EINES TELEFONS MITTELS INDUKTION

Dieses Gerät läßt sich an beliebige, offen verlegte Telefonkabel klemmen und an einen Sender oder Recorder anschließen. Alle Gespräche sind klar zu empfangen. Da das eigentliche Telefonkabel nicht manipuliert wurde, können Abwehragenten das erfolgte Anzapfen nur schwer nachweisen.

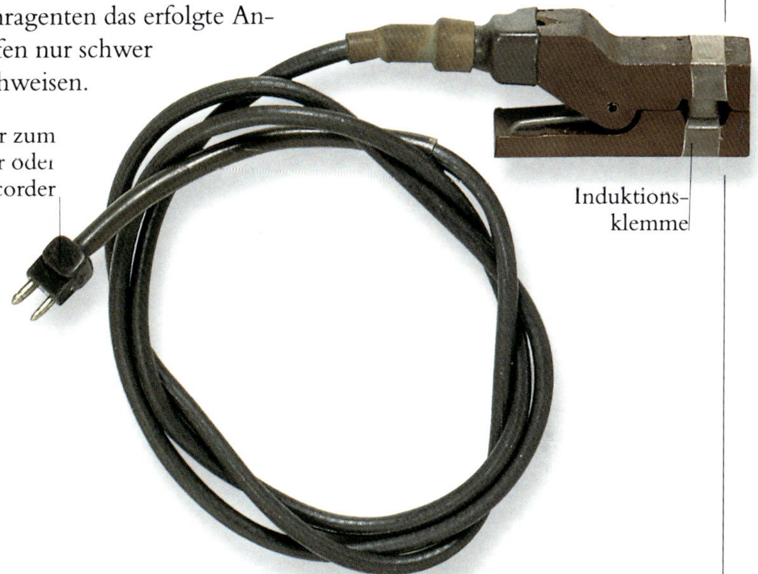

Stecker zum Sender oder Recorder

Induktionsklemme

PETER WRIGHT

Peter Wright (1916-95) war der erste Offizier für technische Belange des britischen Security Service. Er ging 1955 zum MI5, nachdem er während des Zweiten Weltkriegs als Wissenschaftler gearbeitet hatte. Zunächst erfand er spezielle Lauschgeräte für unterschiedliche Operationen. Er versuchte auch herauszufinden, wie die sowjetischen Lauschgeräte in den Gebäuden westlicher Nationen funktionierten. Wie das »Ding« (s. S. 84) im großen Wappen der US-Botschaft in Moskau funktionierte, enträtselte Wright als erster vollständig. Als Abwehrspezialist wurde er zum D Branch versetzt, der für Spionageabwehr, speziell für sowjetische Aktivitäten in England, zuständig war. Schließlich wurde er Stellvertretender Direktor des MI5.

Chefwissenschaftler des MI5
Auch ohne wissenschaftliches Studium war Wright ein genialer Erfinder, der unentwegt nach Lösungen für MI5-Probleme suchte.

Lauschgeräte II

FRÜHE MINIATURWANZEN

Das folgende Bild zeigt ein amerikanisches Lauschgerät aus den späten Fünfzigern. Der Elektrostecker, der hier zu Demonstrationszwecken aus transparentem Material ist, verbirgt die eigentliche Wanze. Darunter ein Mehrfachstecker mit eingebauter Wanze aus den sechziger Jahren.

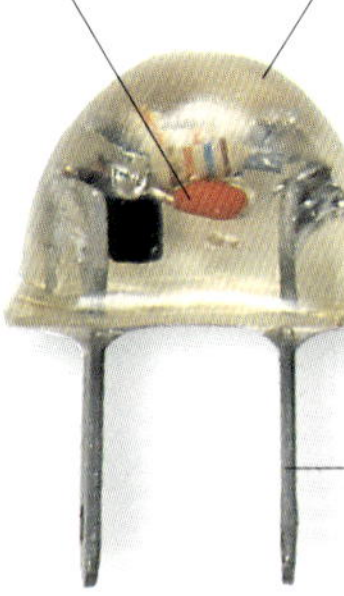

DEMONSTRATIONSMODELL EINES STECKERS MIT WANZE

MEHRFACHSTECKER MIT WANZE

DAS »DING«

In den frühen fünfziger Jahren wurde in der amerikanischen Botschaft in Moskau ein Lauschgerät gefunden. Es bestand aus einem Metallzylinder, der im Schnitzwerk des großen US-Wappens an der Wand über dem Schreibtisch des Botschafters versteckt war, das ihm die Sowjets geschenkt hatten. Es stellte einen Weißkopfseeadler dar, unter dessen Schnabel die Sowjets Schallöcher für das Gerät gebohrt hatten.

Westliche Experten rätselten über die Funktionsweise des »Dings« (unten), da es weder Batterien noch Stromkreise hatte. Peter Wright (s. S. 83) vom britischen MI5 (s. S. 164) kam schließlich dahinter. Der MI5 produzierte dann eine Kopie des Geräts (Codename Satyr) für den britischen und amerikanischen Geheimdienst.

Das »Ding« wurde weltberühmt, nachdem es im Mai 1960 vom amerikanischen Botschafter bei den Vereinten Nationen zur Schau gestellt wurde.

VORDERSEITE DES WAPPENS

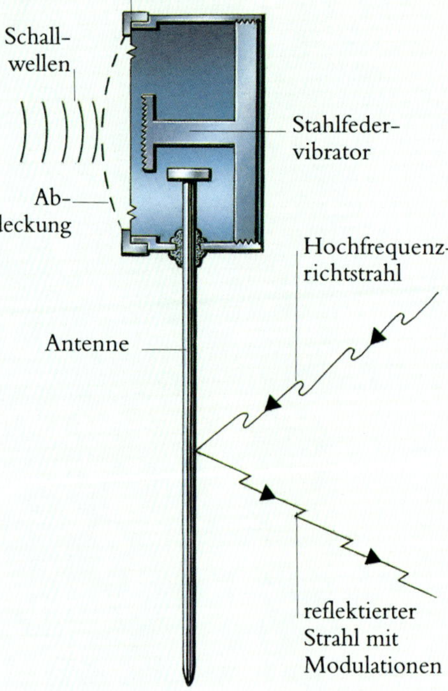

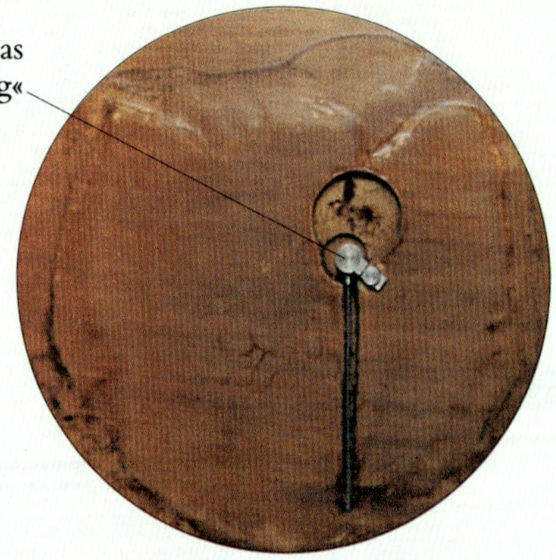

RÜCKSEITE DES WAPPENS

Wie das »Ding« funktionierte

Von einer Quelle außerhalb des Gebäudes wurde ein Dauerrichtstrahl auf die Antenne gerichtet. Schallwellen, die auf die Membran auftrafen, bedingten Schwankungen im Abstand zwischen ihr und dem Stahlfedervibrator. Die Modulation des Stahlfedervibrators übertrug sich auf die Antenne und damit auf den reflektierten Strahl. Der Empfänger setzte diese Modulationen wieder um.

GÜRTELSCHNALLENMIKROFON

Dieses in einer Gürtelschnalle versteckte kleine Mikrofon nimmt eine Unterhaltung durch eine winzige Öffnung auf. Das Gerät läßt sich mit einem Sender oder Recorder verbinden, die ebenfalls unter der Kleidung des Benutzers verborgen sind.

PRÄPARIERTE MÖBELTEILE

Wanzen lassen sich in präparierten Möbelteilen verstecken, die die Originalteile ersetzen. In den hier gezeigten Teilen sind Mikrofone und Sender installiert. Das eine gehört zu einem von tschechischen Technikern umgebauten Schreibtisch. Das andere ist eine Strebe, die sich an jedes Holzmöbel anpassen läßt und von einem amerikanischen Team zur akustischen Überwachung eingesetzt wurde.

SCHREIBTISCHTEIL

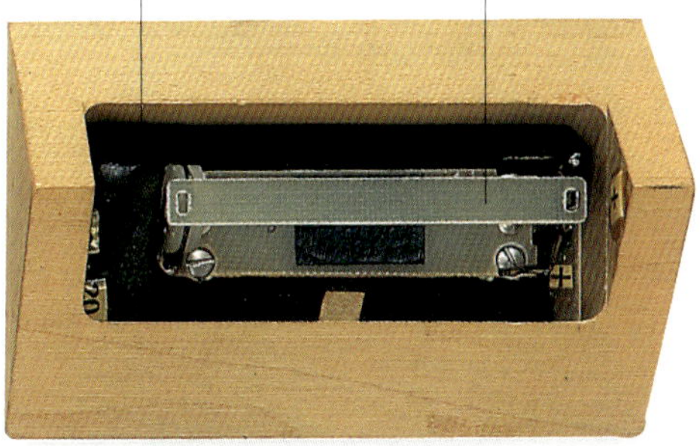

VIELZWECKHOLZSTREBE

VORÜBERGEHEND ANGEZAPFTES TELEFON

Diese Telefonwanze läßt sich rasch installieren, wenn wenig Zeit für den Einbau eines geeigneteren Geräts bleibt. Sie benötigt keine Batterien, da sie vom Telefonstrom versorgt wird. Sie ist nicht in die Schaltungen des Telefons integriert und daher bei offenem Gehäuse relativ leicht zu entdecken.

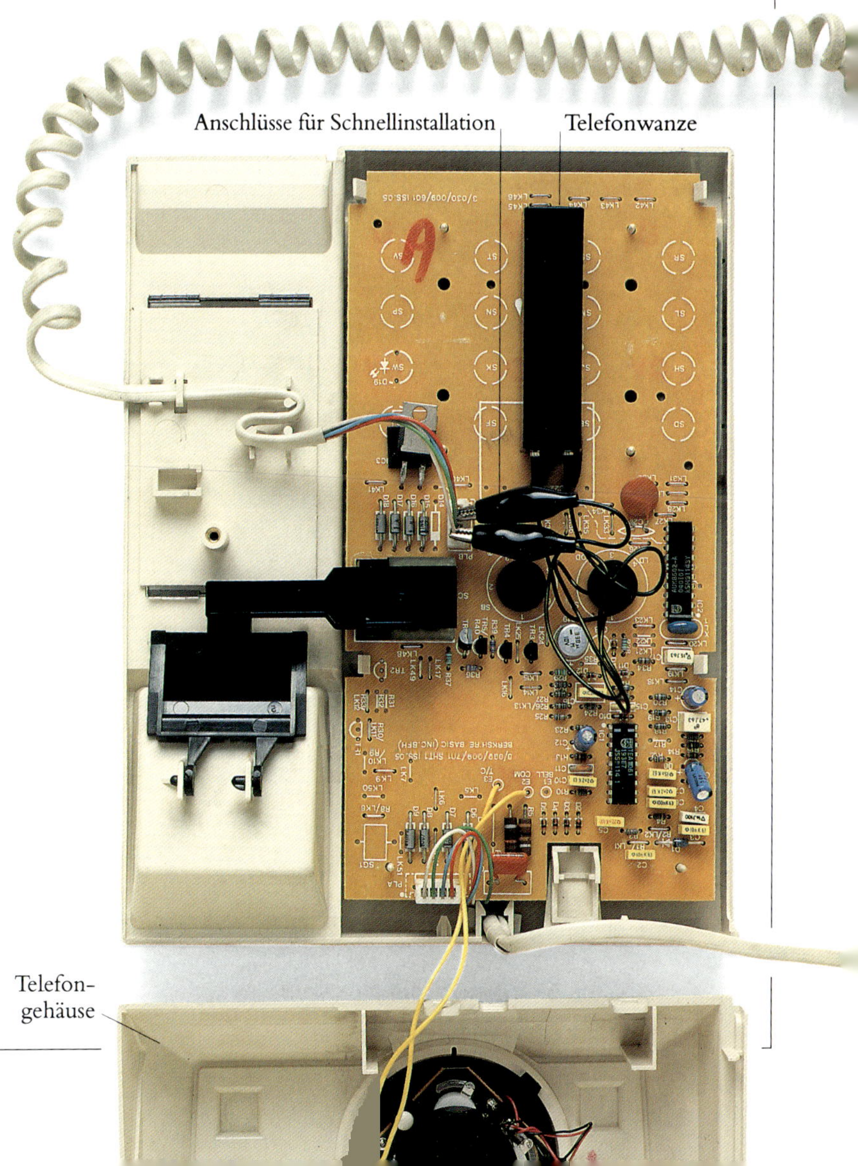

STECKDOSENLAUSCHGERÄT

Von diesem in einer englischen Steckdose versteckten Mikrofon mit Sender aus kann wegen direkten Netzanschlusses unbegrenzt gesendet werden. Nachteil: Der Sender ist ständig eingeschaltet, so daß er von einem geübten »Räumkommando« der Abwehr leicht entdeckt werden kann.

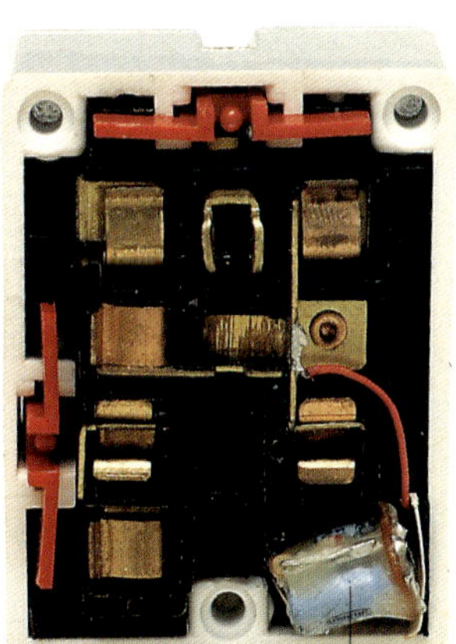

DOSE VON INNEN

DECKEL

Empfänger I

Gespräche abzuhören und aufzuzeichnen ist ein wichtiger Teil der Überwachung – das Ergebnis ist normalerweise ein Tonband. Wanzen (s. S. 82 u. 84) sind Lauschgeräte, die entweder ein Gespräch zu einem Lauschposten in einiger Entfernung übertragen oder mit einem Aufnahmegerät verbunden sind. Im Folgenden werden zwei weitere Kategorien von akustischen Überwachungsgeräten gezeigt. Die erste ist die Ausstattung des Lauschpostens: Funkempfänger, Tonbandgeräte und andere Hardware. Die zweite besteht aus den Vorrichtungen, die der Spion bei sich hat, um ein Gespräch vor Ort aufzuzeichnen. Dies sind meist Miniaturmikrofone und -recorder. Das Hörmuschelmikrofon (links) ist eine Variante und dient der Aufzeichnung von Telefongesprächen.

HÖRMUSCHEL-MIKROFON

Trigon und Peterson

Alexander Ogorodnik (Codename Trigon) war Sekretär im Diplomatischen Dienst der Sowjets und seit 1974 Informant der CIA. Im Juli 1974 verhaftete der KGB Ogorodniks Moskauer CIA-Führungsoffizier, Martha Peterson. Sie verlangte einen Vertreter der US-Botschaft zu sprechen. Dieser trug, wie dem KGB auffiel, zwei Uhren – eine war ein getarntes Mikrofon. Peterson wurde ausgewiesen. Trigon beging nach seiner Verhaftung Selbstmord.

Armbanduhrmikrofon
Das eingebaute Mikrofon ist mit einem in der Kleidung des Agenten verborgenen Minirecorder verbunden.

LAUSCHPOSTENEMPFÄNGER

Dies ist ein tragbarer amerikanischer Funkempfänger aus den sechziger Jahren, der Signale von Wanzen in einem nahegelegenen Zielobjekt empfing. Sie wurden dann per Kabel zu einem Tonband- oder zu anderen Überwachungsgeräten übertragen.

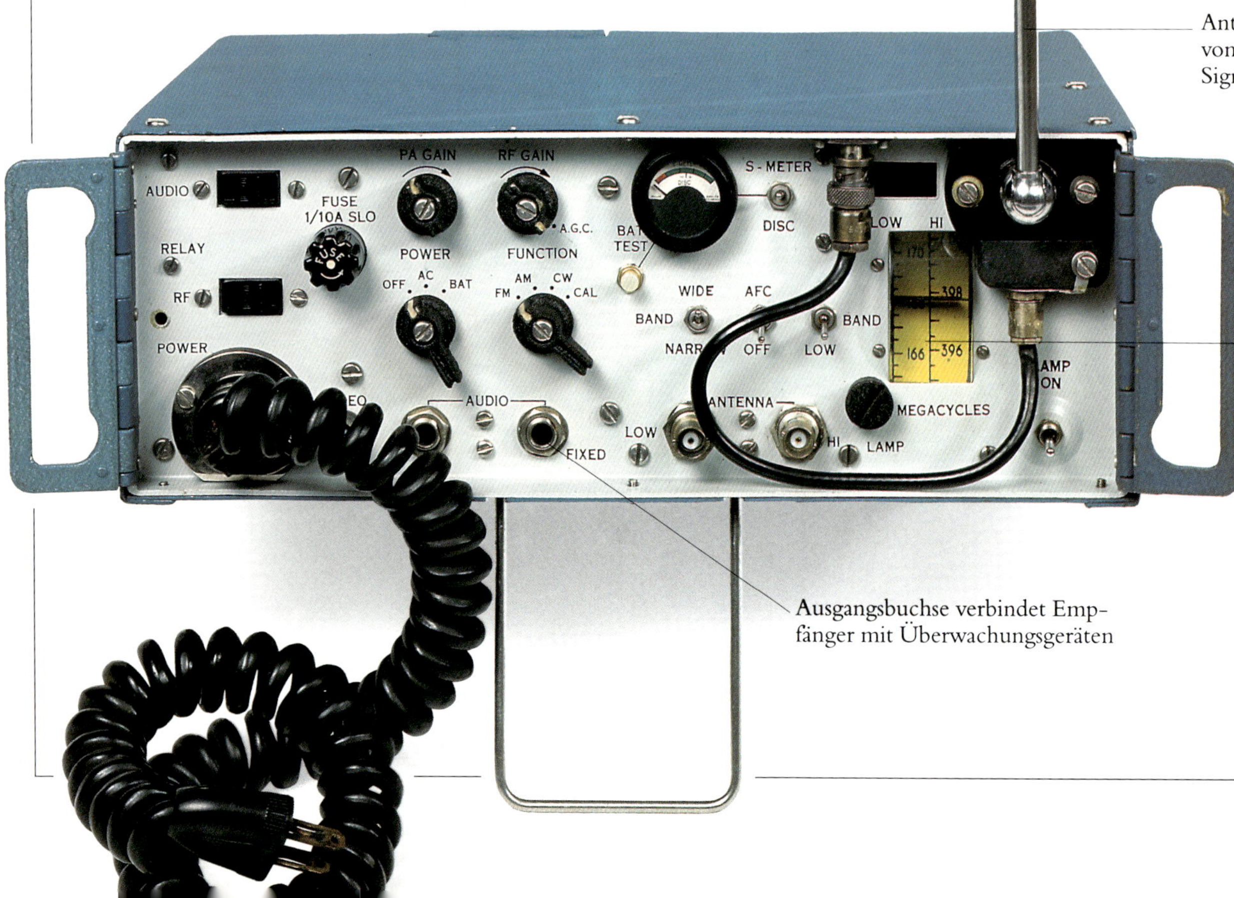

Antenne empfängt von Wanze gesendetes Signal

Bandwähler ist auf die Sendefrequenz der Wanze eingestellt

Ausgangsbuchse verbindet Empfänger mit Überwachungsgeräten

FÜLLER MIT MIKROFON

Der KGB ließ Füller mit kleinen Mikrofonen bauen, mit deren Hilfe Spione Gespräche aufnahmen. Das Signal wurde an einen kleinen Recorder oder Sender in der Kleidung weitergeleitet. Es gab verschiedene Füller, passend zur jeweiligen Tarnung der Spione.

MIKROFON IM EINSATZ

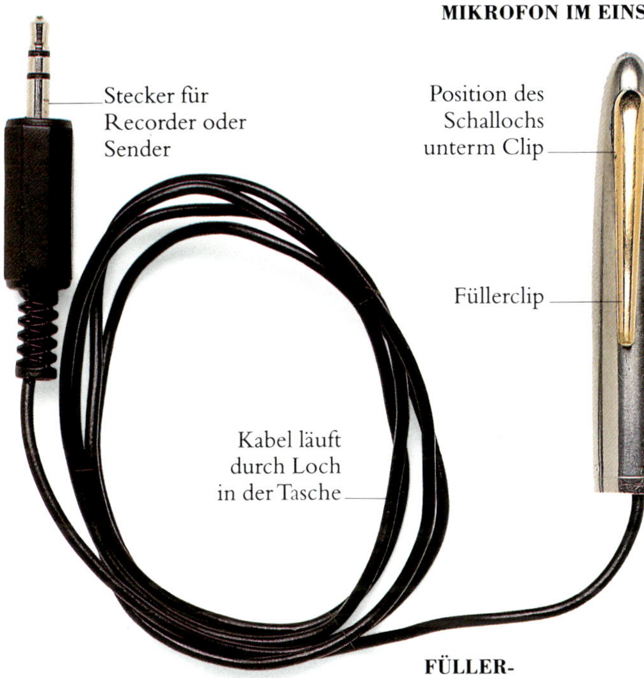

FÜLLER-HÜLSENMIKROFON

»MOTELAUSRÜSTUNG«

Mit dem Kontaktmikrofon, das an eine Wand oder Tür geklebt wird, kann der Benutzer ein Gespräch im anliegenden Raum belauschen. Das Mikrofon nimmt Schallwellen auf und wandelt sie in elektronische Signale um, so daß das Gespräch über einen Verstärker, der das Hintergrundrauschen herausfiltert, zu einem Tonbandgerät oder Kopfhörer gesendet werden kann.

KONTAKT-MIKROFON

VERSTÄRKER

KABEL ZU TONBANDGERÄT

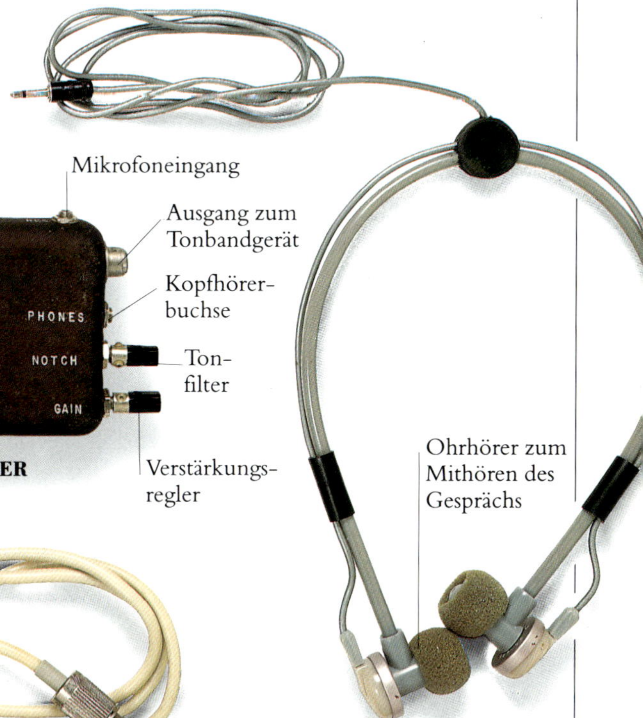

KOPFHÖRER

KANG SHENG – ELEKTRONISCHER LAUSCHER

In den zwanziger Jahren bildete die junge Kommunistische Partei Chinas ihre Geheimpolizei nach dem Vorbild der sowjetischen OGPU. Leiter der Organisation (und ihrer Nachfolgeorganisation SAD, dem Social Affairs Department) war Kang Sheng (1898-1975). Er führte das Leben eines Privatgelehrten und Kalligraphen, während er über 40 Jahre lang für die Geheimpolizei und die Kommunistische Partei tätig war. Nach der Bildung der kommunistischen Regierung 1949 unter Mao Tse-tung wurde Kang noch mächtiger. Er stärkte seine Position, indem er den Personenkult um Mao förderte und dafür sorgte, daß Mao eine seiner (Kangs) früheren Geliebten, Jian Qing, heiratete. Von seinem Stützpunkt in Peking aus, dem sogenannten »Bambusgarten«, überwachte Kang fast alles, was in China vorging, auch die Kommunistische Partei selbst. Dafür benutzte er verschiedene elektronische Lauschgeräte – er soll sogar Maos Büro verwanzt haben. In den siebziger Jahren, als Kang bereits an Krebs erkrankt war, begann der SAD seine Aktivitäten nach Übersee auszuweiten. Er beschaffte sich harte Währungen durch Industriespionage im Ausland und verstärkte Chinas politischen Einfluß durch die Unterstützung von Gruppen wie dem Leuchtenden Pfad in Peru und der PLO im Nahen Osten.

KANG SHENG

Empfänger II

AUFZEICHNUNGSGERÄT MEZON

Das KGB-Mezon aus den siebziger Jahren zeichnet Töne auf 0,05 mm dünnem Draht statt auf Band auf. Durch entsprechendes Zubehör ließ es sich an verschiedenste operationelle Situationen anpassen. Es konnte durch einen Fernschalter in der Tasche gesteuert werden und besaß einen Anschluß zum Aufzeichnen von Telefongesprächen. Schraubstecker sorgten dafür, daß das Zubehör bei Gebrauch fest verbunden blieb. Mit einem Schultergeschirr ließ sich das Mezon unter einem Jackett tragen.

FUNKRUFEMPFÄNGER MIT GETARNTEM RECORDER

In diesem präparierten Funkrufempfänger ist ein Minirecorder samt Mikrofon versteckt. Das am Gürtel getragene Gerät wird durch einen An/Aus-Schalter unter dem »Empfänger« bedient.

KOFFER MIT KOMPLETTAUSRÜSTUNG

MEZON-MIKROFON

FERN-AN/AUS-SCHALTER

MEZON-AUFNAHMEGERÄT (ORIGINALGRÖSSE)

AKUSTISCHES ÜBERWACHUNGSGERÄT SK-8 IM AKTENTASCHENFORMAT

Hinter einer normal aussehenden Aktentasche verbirgt sich dieses Überwachungsgerät aus den sechziger und siebziger Jahren. Ein langsamlaufendes Tonbandgerät kann bis zu sechs Stunden aufzeichnen. Das Gerät verfügt auch über eine Funkanlage, bestehend aus Empfänger und Sender, die sich entweder zur akustischen Überwachung oder zum Aufzeichnen eines durch eine Wanze gesendeten Gesprächs einsetzen läßt.

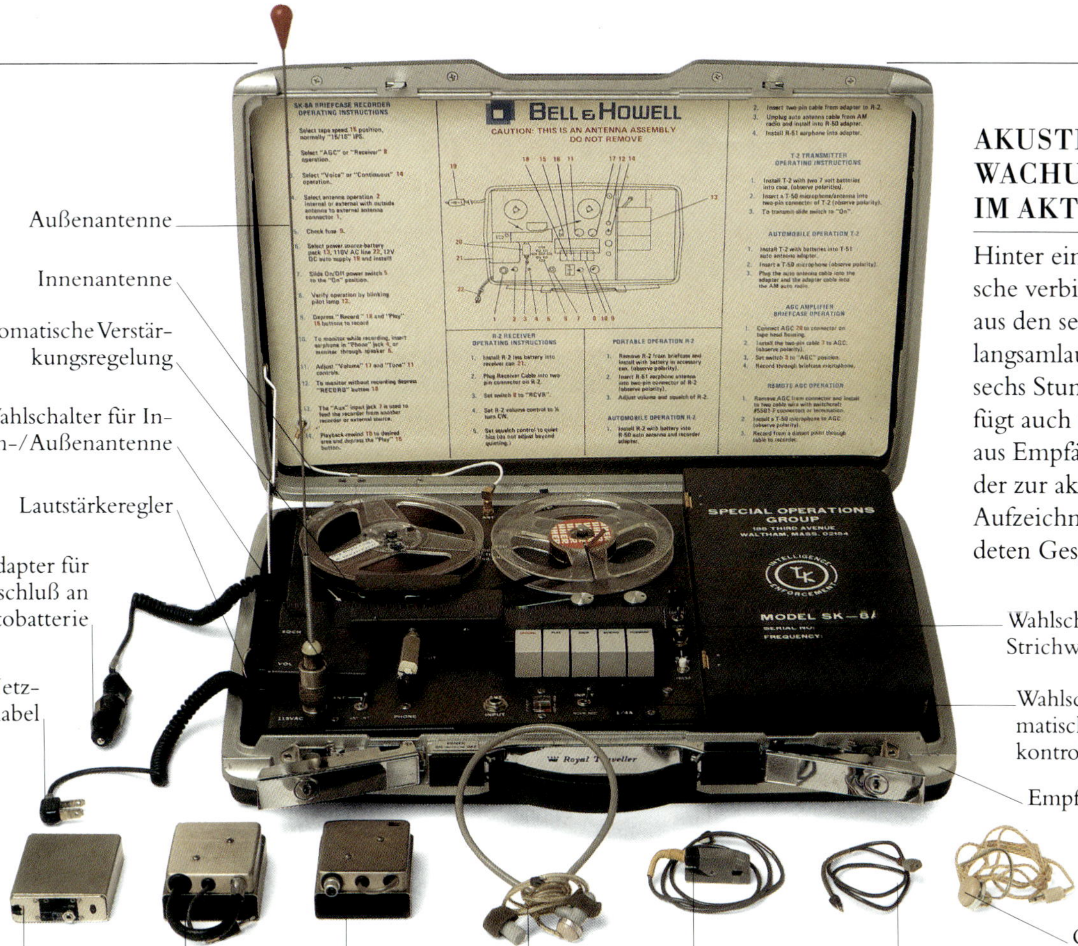

UNTERARMTONBANDGERÄT

Dieses in den sechziger Jahren vom Royal Canadian Mounted Police Security Service verwendete Tonbandgerät ließ sich unauffällig in einem Unterarmgurt unter der Kleidung tragen.

Darstellung des Gurts
Dieser Spezialgurt war ausgepolstert, damit der Recorder unterm Arm keine verräterische Ausbuchtung hervorrief.

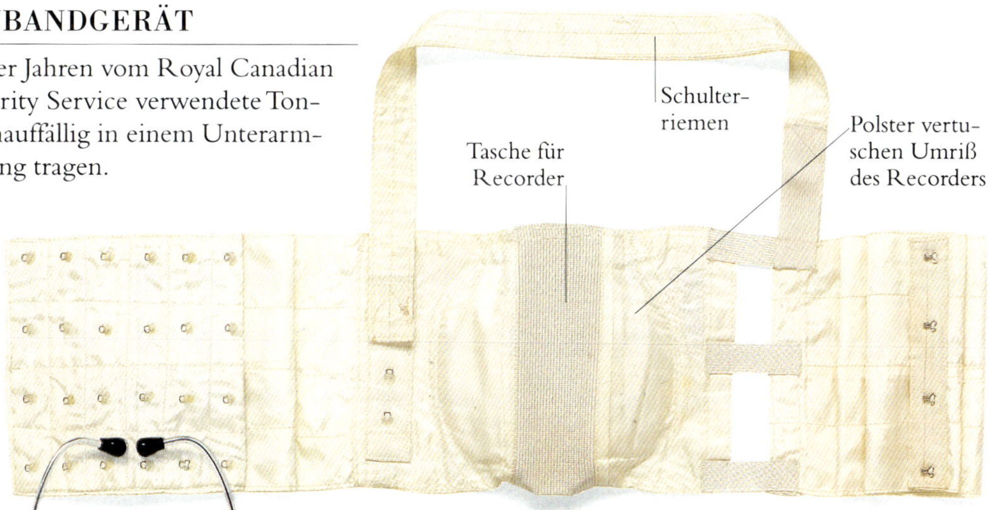

GURT

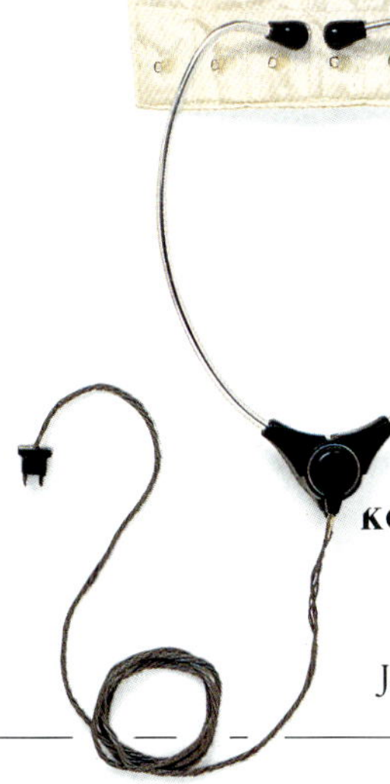

KOPFHÖRER

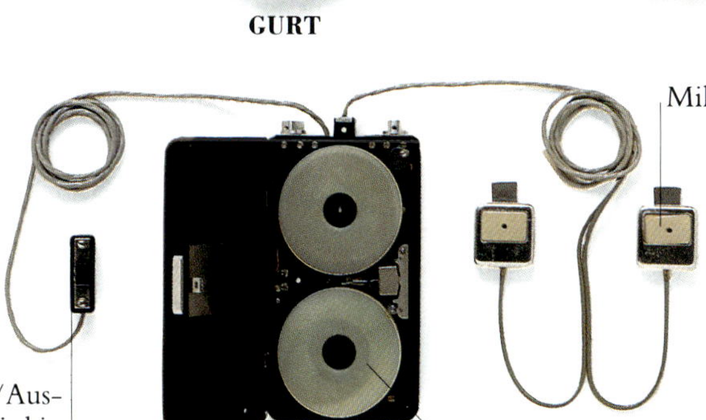

TONBANDGERÄT

Heimliches Eindringen

Geheimdienste brauchen Mitarbeiter, die heimlich in Räume eindringen können, um Informationen zu beschaffen. Dies erfordert eine sehr sorgfältige Planung und wird gewöhnlich von Experten erledigt, die Spezialgeräte einsetzen. Das Knacken von Schlössern wird möglichst vermieden, da es mit unvorhersehbaren Schwierigkeiten verbunden ist. Besser ist es, einen Schlüssel zu stehlen und rasch zu duplizieren. Steht keiner zur Verfügung, kann man mit einem speziellen Schlüsselabdruckwerkzeug einen Nachschlüssel herstellen. Sobald etwaige Alarmanlagen ausgeschaltet sind, vergewissert man sich vor dem Eindringen noch, daß das Zielobjekt unbewohnt ist, indem man beispielsweise dort anruft: Hebt jemand ab, wird die Operation gestoppt.

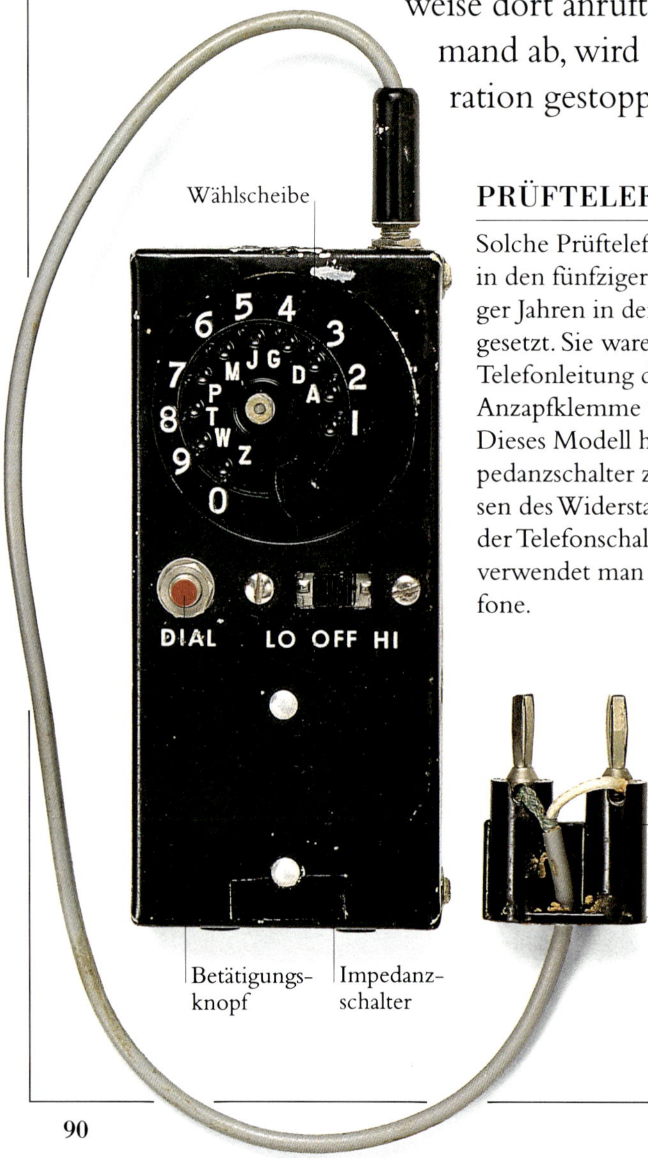

PRÜFTELEFON

Solche Prüftelefone wurden in den fünfziger und sechziger Jahren in den USA eingesetzt. Sie waren mit der Telefonleitung durch eine Anzapfklemme verbunden. Dieses Modell hat einen Impedanzschalter zum Anpassen des Widerstands an den der Telefonschaltung. Heute verwendet man Funktelefone.

NACHSCHLÜSSELAUSRÜSTUNG

Gelegentlich läßt sich ein Schlüssel vorübergehend stehlen und unauffällig zurückgeben. Man stellt sofort einen Abdruck und eine Schnellkopie her, und zwar aus einer Legierung mit so niedrigem Schmelzpunkt, daß sie über einer Kerzenflamme schmilzt. Eine dauerhafte Kopie kann später angefertigt werden.

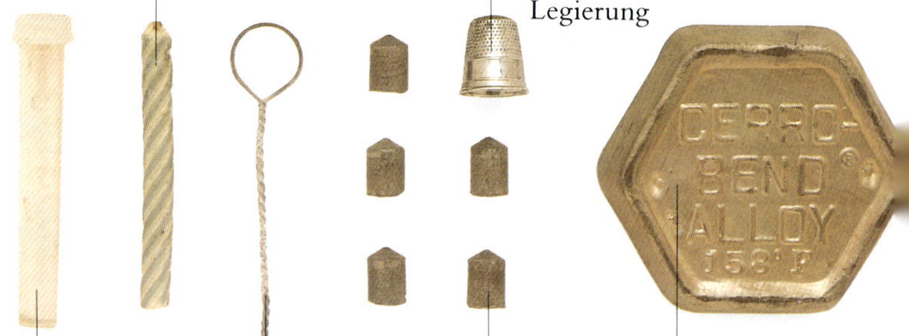

MEISTERSPION

G. Gordon Liddy

Der ehemalige Special agent des FBI und Anwalt G. Gordon Liddy (* 1930) war eine der Schlüsselfiguren beim Watergate-Einbruch von 1972. Im Jahr davor war er am heimlichen Eindringen in das Haus des Psychiaters eines prominenten Vietnamkriegsdemonstranten beteiligt. Er benutzte eine Minox C mit Entfernungsmeßkette (s. S. 70) zur Ermittlung der Schloßtypen und Schlüsselschlitze.

SCHLÜSSELMUSTERGERÄT

Mit diesem Gerät lassen sich Schlüssel altmodischer Schlösser mit sogenannten Zuhaltungen kopieren. Flügelschrauben halten den Schlüssel in Position, während die Fühler exakt an das Bartmuster angepaßt werden, das dann kopiert werden kann.

OFFICE OF TECHNICAL SERVICES

Das Office of Technical Services (OTS) ist die auf technische Operationen spezialisierte Abteilung der CIA. Ihr gehören Experten für Nachschlüssel, heimliches Eindringen, verborgene Fotografie und akustische Überwachung an. Sie konstruieren auch Tarnungen, Verstecke und tote Briefkästen und sind für Geheimschriften und Mikropunkte zuständig. Heute untersteht das OTS dem Deputy Directorate of Science and Technology der CIA.

EMBLEM DES OTS

SCHLÜSSELABDRUCKAUSRÜSTUNG

Ein speziell präpariertes Abdruckwerkzeug für verschiedene Schlüsseltypen führt einen Schlüsselrohling ins Schloß ein und hält Markierungen des Mechanismus fest. Ein Experte wertet sie aus und feilt den Schlüssel zurecht.

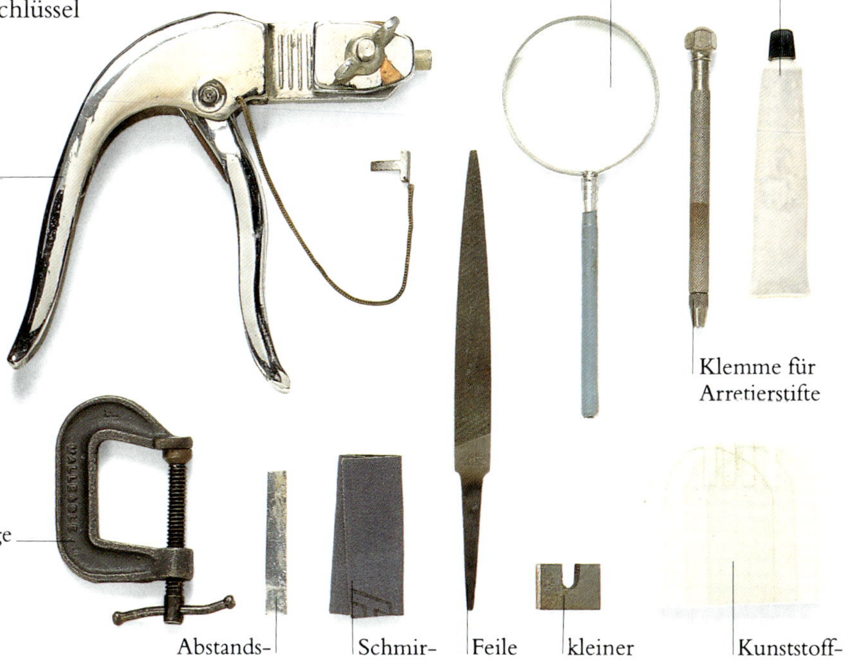

ALARMSTOPPAUSRÜSTUNG

Frühere Alarmanlagen arbeiteten mit einem drahtgestützten Signal: Eine Unterbrechung löste den Alarm aus. Mit diesem Werkzeug konnten Agenten das Signal überbrücken und verhindern, daß ein Einbruch entdeckt wurde.

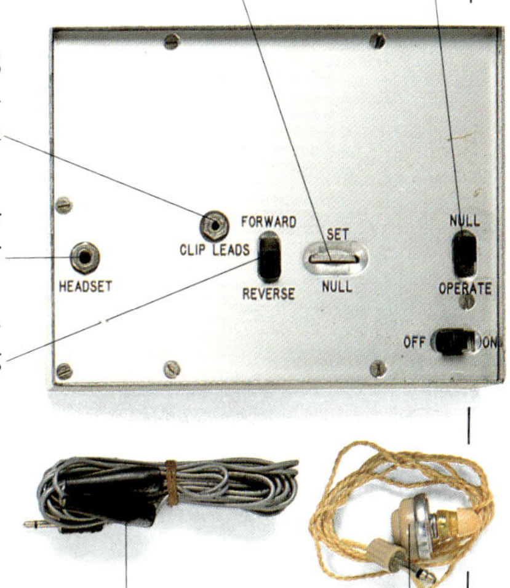

Nachschlüssel

Um Zugang zu Geheimmaterial zu erlangen, müssen Geheimdienste oft Schlösser knacken. Zum Öffnen der meisten Schloßtypen der Welt gibt es Nachschlüsselgeräte und Kleinwerkzeugsets. Bei einem Zylinderschloß werden ein Dietrich und ein Spannschraubenschlüssel eingeführt und so geschickt gehandhabt, daß der gleiche Effekt wie beim richtigen Schlüssel eintritt. Schneller kommt man dagegen mit einer Schloßknackpistole oder einem elektrischen Schloßöffner zum Ziel. Das Schloßknacken ist ein Spezialgebiet der Geheimdienstarbeit, setzt aber die gleichen Werkzeuge ein wie normale Schlosser.

ROHRDIETRICH

Dieses Gerät öffnet Hochsicherheitsschlösser, die mit einem Rohrschlüssel arbeiten. Der Dietrich wird eingeführt und im Schloß justiert, um den Rohrschlüssel zu simulieren.

TASCHENSCHLOSSKNACKSET

Mit diesem Sortiment von Dietrichen und Spannwerkzeugen im Taschenformat kann ein Experte die meisten weltweit verbreiteten Zylinderschlösser öffnen.

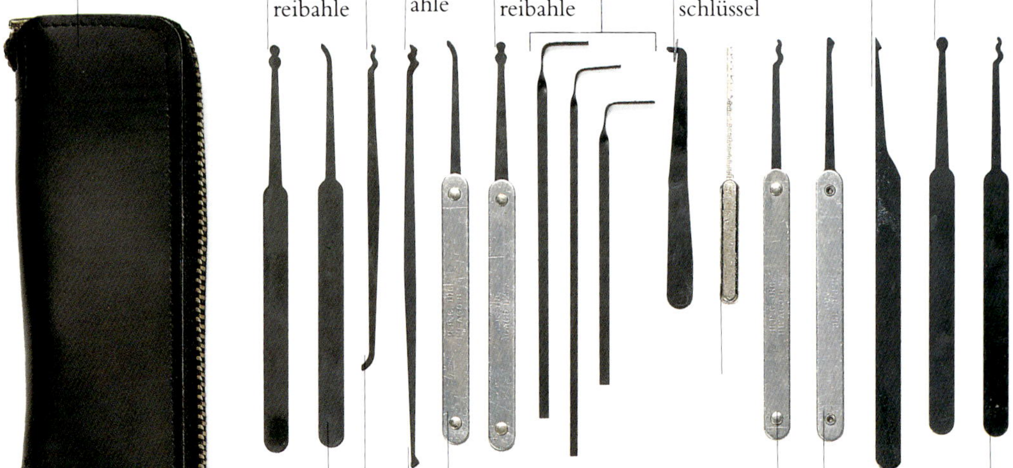

Der Watergate-Einbruch

Der Watergate-Einbruch von 1972 war Teil einer illegalen Verschwörung zur Unterstützung der Wiederwahl von US-Präsident Richard Nixon. Das Hauptquartier von Nixons Gegner, dem Kandidaten der Demokraten, lag im Watergate-Bürokomplex in Washington. E. Howard Hunt jr., ein Mitarbeiter des Weißen Hauses, warb eine Gruppe von Exilkubanern für den Einbruch in das Gebäude an. Beim ersten Eindringen fotografierte das Team verschiedene Dokumente und installierte Lauschgeräte.

Bei einem zweiten Einbruch sollten weitere Informationen gesammelt und eines der Lauschgeräte neu positioniert werden. Aber dieser Einbruch der unerfahrenen Schloßknacker wurde von einem Nachtwächter entdeckt, dem ein Klebeband an einem Türschloß auffiel.

Die herbeigerufene Polizei verhaftete die Kubaner. Später wurden auch die beiden für die Planung der Operation Verantwortlichen, Hunt und G. Gordon Liddy (s. S. 90), verhaftet und verurteilt. Der Watergate-Skandal führte zum Rücktritt von Präsident Nixon.

Die Watergate-Einbrecher
Die Männer, die für den Einbruch in den Watergate-Bürokomplex rekrutiert wurden, waren Exilkubaner.

E. Howard Hunt jr.
Der ehemalige CIA-Beamte Hunt rekrutierte das Einbruchsteam, wobei er seine Kontakte zur Exilkubanerszene nutzte.

EINBRUCHSWERKZEUG

Ein Einbruchspezialist weiß vorher oft nicht, welche Schlösser er am Zielobjekt vorfinden wird. Ein Werkzeugset, mit dem sich möglichst viele Schloßtypen öffnen lassen, ist daher unerläßlich. Die Werkzeugauswahl richtet sich nach den persönlichen Vorlieben und Fertigkeiten des Spezialisten sowie nach den Schloßtypen, die im jeweiligen Land der Operation üblich sind.

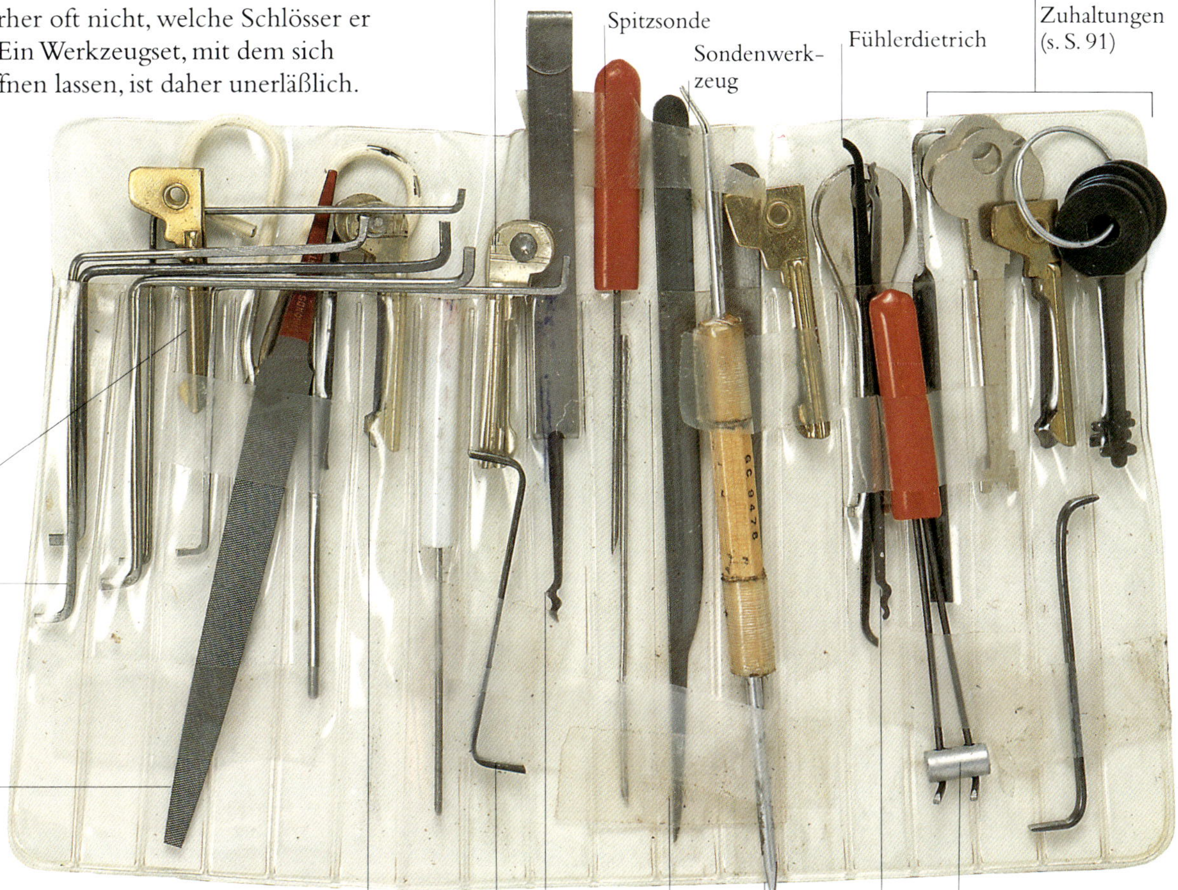

SCHLOSSKNACKPISTOLE

Mit diesem Gerät lassen sich die meisten Zylinderschlösser rasch öffnen. Beim Auslösen des Abzugs trifft der Dietrich auf die Zapfen des Schloßmechanismus. Wenn die Zapfen in einer Reihe liegen, wird der Zylinder mit einem Spannschraubenschlüssel gedreht.

ELEKTRISCHES SCHLOSSÖFFNUNGSGERÄT

Der Benutzer wählt einen Dietrich aus, führt ein Ende ins Gerät, das andere ins Schloß ein und schaltet das Gerät an. Es rüttelt an den Zapfen, bis sie in einer Reihe liegen, so daß sich das Schloß öffnet. Zum Drehen des Zylinders bedarf es keiner weiteren Werkzeuge.

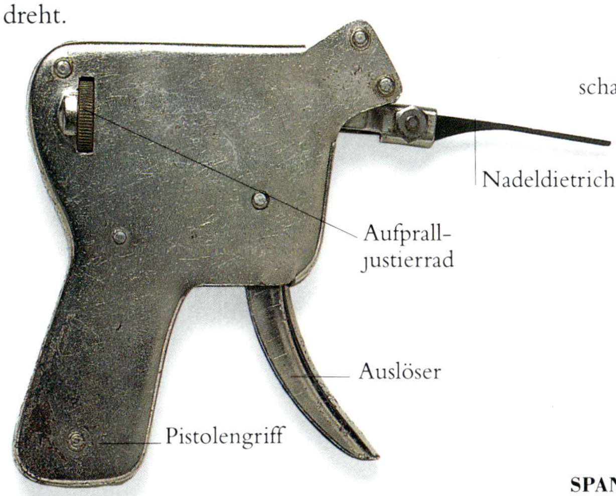

SCHLOSSKNACKPISTOLE

SPANNSCHRAUBENSCHLÜSSEL

SCHLOSSÖFFNUNGSGERÄT

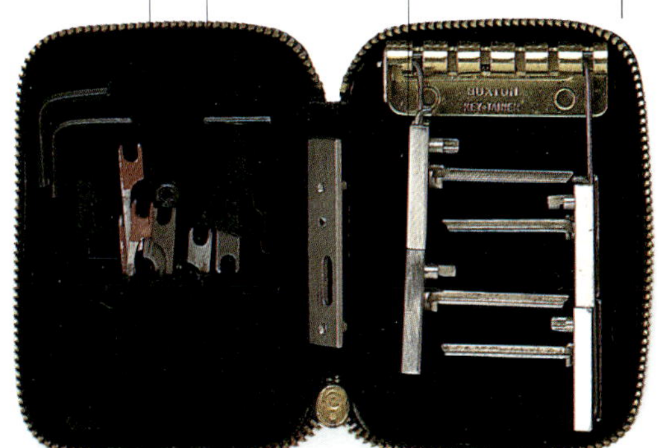

ETUI MIT ZUBEHÖR

Flucht und Rückzug

Alltagsgegenstände wie Haarbürsten, Füller und Münzen waren ideale Verstecke für Flucht- und Rückzugshilfen im Zweiten Weltkrieg, darunter beispielsweise kleine Kompasse, Karten und Messerklingen. Sie sollten Kriegsgefangene bei Fluchtversuchen unterstützen und auf feindlichem Gebiet operierende Spione und Flieger vor einer Gefangennahme bewahren. Die Verstecke verbargen diese nützlichen Dinge, selbst wenn der Feind die Behälter entdeckte.

HAARBÜRSTE MIT GEHEIMVERSTECK

In dieser Haarbürste steckten wichtige Fluchthilfen. Zum Öffnen wurde an einer bestimmten Borstenreihe gezogen, bis sich ein Ausschnitt im Bürstenkopf abheben ließ.

HAARBÜRSTENKOPF

ABGEHOBENES TEIL VON HAARBÜRSTENKOPF

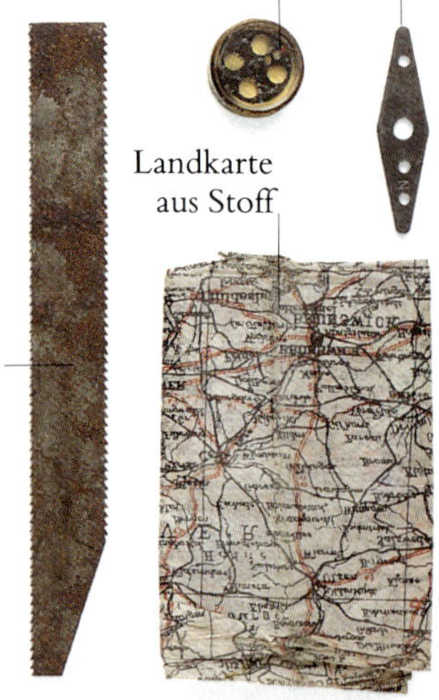

IN HAARBÜRSTE VERSTECKTES MATERIAL

SPIELKARTEN MIT VERSTECKTEN LANDKARTENAUSSCHNITTEN

Die obere Schicht dieser Karten ließ sich abziehen. Von den dahinterliegenden numerierten Landkartenausschnitten wurden dann Fluchtkarten kopiert.

DER MANN, DER »Q« WAR

Charles Fraser-Smith (1904-92) arbeitete im Zweiten Weltkrieg für den britischen Geheimdienst. Er sollte die Agenten mit »Q«-Apparaten versorgen – so benannt nach den Q-Schiffen: U-Boot-Fallen im Ersten Weltkrieg, die als gewöhnliche Handelsmarineschiffe getarnt waren.

Viele seiner Apparate waren als Alltagsdinge getarnte Verstecke. Die darin enthaltenen Ausrüstungsgegenstände waren entsprechend miniaturisiert. Fraser-Smith beschäftigte mit der Herstellung seiner Geräte über 300 zur Geheimhaltung verpflichtete Firmen.

Charles Fraser-Smith
Er inspirierte Ian Fleming zu der Figur des »Q« in dessen James-Bond-Romanen.

FÜLLER MIT VERSTECKTER KARTE UND KOMPASS

Die Geheimkammern in diesem Füller waren durch Verschlußkappen mit Linksgewinde gesichert. Jeder Versuch, sie in normaler Richtung aufzuschrauben, zog die Gewinde noch fester an.

PFEIFE MIT VERSTECKEN

Diese Pfeife konnte man rauchen, ohne daß die darin versteckten Dinge beschädigt wurden. In dem mit Asbest ausgekleideten Kolben ließ sich gefahrlos eine Karte verbergen.

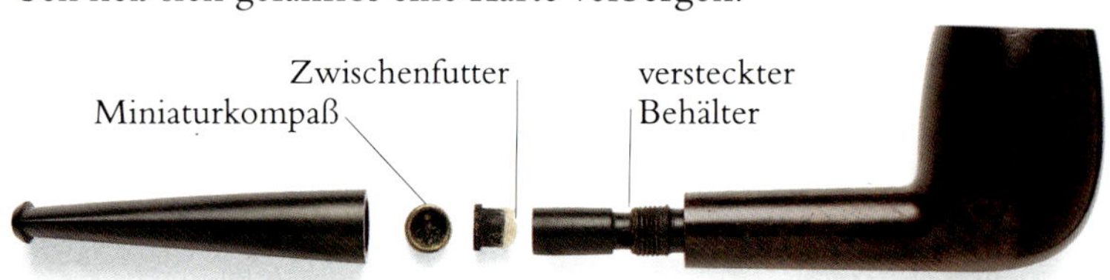

Flucht aus Schloss Colditz

Airey Neave
Nach seiner Flucht aus Colditz wurde Neave Berater für Fluchthilfen für andere Gefangene.

Schloß Colditz, eine historische Festung in Sachsen, war im Zweiten Weltkrieg ein Gefängnis für hochriskante alliierte Gefangene. Viele waren bereits aus deutscher Gefangenschaft entflohen oder hatten dies versucht. Als die Deutschen sie auf Colditz zusammenfaßten, entstand die sogenannte Colditz-Fluchtakademie. Eine Gruppe von Gefangenen koordinierte Fluchtversuche und stellte per Hand unter anderem Kleider und gefälschte Dokumente her, die als Ergänzung zu den aus England nach Colditz geschmuggelten Fluchthilfen dienten. Der britische Leutnant Airey Neave und der holländische Leutnant Toni Luteyn mußten sich bei ihrer Flucht im Januar 1942 erst als deutsche Offiziere und dann als holländische Arbeiter verkleiden. Als Neave wieder in England war, wurde er Berater des MI9, einem Geheimdienstzweig, der Kriegsgefangenen bei der Flucht behilflich war.

Schloß Colditz
Alliierte Kriegsgefangene, die aus anderen Lagern zu fliehen versucht hatten, kamen oft nach Colditz.

VERSTECKTE KLINGEN

In harmlos aussehenden Gebrauchsgegenständen, die Gefangenen zumeist nicht weggenommen wurden, waren winzige Klingen versteckt. Wachsoldaten übersahen in der Regel Münzen mit verborgenen Klingen. Und eine Schuhabsatzklinge konnte Gefangenen helfen, deren Hände hinter dem Rücken an die Füße gefesselt waren.

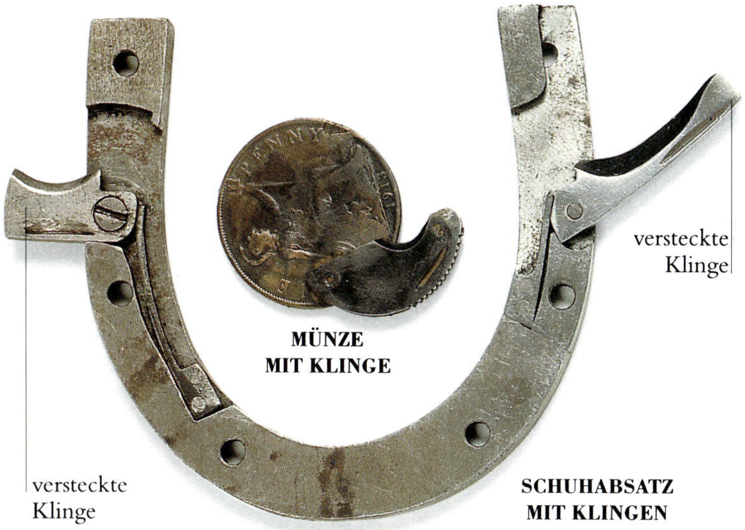

REKTALER WERKZEUGSATZ

Auch nach dem Zweiten Weltkrieg wurden Fluchtwerkzeuge und Verstecke dafür benötigt. Dieses CIA-Set aus den sechziger Jahren ließ sich vor einer mutmaßlichen Durchsuchung im Mastdarm verstecken.

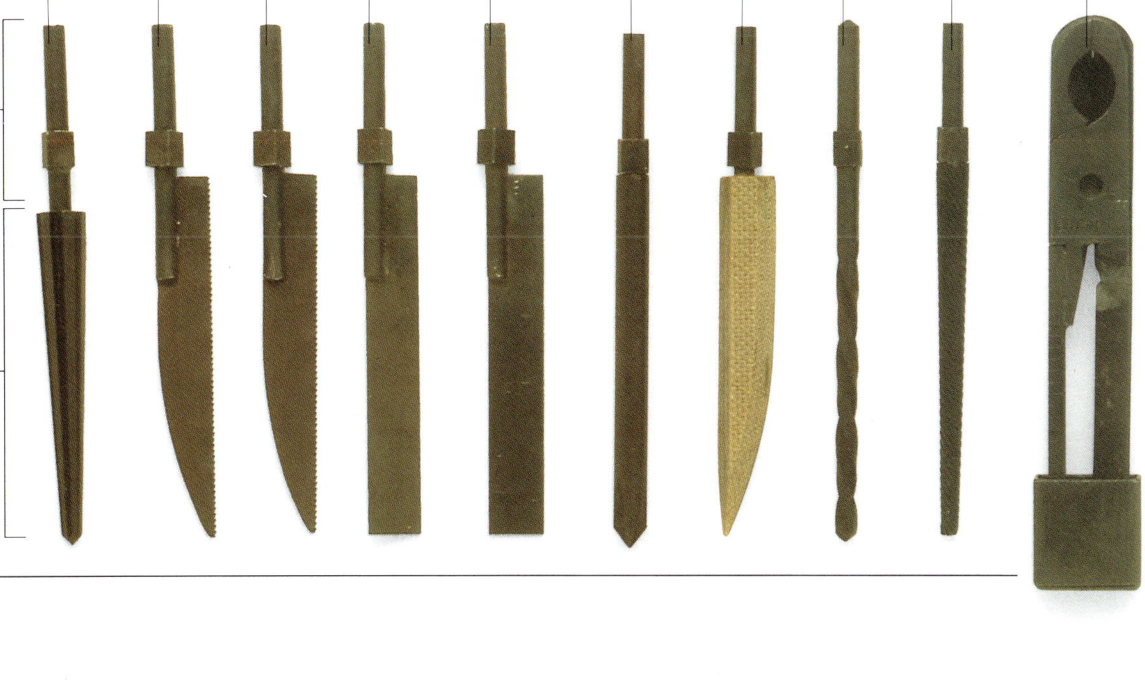

Sabotage

Sabotageakte sollen Teile der gegnerischen Infrastruktur lahmlegen und werden aus zwei Gründen ausgeführt: um im Frieden potentiellen Feinden wirtschaftlich zu schaden oder um im Krieg die feindliche Industrie und die Kommunikationseinrichtungen zu zerstören. Anschläge zu Kriegszeiten dienen nicht allein der Zerstörung, sondern zwingen den Feind auch, Fronttruppen zur Bewachung in gefährdete Gebiete zu versetzen. Im Zweiten Weltkrieg arbeiteten sowohl die SOE (s. S. 30) als auch das OSS (s. S. 32) bei der Sabotage mit Widerstandsgruppen zusammen. Bei den Operationen wurden oft Spezialsprengstoffe und -zünder verwendet, beispielsweise als Kohlestücke getarnte Bomben.

BAUMZAPFENMÖRSER

Dieses ungewöhnliche Gerät wurde gegen Fahrzeuge und Personen eingesetzt. Ein Stolperdraht löste den Mörser aus, der eine mit hochexplosivem Sprengstoff gefüllte Granate in Richtung des Ziels schleuderte, die beim Aufprall explodierte.

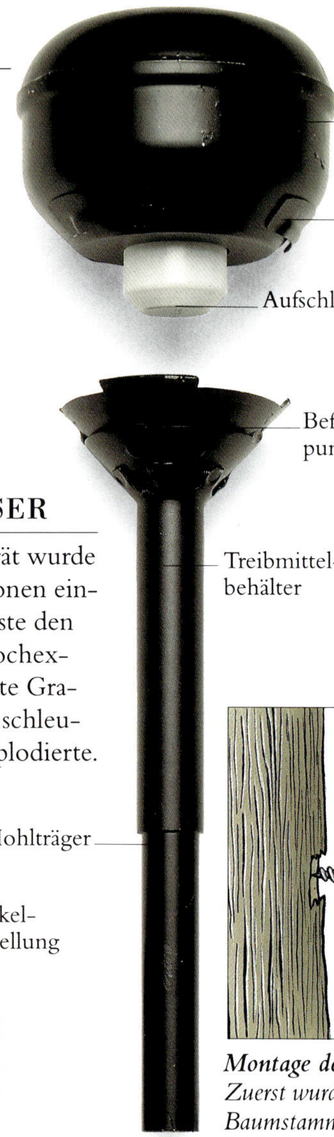

Montage des Zapfens
Zuerst wurde der Zapfen in einen Baumstamm geschraubt und in die Richtung ausgerichtet, aus der der Feind erwartet wurde. Der Hohlträger wurde auf den Zapfen geschoben und die Granate in einen Trichter am oberen Ende gelegt.

PRISMENVISIER FÜR ZAPFENMÖRSER

REGENSCHUTZ FÜR ZAPFENMÖRSER

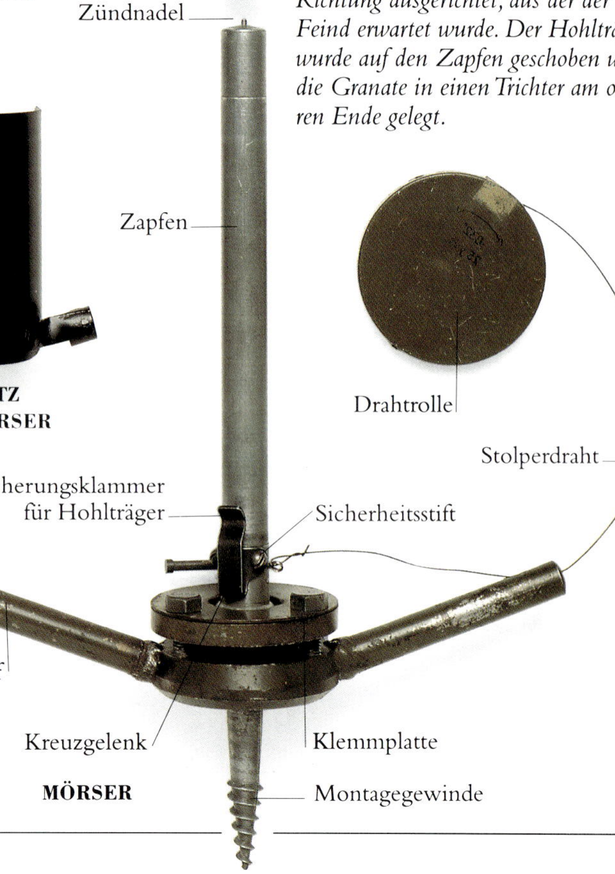

MÖRSER

HANDGRANATEN

Anders als die meisten Handgranaten mit Verzögerungszündern sollten diese Exemplare beim Aufprall explodieren und daher gegen schwer zu treffende bewegte Ziele eingesetzt werden.

BEANO-GRANATE

GAMMON-GRANATE

BAUKASTEN FÜR SPRENGSTOFFKOHLE

Im Zweiten Weltkrieg erhielten OSS-Sabotageteams gelegentlich Baukästen zum Tarnen von Sprengstoff als Kohlestückchen. Das äußere Gehäuse der Bombe ähnelte der im Operationsgebiet üblichen Art von Kohle. Es war mit Sprengstoff gefüllt und wurde in feindlichen Kohlenhalden plaziert, die oft schlecht bewacht waren. Die Bombe explodierte dann in einer Lokomotive oder Fabrik.

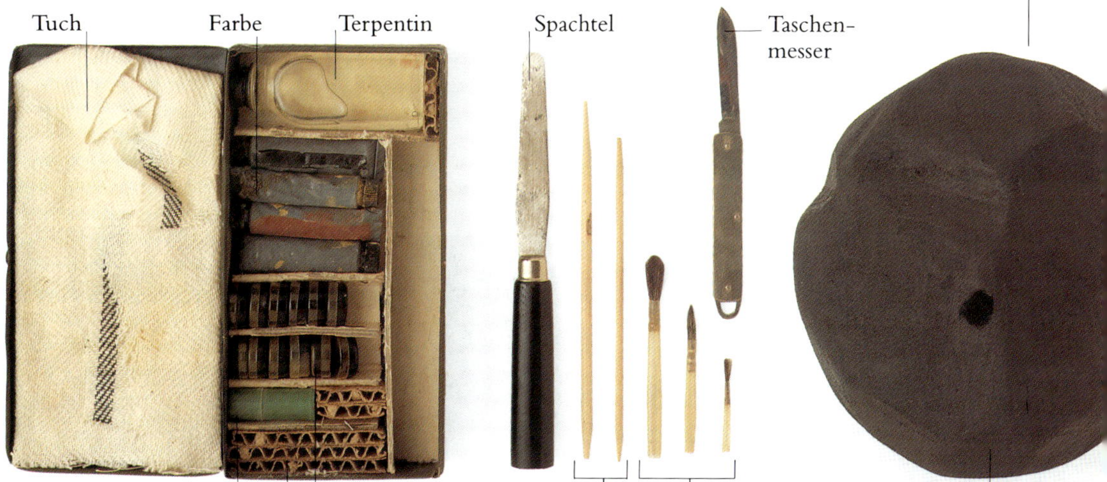

DECKNAME PASTORIUS

1942 wurden acht deutsche Saboteure von zwei U-Booten an der amerikanischen Küste abgesetzt. Ihre Mission hieß mit Decknamen Pastorius. Vier landeten in Florida, vier auf Long Island. Die Küstenwache entdeckte letztere und alarmierte das FBI, das Sprengstoffe und Zünder am Strand fand. Ein Saboteur, Georg Dasch, ergab sich. Seine Informationen führten zur Verhaftung der anderen. Sechs wurden hingerichtet, Dasch und ein anderer kamen ins Gefängnis und kehrten nach dem Krieg heim.

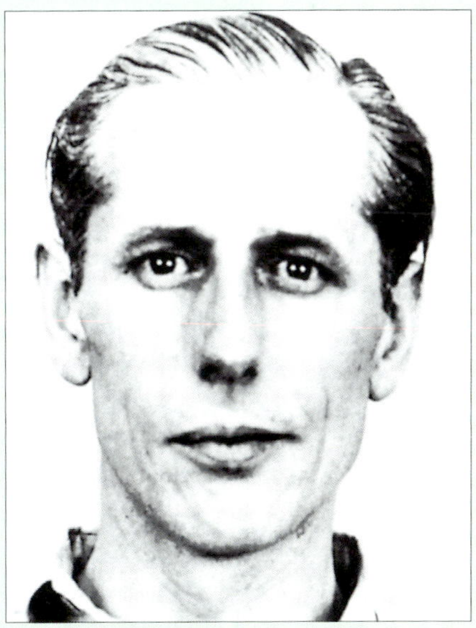

Georg Dasch
Um der Hinrichtung zu entgehen, verriet Dasch seine Mitsaboteure.

FARBSTIFTZÜNDER

Diese Geräte aus dem Zweiten Weltkrieg zündeten einen Sprengkörper erst nach vorher eingestellter Verzögerung, damit ein Saboteur noch vor der Detonation entkommen konnte. Man riß einen Sicherheitsstreifen ab und drückte an einer entsprechenden Stelle auf ein kupfernes Druckrohr, worauf eine Säureampulle zerbrach. Die Säure zerfraß einen Draht und gab dadurch einen Bolzen frei, der auf eine Zündkapsel und einen Sprengzünder aufschlug. Farbstreifen zeigten die Verzögerungszeit des jeweiligen Zünders an.

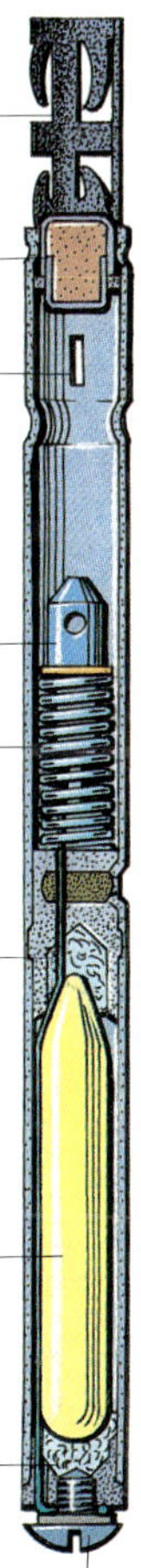

INNENANSICHT DES FARBSTIFTZÜNDERS

FARBSTIFTZÜNDER

SCHACHTEL MIT FARBSTIFTZÜNDERN

Amphibische Sabotage

Hauptziele der amphibischen Sabotage sind die Zerstörung von Feindschiffen und der Angriff auf die Küstenverteidigung. Gut ausgebildete und mit Spezialbooten ausgestattete Kommandos dringen bei gefährlichen Operationen heimlich in feindliche Gewässer und Häfen ein. Im Zweiten Weltkrieg erlangten solche Amphibienüberfälle mittels neuer Taktiken und Geräte besondere Schlagkraft. Kajaks und Tauchboote, wie etwa die »Dornröschen«, wurden für den Einsatz in Feindhäfen entwickelt und neuartige Explosionsvorrichtungen (Haftminen) für den Unterwassereinsatz erfunden.

ACETON-VERZÖGERUNGSZÜNDER

Haftminen wurden mit Hilfe von Magneten an Schiffsrümpfen befestigt. Dabei kamen oft Acetonzünder zum Einsatz, die die Minen nach einem bestimmten Zeitabstand hochgehen ließen. Die Farbe der Acetonampulle verwies auf die Konzentration der Chemikalie, die sich durch eine Zelluloidscheibe fraß, worauf eine Zündnadel freigegeben wurde und die Mine detonierte. Die manuelle Einstellung des Zünders erfolgte durch Drehen an einer Stellschraube, die die Ampulle zerdrückte und das Aceton freisetzte.

OPERATION FRANKTON

Im Zweiten Weltkrieg wurde das von den Deutschen besetzte Frankreich von alliierten Kriegsschiffen blockiert. Deutsche Schiffe liefen dennoch weiterhin französische Häfen an. 1942 griff ein Trupp der British Royal Marines deutsche Schiffe im Hafen von Bordeaux an. Die Nahkampfspezialisten wurden von einem U-Boot an eine nahe Flußmündung gebracht und fuhren dann mit fünf Kajaks zum Ziel. Nur zwei erreichten Bordeaux. Nachts befestigten die Angreifer 16 Haftminen an sechs deutschen Schiffen, versenkten vier und beschädigten die anderen beiden. Nur zwei der zehn Saboteure kehrten sicher nach England zurück.

Saboteure der Royal Marine
Den Anschlag auf den Hafen von Bordeaux überlebten nur Major H. G. »Blondie« Hasler (vorn) und Corporal W. E. Sparks.

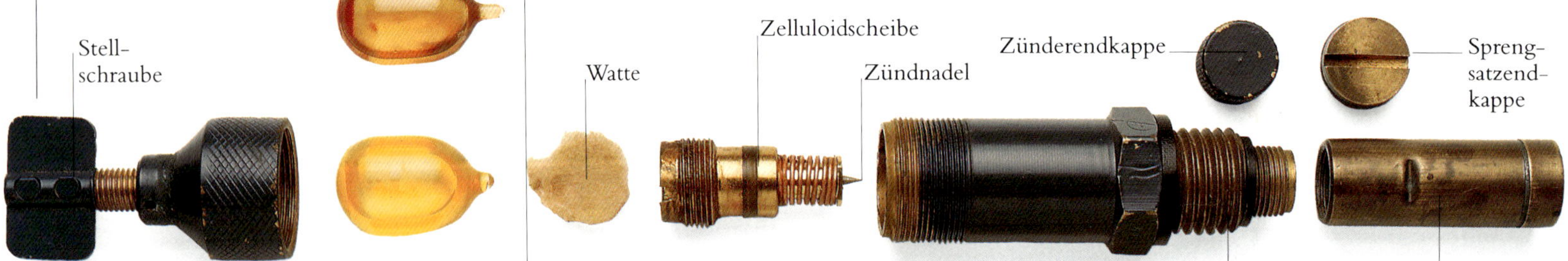

ZUSAMMENSETZUNG DES ZÜNDERS

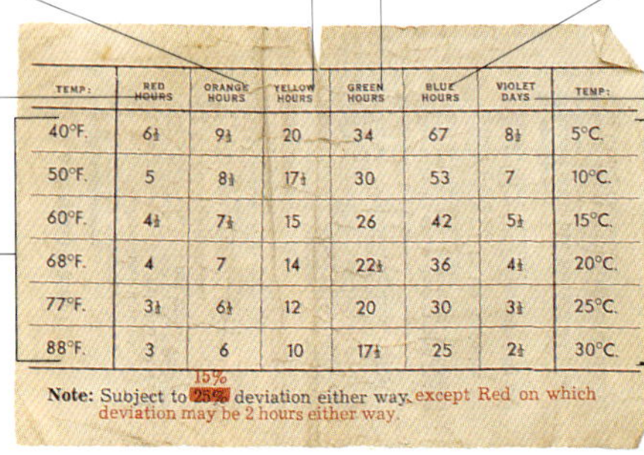

TEMP:	RED HOURS	ORANGE HOURS	YELLOW HOURS	GREEN HOURS	BLUE HOURS	VIOLET DAYS	TEMP:
40°F.	6½	9½	20	34	67	8½	5°C.
50°F.	5	8½	17½	30	53	7	10°C.
60°F.	4½	7½	15	26	42	5½	15°C.
68°F.	4	7	14	22½	36	4½	20°C.
77°F.	3½	6½	12	20	30	3½	25°C.
88°F.	3	6	10	17½	25	2½	30°C.

Note: Subject to ~~25%~~ 15% deviation either way. except Red on which deviation may be 2 hours either way.

BEDIENUNGSANLEITUNG MIT VERZÖGERUNGSZEITEN

HAFTMINE UND MONTAGESTANGE

Eine Haftmine ist eine wasserdichte Bombe, die Schiffe versenken oder beschädigen sollte. Sie wurde mit Hilfe einer ausziehbaren Montagestange angebracht, durch Magnete am Stahlrumpf des Schiffs gehalten und mit einem Aceton-Verzögerungszünder gesprengt. Sie konnte ein Loch von bis zu 2,3 m² Größe in einen Schiffsrumpf sprengen.

Anbringen einer Haftmine
Saboteure mußten sich dem Zielschiff lautlos nähern, meist in einem kleinen Boot. Sie befestigten die Mine vorsichtig mit einer ausziehbaren Montagestange etwa 1,5 m unter der Wasserlinie.

HAFTMINE

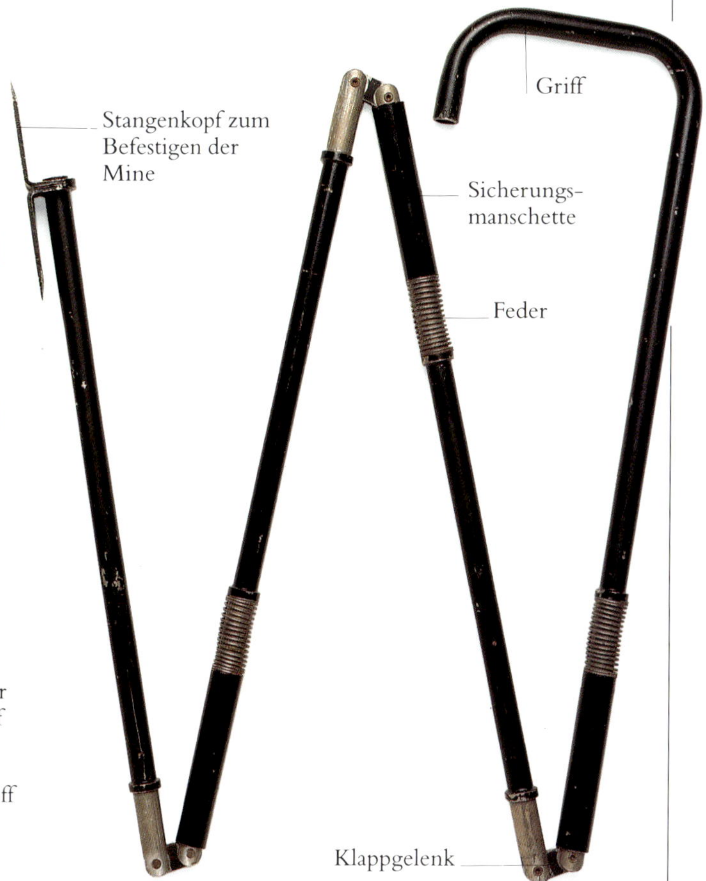

MONTAGESTANGE

Operation Rimau: Der Überfall auf den Hafen von Singapur

Die Japaner eroberten 1942 die Insel Singapur von den Briten. Im selben Jahr unternahm ein dem Allied Intelligence Bureau (einer von den Briten und ihren Verbündeten eingerichteten Truppe für Spezialoperationen) angehörendes Kommando einen Angriff von Australien aus gegen japanische Schiffe im Hafen von Singapur. Die Saboteure kamen in Faltbooten und befestigten an den Schiffen Haftminen. Sieben Schiffe, insgesamt 37 000 Bruttoregistertonnen, wurden völlig zerstört. 1944 wurde ein zweiter Überfall mit Hilfe eines neu entwickelten Bootes gestartet, der »Dornröschen«. Dieses elektrisch betriebene tauchfähige Kajak konnte entweder ganz untergetaucht oder mit dem Kopf des Piloten über Wasser operieren. Das Kommando wollte das Boot gerade von einem zuvor gekaperten Frachter aus losschicken, als es von der Wasserpolizei entdeckt wurde. Die Operation wurde abgebrochen. Die Saboteure versuchten zu fliehen, starben aber im Kampf oder wurden hingerichtet.

DIE »DORNRÖSCHEN«

SPIONAGE-ABWEHR

»Spione raus«
FBI-Abwehragenten haben dieses inoffizielle Abzeichen entworfen, um ihren Willen zu dokumentieren, Amerika frei von Spionen zu halten. Das Abzeichen wurde nicht im Dienst getragen.

Spionageabwehr soll die Aktivitäten feindlicher Geheimdienste vereiteln und die Weitergabe von Informationen an den Feind verhindern. Die Abwehr spürt feindliche Agenten vor allem dann auf, wenn diese mit ihren Führungsoffizieren kommunizieren. Sie beschäftigt bestens ausgebildete Agenten, die oft mit technisch hochmodernen Geräten arbeiten, aber im Kampf gegen verdächtige feindliche Spione auch über ein gutes Urteilsvermögen und Intuition verfügen müssen. Weil Täuschungsmanöver zu ihrem klassischen Handwerk gehören, bezeichnet man die Spionageabwehr auch als »Spiegelkabinett«.

MI5-Emblem
Der englische innere Abwehrdienst heißt MI5. Er fing im Zweiten Weltkrieg erstaunlich viele deutsche Spione.

Detektoren

Um feindliche Agenten bei ihrer Spionageausübung zu ertappen, wurden zahlreiche Geräte entwickelt. Die Verwendung verborgener Funkgeräte durch Spione hat zum Einsatz ausgeklügelter Funkpeilgeräte durch Abwehragenten geführt. Mit weiteren Techniken verfolgt man die Bewegungen verdächtiger Agenten. So haben etwa der KGB und das FBI mit Pulvern, die erst unter Spezialbetrachtungsgeräten sichtbar werden, Fuß- oder Fingerabdrücke nachgewiesen. Auch werden Kameras mit Teleobjektiven zum Aufspüren eingesetzt.

Sowjetischer SMERSCH-Ausweis
Die SMERSCH war eine sowjetische Militärabwehrorganisation im und kurz nach dem Zweiten Weltkrieg.

Antiwanzengeräte

Häufig verwenden Geheimdienste Lauschgeräte, sogenannte Wanzen, zum Abhören von Geheimgesprächen. Im Gegenzug haben die Abwehrdienste spezielle elektronische Geräte und Techniken zum Entdecken von Wanzen entwickelt. Dabei muß auch die verdächtige Lokalität gründlich durchsucht werden. Geräte zur

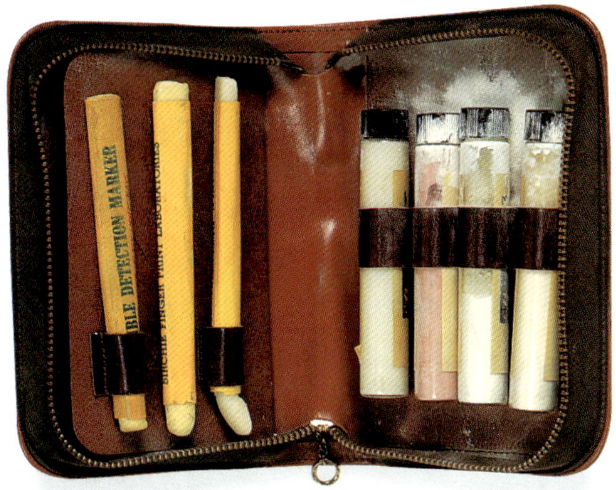

Unsichtbare Nachweispulver
Um einem Spion eine Falle zu stellen, brachten Abwehragenten unsichtbare Pulver an. Nach dem Kontakt mit menschlicher Haut werden diese Pulver unter ultraviolettem Licht sichtbar.

akustischen Überwachung fangen von Wanzen gesendete Signale ab. Allerdings lassen sich manche Wanzen fernabschalten, um eine Entdeckung zu verhindern. Andere tarnen sich selbst, indem sie auf einer Frequenz senden, die ganz nahe neben der eines starken Rundfunksenders liegt (»Anschmiegen«).

Konterobservation

Ziel der Spionageabwehr ist es, sichere Arbeitsbedingungen für eigene Agenten zu schaffen, indem man die feindliche Überwachung täuscht oder vereitelt. Dies ist besonders wichtig im Falle von Agenten, die mit riskanten Operationen betraut sind, wie etwa dem Aufsuchen eines toten Briefkastens oder dem Treffen mit einem Führungsoffizier. Dafür gibt es speziell ausgebildete Teams, die mit versteckten Funkgeräten untereinander Kontakt halten. Um jeden Verdacht zu vermeiden, muß dieses Personal gegebenenfalls verkleidet sein.

Abgefangene Briefe

Spione können ihre Nachrichten natürlich mit der normalen Post schicken. Sie schreiben codiert, verwenden Geheimschriften oder fügen Mikropunkte in ihre Briefe ein. Der beste Schutz gegen Entdeckung ist der zivile Postverkehr. Abwehragenten, die den Postverkehr überwachen (wozu eine Befugnis erforderlich ist), hoffen, Briefe von Spionen zu finden, indem sie sich auf verdächtige Adressen konzentrieren. Abgefangene Briefe werden von Experten für »Klappen und Siegel« geöffnet. Man nennt sie so, weil sie früher mit Umschlagklappen und Wachssiegeln befaßt waren. Heute lassen sich Briefe mit Spezialwerkzeugen und -materialien öffnen, ohne daß der Empfänger ahnt, daß die Post untersucht wurde.

Wanzendetektor als Aktentasche
Mit diesem Gerät werden Lauschgeräte durch Überwachung des Funkverkehrs aufgespürt. Ein Oszilloskop zeigt die aufgefangenen Signale.

Detektoren

Die zur Überwachung und zum Fangen von Spionen eingesetzten Abwehrwerkzeuge werden oft als Detektoren bezeichnet. Häufig sind dies elektronische oder fotografische Apparate; aber manchmal werden subtilere Techniken angewendet. Der KGB benutzte unsichtbaren Staub bei der Verfolgung von CIA-Agenten in Moskau. Verschiedene Geheimdienste wie der KGB haben Überwachungskameras mit Teleobjektiven eingesetzt, um das Personal ausländischer Botschaften zu überwachen und es bei Agententätigkeiten zu ertappen. Die elektronischen Detektoren orten verborgene Funkgeräte mit Hilfe der Funkpeilung (RDF, für *radio direction finding*). Im Zweiten Weltkrieg wurden in Deutschland Angehörige des Spionagerings von Schulze-Boysen (s. S. 38) mittels RDF gefaßt. Dem israelischen Spion Elie Cohen in Syrien erging es ebenso.

CHEMISCHE SPUREN

Die Anwesenheit eines Spions läßt sich durch spezielle Chemikalien belegen. Diese Chemikalien sind unsichtbar, wenn sie an Objekten wie Türgriffen, Dokumenten oder Möbelteilen angebracht werden. Sie reagieren bei Kontakt mit der menschlichen Haut und werden in ultraviolettem Licht an Händen oder anderen Körperteilen sichtbar.

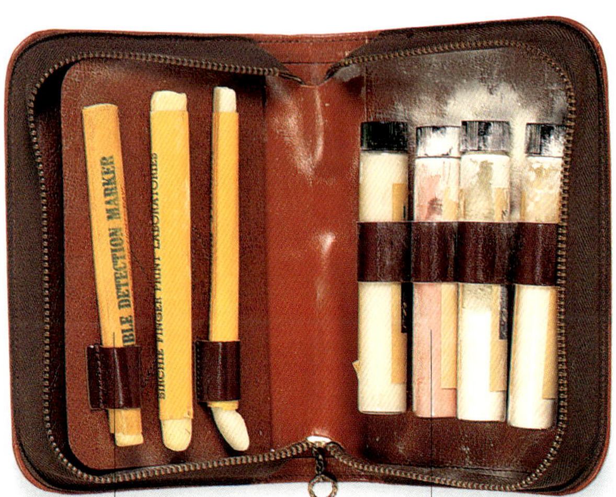

Stift zum Auftragen des unsichtbaren Staubs auf eine Oberfläche

unsichtbares Nachweispulver

MEISTERSPION **Elie Cohen**

1962 begann der in Ägypten geborene Elie Cohen (1924-65) für Israel in Syrien zu spionieren. Er tarnte sich als syrischer Geschäftsmann und benützte seine gesellschaftlichen Kontakte zur Beschaffung von Geheiminformationen über die syrischen Streitkräfte und gab sie per Funk an Israel weiter. Aber sein allzu regelmäßiges Sendeschema führte zu seiner Aufdeckung durch Funkpeilung. 1965 wurde er öffentlich gehängt.

FOTOSNAIPER

Diese 35-mm-Überwachungskamera kann hochauflösende Bilder über große Entfernungen machen. Sie wurde von Abwehrteams des Zweiten Hauptdirektorats des KGB und seiner Grenztruppen eingesetzt. Mit ihrer Schulterstütze läßt sich die Kamera auch ohne ein sperriges und auffälliges Stativ ruhig halten.

GRÜNFILTER

GELBFILTER

James Jesus Angleton

James Jesus Angleton (1917-87), ehemaliger OSS-Offizier (s. S. 32), wurde nach dem Krieg Abwehrchef der CIA. Von KGB-Überläufer Anatoli Golizin davon überzeugt, daß ein Spion die CIA unterwandert habe, veranlaßte Angleton in den sechziger Jahren eine Untersuchung, die die CIA in Aufruhr brachte und zur Ablehnung mehrerer Überläufer des KGB führte. Aufgrund dieser Affäre und seiner Rolle bei einer illegalen Postüberwachung trat er 1974 zurück.

AKTENKOFFER-FUNKPEILGERÄT SCR-504

Dieser Koffer wurde vom amerikanischen Geheimdienst im und nach dem Zweiten Weltkrieg zum Orten verborgener Sender eingesetzt. Er läßt sich unauffällig überallhin mitnehmen.

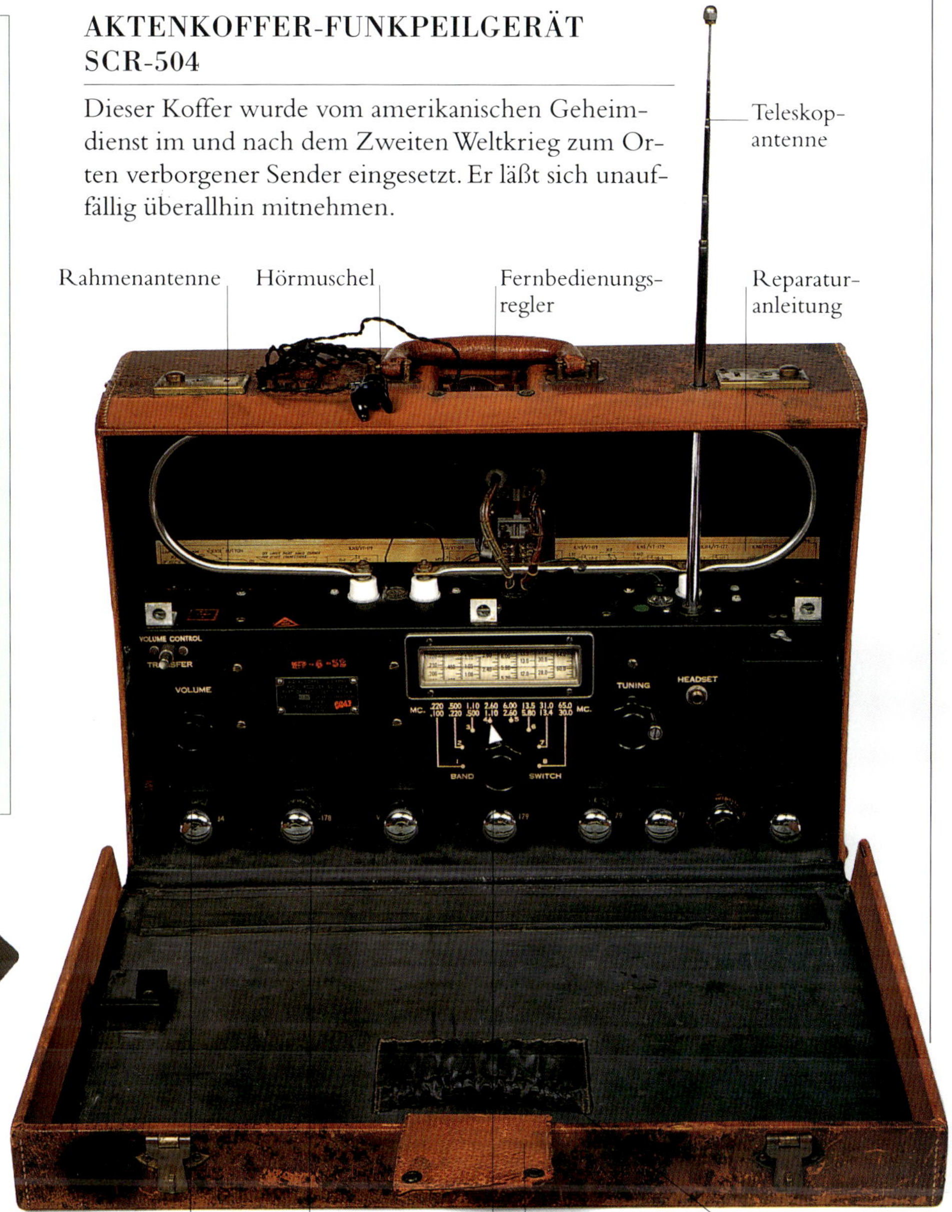

FOTOSNAIPER

Antiwanzengeräte

Ein Antiwanzengerät besteht normalerweise aus einem Funkempfänger, der mit anderen elektronischen Apparaten zum Aufspüren von versteckten Sendern verbunden ist. Mit einem solchen Gerät kann ein Audioexperte der Abwehr einen Raum oder einen anderen Ort nach Wanzen (s. S. 82) »abtasten«. Zusätzlich muß per Hand und mit dem Auge nach Wanzen, die nicht senden, gesucht werden. Danach muß der Ort bewacht werden, damit keine neuen Wanzen installiert werden können.

TRAGBARES ORTUNGSGERÄT

Zu dieser Antiwanzenausrüstung gehört ein Oszilloskop, das ein Funksignal auf einem Bildschirm abbilden kann. Damit lassen sich heimliche Sendungen orten, welche auf einem Oszilloskop ein charakteristisches Bild hervorrufen. Denn zuweilen wird das Signal einer Wanze von einem starken Funksignal überlagert, und dann ist die Wanze ohne Oszilloskop schwer zu lokalisieren.

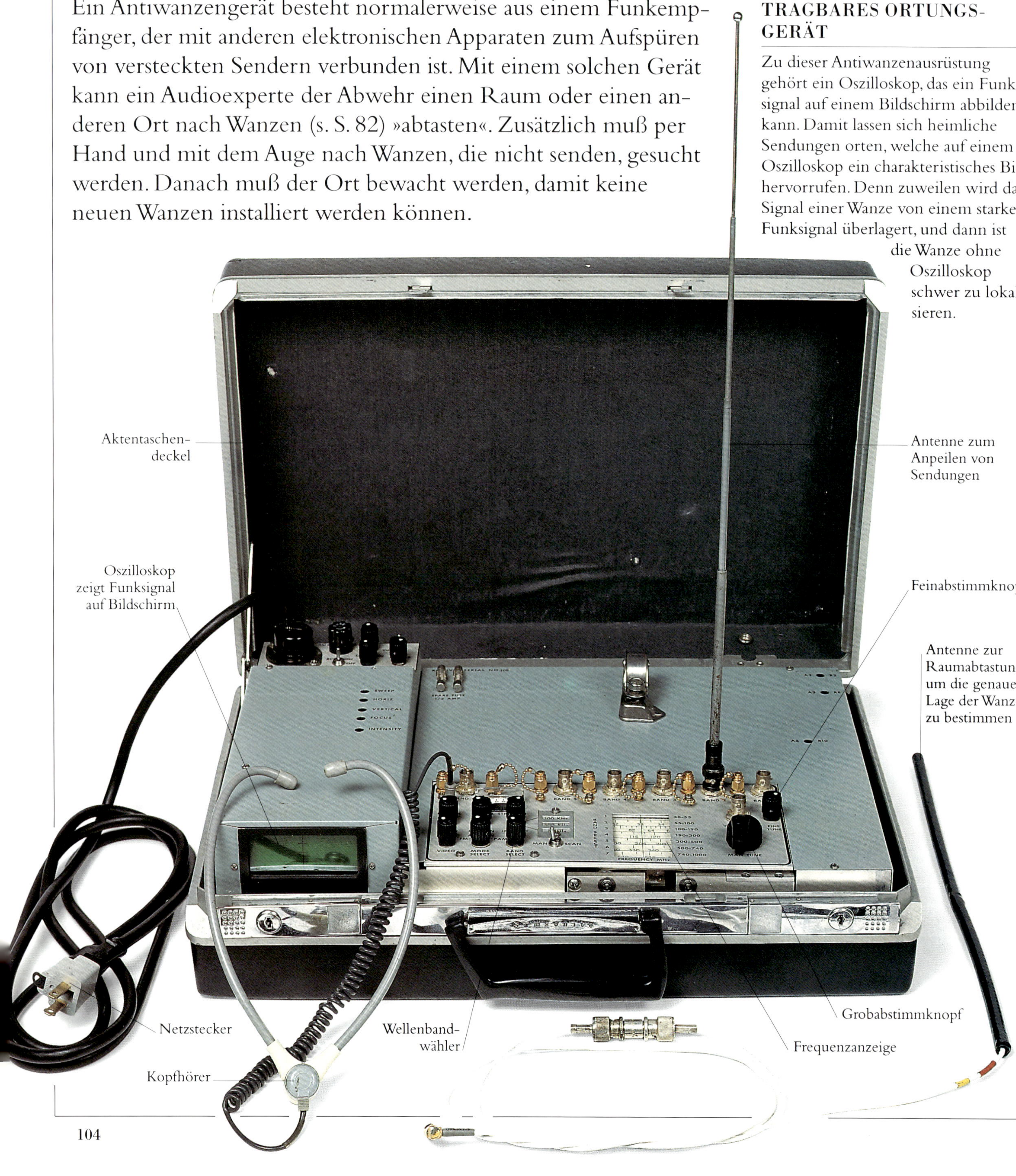

Aktentaschendeckel

Antenne zum Anpeilen von Sendungen

Oszilloskop zeigt Funksignal auf Bildschirm

Feinabstimmknopf

Antenne zur Raumabtastung, um die genaue Lage der Wanze zu bestimmen

Grobabstimmknopf

Netzstecker

Wellenbandwähler

Frequenzanzeige

Kopfhörer

TONMESSGERÄT

Dieses Tonmeßgerät wurde von amerikanischen Geheimagenten in den fünfziger und sechziger Jahren eingesetzt. Dazu gehörten Kopfhörer, Sonden und andere Wanzenaufspürgeräte. In Verbindung mit dem Verstärker ließen sich damit die meisten Lauschgeräte aufspüren. Einige Komponenten, wie die Mikrofone, konnten auch selbst als Lauschgeräte eingesetzt werden.

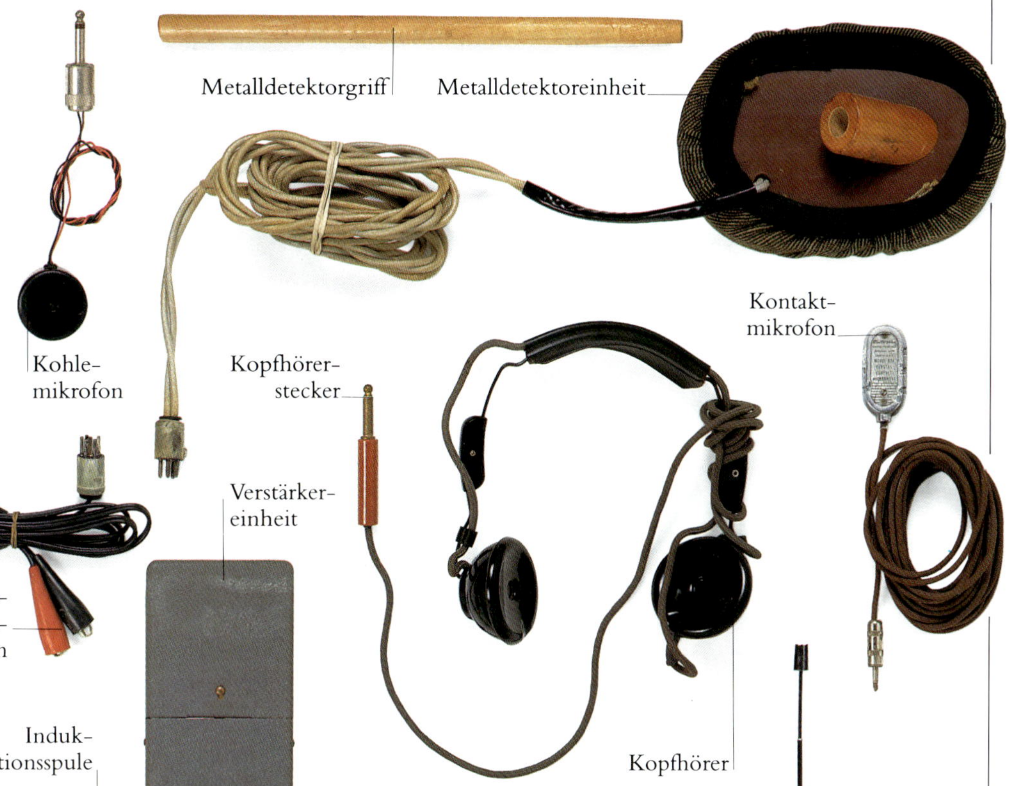

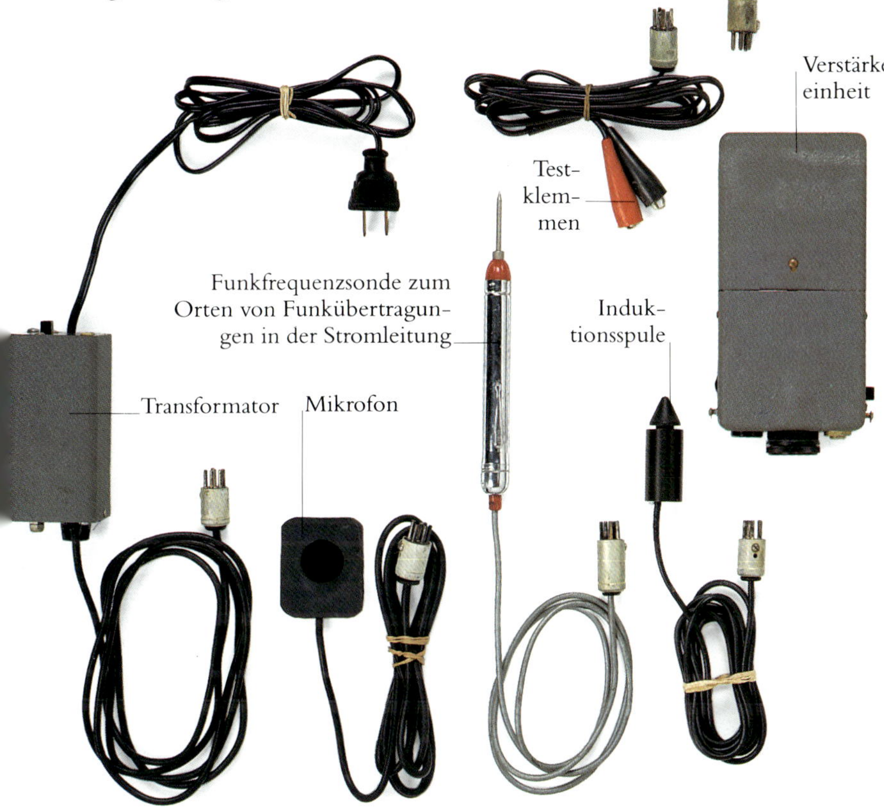

DAS SCAN-LOCK

Das Scan-Lock ist ein Funkempfänger, der sich automatisch auf das stärkste Funksignal einstellt. Wird ein illegaler Sender entdeckt, kann ihn der Suchstab orten. Das Scan-Lock kann auch vor einem Raum aufgestellt werden, in dem eine wichtige Sitzung stattfindet, und ihn ständig gegen ferngesteuerte Wanzen abschirmen.

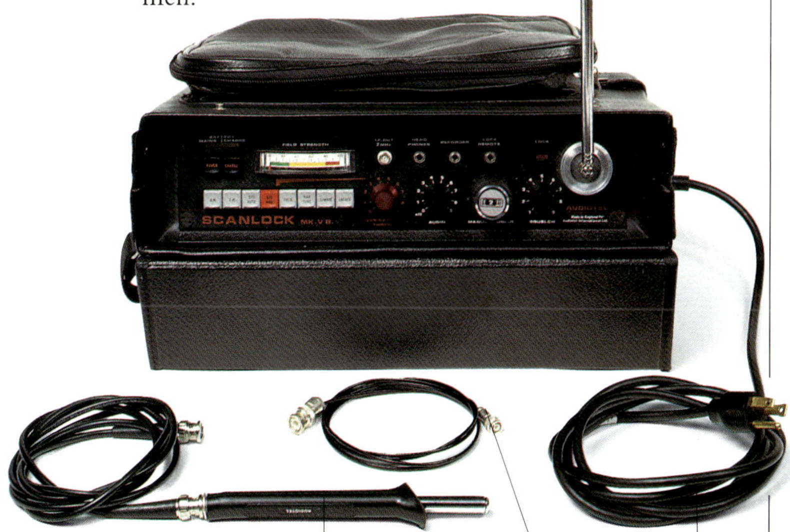

MEISTERSPION Heinz Felfe

Heinz Felfe (*1918) war im Zweiten Weltkrieg Angehöriger des SD (s. S. 34). 1950 wurde er als Sowjetspion rekrutiert und stieg zum BND-Referatsleiter auf. 11 Jahre lang verriet Felfe BND-Operationen. Er warnte sowjetische Abhörtechniker vor den Wanzensuchteams des BND, so daß die Sowjets Zeit hatten, ihre Wanzen zu entfernen oder abzuschalten.

Konterobservation

Spione erhalten eine spezielle Ausbildung in Konterobservation, deren Ziel die Aufdeckung feindlicher Überwachung ist, zum Beispiel von Personen, Sitzungen, konspirativen Wohnungen oder toten Briefkästen. Die Aufdeckung feindlicher Überwachung genügt, um eine Sitzung abzusagen, eine konspirative Wohnung nicht aufzusuchen oder die geplante Belieferung eines toten Briefkastens abzubrechen. Das Konterobservationsteam bedient sich spezieller Techniken, etwa der Video- und Funküberwachung. Teammitglieder müssen sich gelegentlich verkleiden, um nicht erkannt zu werden. Die Mittel hängen von den Umständen ab: Es ist leichter, solche Operationen in einem befreundeten als in einem feindlichen Land zu betreiben.

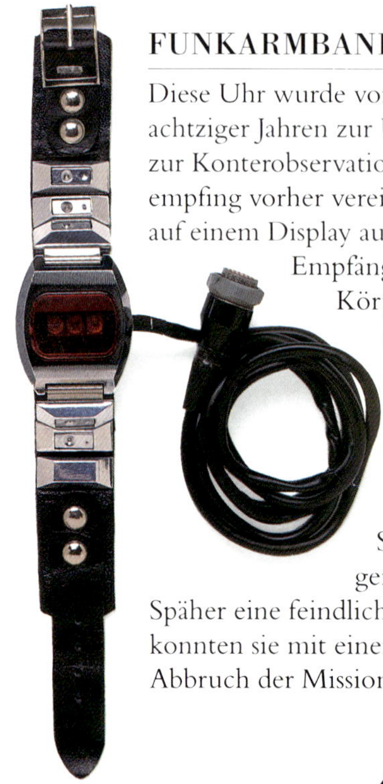

FUNKARMBANDUHR

Diese Uhr wurde vom KGB in den achtziger Jahren zur Überwachung wie zur Konterobservation eingesetzt. Sie empfing vorher vereinbarte Signale, die auf einem Display aufschienen. Der Empfänger wurde am Körper getragen, und ein Vibrator zeigte eintreffende Signale an. Mit dieser Uhr konnten Spähtrupps einen Spion beaufsichtigen. Bemerkten die Späher eine feindliche Überwachung, konnten sie mit einem Notsignal den Abbruch der Mission veranlassen.

FUNKÜBERWACHUNG

Dieses unter der Kleidung am Körper getragene Funkgerät wurde vom KGB in den sechziger Jahren eingesetzt. Unter den Revers des Mantels oder des Jacketts waren ein Mikrofon und ein kleiner Lautsprecher versteckt. Ein Taschensummer meldete ankommende Nachrichten. Der Benutzer konnte heimlich mit anderen Teammitgliedern oder mit einem Koordinationsstützpunkt kommunizieren.

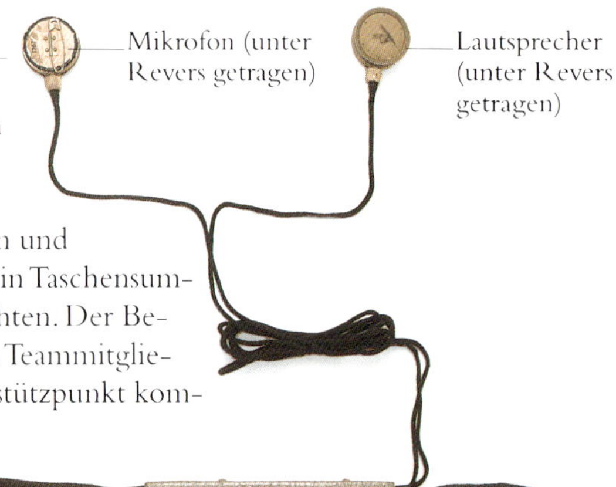

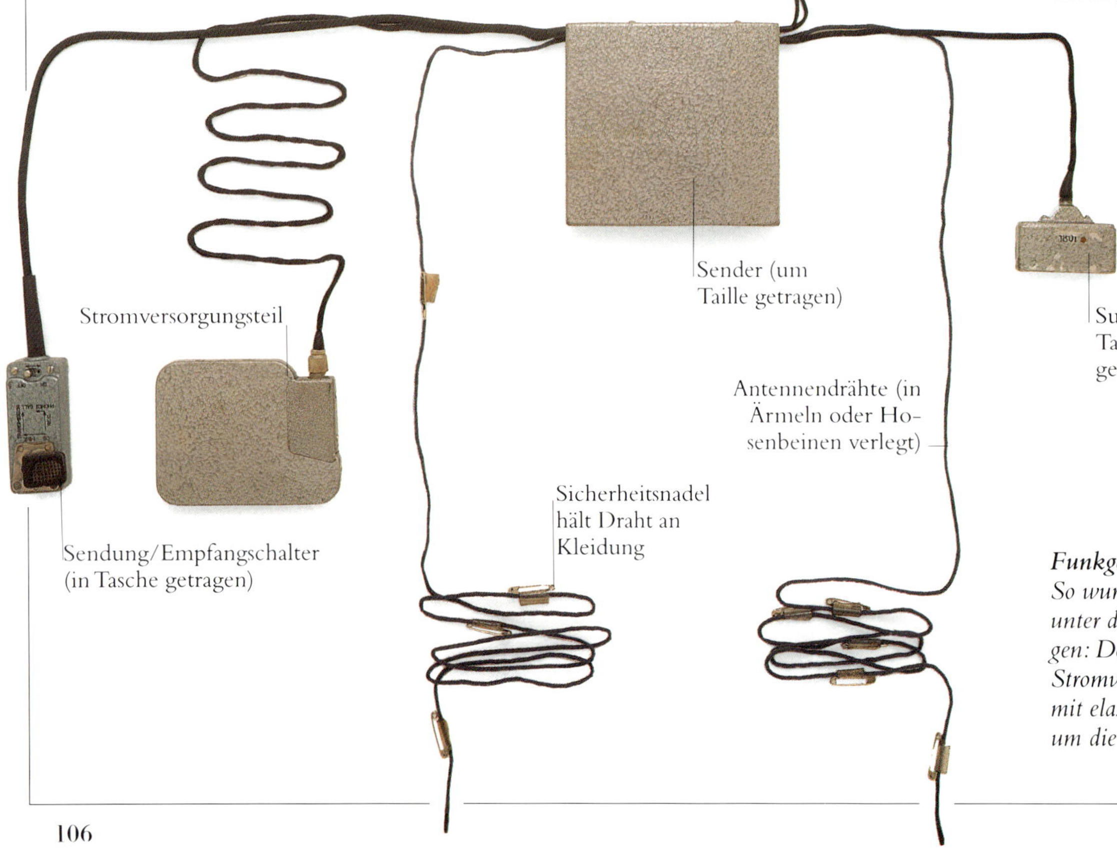

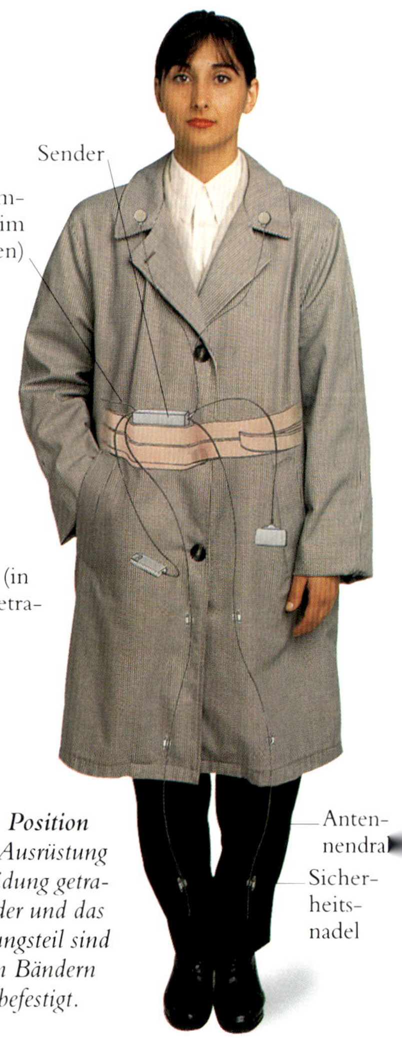

Funkgerät in Position
So wurde die Ausrüstung unter der Kleidung getragen: Der Sender und das Stromversorgungsteil sind mit elastischen Bändern um die Taille befestigt.

VERKLEIDUNGSUTENSILIEN

Um bei einer Konterobservation nicht erkannt zu werden, müssen Teammitglieder ihr Aussehen unter Umständen öfter ändern. Im einfachsten Fall etwa dadurch, daß die Mantelfarbe gewechselt oder ein Hut aufgesetzt beziehungsweise abgenommen wird. Diese Tasche aus den sechziger Jahren enthält Utensilien für mehrere Verkleidungsvarianten. Neben Materialien zum Verändern des Gesichts und der Haare gibt es sogar etwas so Ungewöhnliches wie einen falschen Absatz. Sein Einsatz kann verhindern, daß ein Agent an seinem Gang erkannt wird.

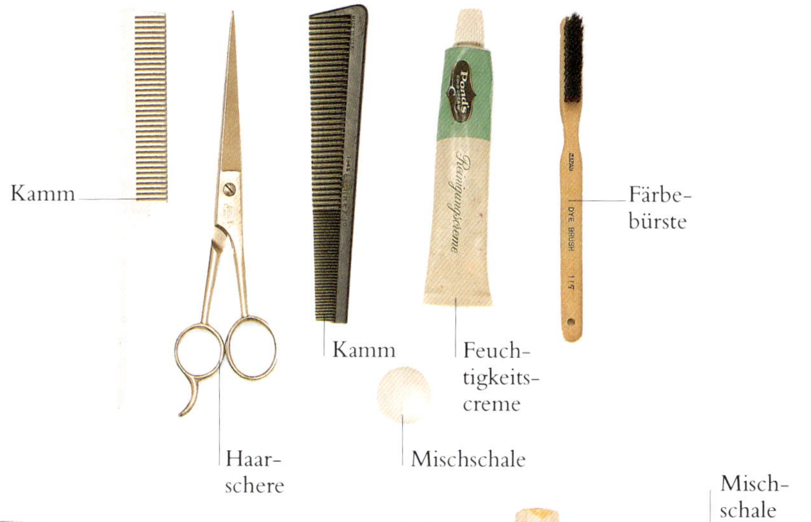

Gesichtsmaske durch künstliches Altern

Künstliches Altern ist eine wirkungsvolle und häufig angewendete Tarnmethode, da dabei die Knochenstruktur des Gesichts nicht allzu stark retuschiert werden muß. Make-up betont vorhandene Runzeln und Falten. Sorgfältig muß man ein künstliches Aussehen vermeiden, und Hals und Hände sollten zum Gesicht passen. Rechts die einzelnen Phasen des künstlichen Alterns. Auf jedem Bild ist nur auf der rechten Gesichtshälfte Make-up aufgetragen.

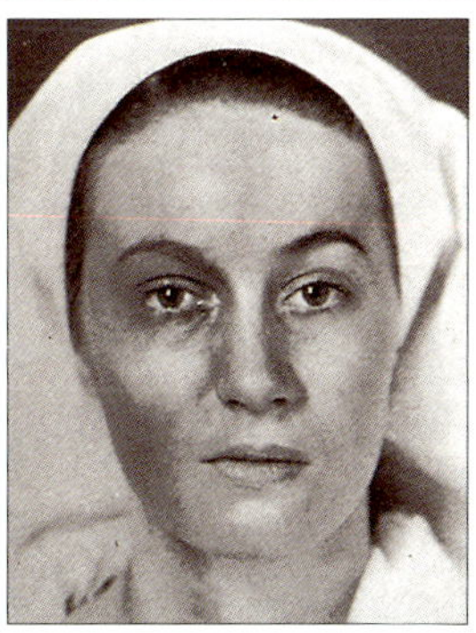

Knochen modellieren *Make-up kann die Knochenstruktur des Gesichts etwas kaschieren.*

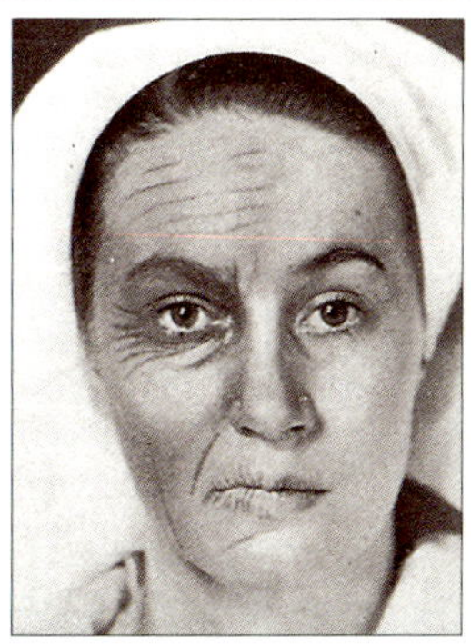

Linien verstärken *Gesichtslinien werden durch Auftragen von dunklem Make-up betont.*

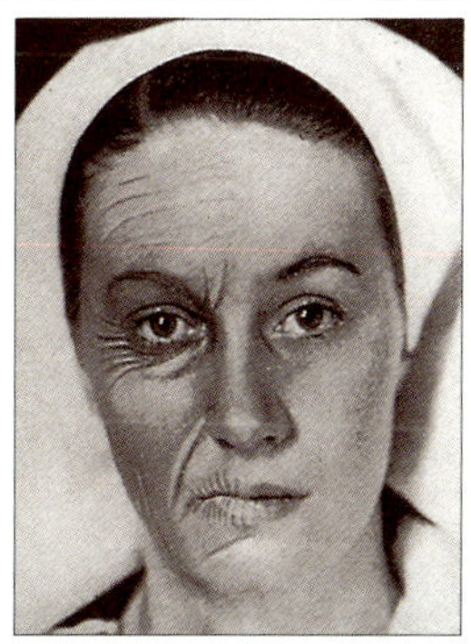

Merkmale aufhellen *Bereiche, die normalerweise auffallen, werden künstlich aufgehellt.*

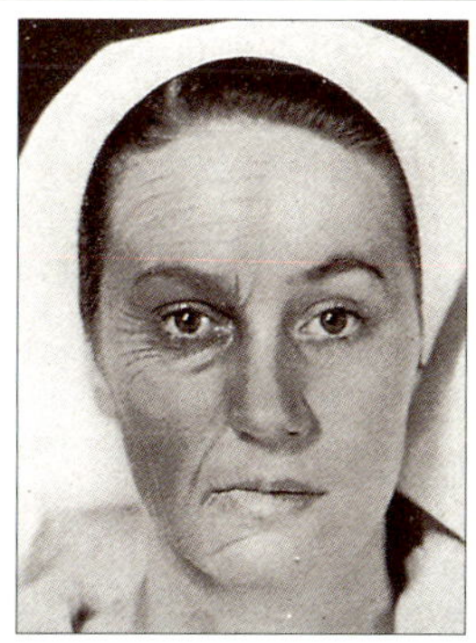

Übergänge *Linien und Merkmale werden für ein natürliches Aussehen abgestimmt.*

Briefe abfangen

Versenden Spione Nachrichten mit der Post, besteht das Risiko, daß die Briefe durch die feindliche Abwehr abgefangen werden. Das hohe Aufkommen der regulären Post verhindert, daß die Abwehr alles durchsucht, aber sie kann Briefe von verdächtigen Gruppen, Personen oder Adressen abfangen. In westlichen Ländern bedarf es dazu einer Ermächtigung. Mit Hilfe von Spezialtechniken wird ein Brief aus dem Umschlag genommen, ohne diesen zu beschädigen. Für das heimliche Öffnen von Post gibt es auch Fachausdrücke. Drei der bekanntesten Techniken heißen »Dampföffnen«, »Trockenöffnen« (mittels einer Trennung des Klebers) und »Naßöffnen« (mit Wasser).

BRIEFÖFFNER-WERKZEUGROLLE

Mit diesem amerikanischen Set von sechs Werkzeugen lassen sich die meisten Briefumschläge heimlich öffnen. Die Instrumente werden entweder allein oder in Verbindung mit Dampf, Wasser oder anderen Lösungsmitteln angewendet.

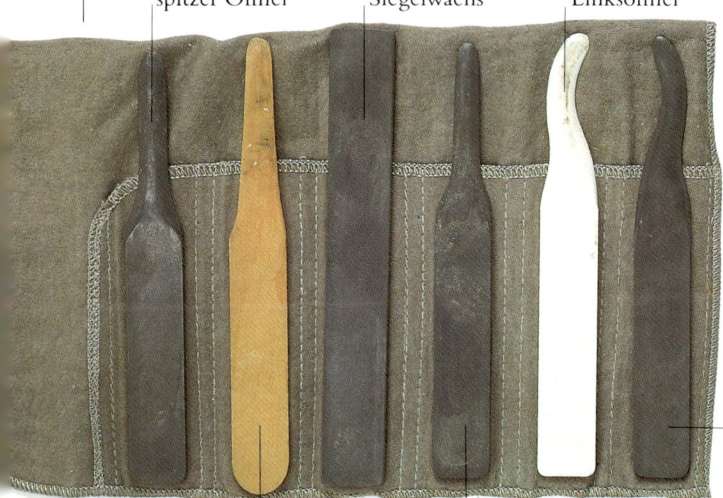

BRIEFENTNAHME-GERÄTE

Im Zweiten Weltkrieg wurden Briefe mit Spezialgeräten aus Umschlägen herausgeholt, ohne die Versiegelung zu öffnen. Das Gerät wurde in die unversiegelte Lücke oben an der Umschlagklappe eingeführt. Dann wurde der Brief darumgewickelt. Wegen des damaligen dünnen Schreibpapiers war diese Methode besonders erfolgreich. Das Gerät ganz rechts stammt vom OSS (s. S. 32), das andere von einer englischen Postabfangstation.

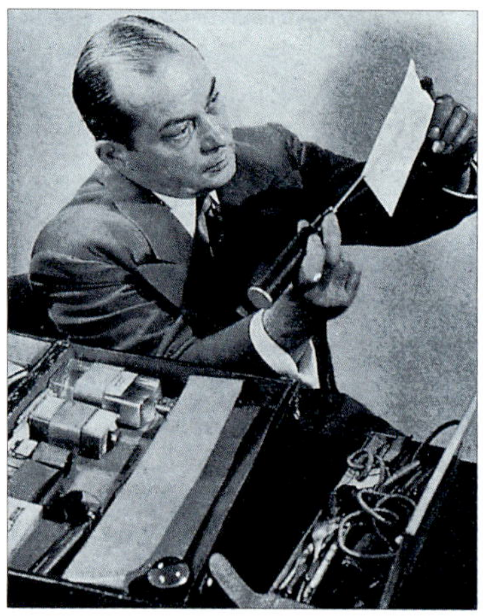

Willis George
Willis George, ein OSS-Einbruchsexperte, demonstriert das von ihm erfundene Gerät zum Herausholen von Briefen aus Umschlägen, ohne sie zu öffnen oder zu beschädigen.

BRITISCHES BRIEFENTNAHMEGERÄT

OSS-BRIEFENTNAHMEGERÄT

BRIEFÖFFNER-AKTEN-KOFFER

Dieses amerikanische Brieföffnungsset aus den sechziger Jahren ließ sich in einem Aktenkoffer verstecken. Es enthält alles, was zum Öffnen von Umschlägen und anderen Verpackungen sowie zum Abheben von Wachssiegeln benötigt wird: Spezialwerkzeuge und Behälter mit destilliertem Wasser, Kleber und Chemikalien. Im Unterteil des Koffers ist ein Wärmetisch, auf dem sich in Verbindung mit feuchtem Fließpapier der Kleber eines Umschlags lösen läßt.

Briefmarken für die Résistance

Im Zweiten Weltkrieg beteiligten sich Gruppen der Résistance (s. S. 31) an Geheimoperationen gegen die deutsche Besatzungsarmee. Sie verabredeten ihre Treffen oft per Post.

Die Deutschen wiederum lockten gern patriotische Franzosen mittels gefälschter Briefe zu fingierten Résistancetreffen. Empfing ein Sympathisant einen gefälschten Brief und hielt ihn für echt, konnten die Deutschen ihn verhaften, wenn er zum Treffen erschien. Gab er ihn aber ab, um nicht als Komplize angeklagt zu werden, riskierte er es, die Résistance zu verraten, wenn sich der Brief doch als echt erwies.

Um dieses Problem zu lösen, stellte der britische Geheimdienst präparierte Marken her, die sich in einem winzigen Detail, das nur die Résistance kannte, von den echten unterschieden. Alle »Résistance«-Briefe ohne diese Spezialmarken galten als Fallen. Die Deutschen kamen nie hinter diese Finte.

ECHTE MARKE

PRÄPARIERTE MARKE (PFEIL: ABWEICHUNG)

HEIMLICHE KOMMUNIKATION

Walnußversteck
Zusammengerollte Blätter eines KGB-Einmalblocks sind in einer leeren Walnußschale verborgen. Bei richtiger Anwendung sind die durch das Einmalblock-System codierten Nachrichten praktisch nicht zu knacken.

Um erfolgreich zu operieren, müssen Spione auf geheimen Wegen sicher und zuverlässig Kontakt mit ihrem Agentenführer aufnehmen können, und zwar unbemerkt vom Feind. Es gibt zahllose Methoden der heimlichen Kommunikation: von Funksendungen über Geheimschriften bis zu fotografischen Methoden. Immer muß die Konspiration gewahrt bleiben. Funkgeräte werden so klein wie möglich gebaut, Geheimbotschaften vor dem Senden chiffriert oder codiert. Funknachrichten können zudem beschleunigt oder in kurzen Blöcken gesendet werden und sind dann kaum aufzuspüren. Informationen werden fotografiert und zu Mikropunkten verkleinert. Mit Spezialtinte lassen sich unsichtbare Botschaften schreiben. Und mit einer Vielzahl von Verstecken können heimliche Mitteilungen und die dafür verwendeten Geräte getarnt oder verborgen werden.

Briefmarkenversteck
Eine Geheimnachricht auf der Rückseite dieser Briefmarke wurde von Nürnberg aus abgeschickt.

Spionagefunkgeräte

Die erstmals in den zwanziger Jahren gebauten Spezialfunkgeräte wurden im Zweiten Weltkrieg vielfach eingesetzt. Agenten, die im besetzten Europa operierten, hatten sie in unauffälligen Koffern bei sich. Der technische Fortschritt sorgte laufend für weitere Miniaturisierung. Nach dem Zweiten Weltkrieg lösten Transistoren die sperrigen Röhren ab. Spionagefunkgeräte arbeiten meist mit Morsezeichen, die sich im Gegensatz zu Sprachsignalen relativ unverzerrt über große Entfernungen senden und empfangen lassen; es ist auch leichter, Morsezeichen-Mitteilungen zu verschlüsseln, als Sprache zu zerhacken. Am Ende des Zweiten Weltkriegs wurde die Blockübertragung eingeführt, die auch im kalten Krieg von Bedeutung war. Sie verkürzt die

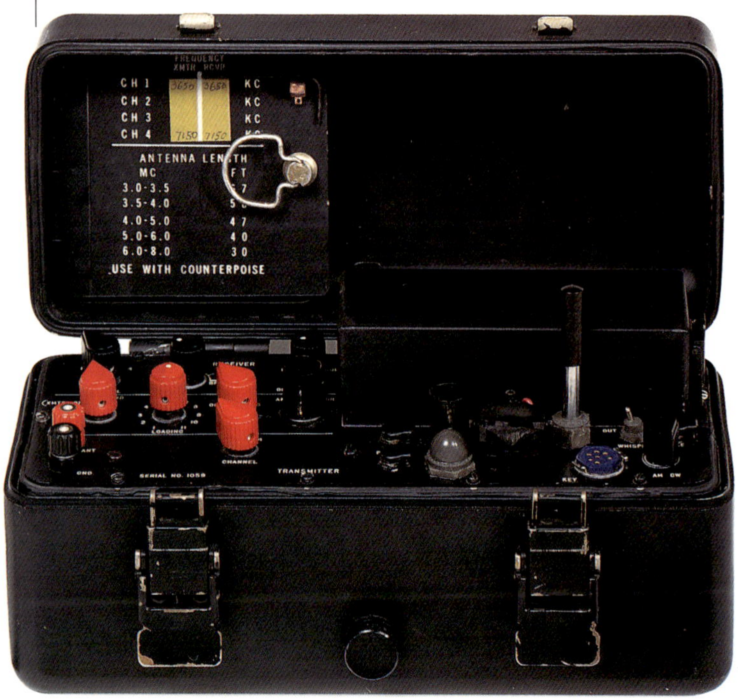

Agentenfunkgerät
Das Kompaktgerät Delco 5300 wurde in den sechziger Jahren von CIA-Agenten auf Kuba eingesetzt. Damit ließen sich Nachrichten leicht in die USA senden.

Sendezeit und verringert die Wahrscheinlichkeit einer Ortung durch Funkpeilung (RDF).

Chiffriergerät Kryha
Das 1924 erfundene Kryha-Gerät codiert oder chiffriert Nachrichten mit einer federgetriebenen alphabetischen Drehscheibe. Es wurde im Zweiten Weltkrieg vom deutschen diplomatischen Korps eingesetzt.

Chiffriergeräte

Anfang des 20. Jahrhunderts wurden eine Reihe elektromechanischer Chiffriermaschinen erfunden, die so komplexe Chiffren erzeugten, daß man sie für sicher hielt. Doch im Zweiten Weltkrieg wurden sie sowohl durch mathematische Genies als auch durch den ersten elektronischen Computer der Welt geknackt. Eine selbst von modernen Computern praktisch nicht zu knackende Chiffriermethode ist das Einmalblock-System.

Ringversteck
In diesem englischen Ring aus dem Zweiten Weltkrieg ließen sich Mikropunkte oder -filme verstecken.

Verstecke

Für die Kommunikation werden häufig Verstecke benutzt, die Alltagsgegenständen wie Schlüsseln oder Füllern ähneln. Die Entdeckung einer Geheimnachricht durch den Feind gefährdet oft die Nachrichtenquelle, und daher sind einige Verstecke mit einer Bombe gekoppelt und explodieren, wenn sie nicht korrekt geöffnet werden, damit der Inhalt vernichtet wird. Informationen werden oft auch auf versteckte Weise verschickt. Mit Spezialtinten lassen sich Geheimschriften erzeugen, die unsichtbar sind, bis sie mit der entsprechenden Chemikalie behandelt werden. Erheblich verkleinerte Fotonegative können Informationen in Form von Mikrobildern oder -punkten übermitteln, die sich leicht verstecken und sehr schwer auffinden lassen. Um gefährliche persönliche Treffen zu vermeiden, benutzen Spione verabredete Verstecke, sogenannte tote Briefkästen, in denen sie Nachrichten deponieren oder abholen. Kaum zu identifizieren sind die Briefkästen, wenn sie unauffällig ihrer Umgebung angepaßt sind.

Abgeänderte Gegenstände
Findige Techniker ändern Alltagsgegenstände ab, um darin Informationen, wie etwa Termine von Geheimfunksendungen, zu verstecken.

Kofferfunkgeräte I

Koffer zum Verstecken und Transportieren von Funkgeräten wurden erstmals Ende der dreißiger Jahre von den französischen und deutschen Geheimdiensten entwickelt, rasch von anderen Ländern übernommen und häufig im Zweiten Weltkrieg eingesetzt. Frühe Exemplare waren sperrig und ineffizient, aber der technische Fortschritt brachte zunehmende Miniaturisierung und Leistungssteigerung mit sich. Nachrichten wurden in Morsezeichen gesendet, die eine größere Reichweite als Sprechfunk hatten. Man achtete darauf, daß die Koffer im Einsatzland nicht fremdartig wirkten. In den USA packte der OSS (s. S. 32) einige Funkgeräte in Koffer, die man sich von europäischen Emigranten verschafft hatte, die in New York ankamen. In den Nachkriegsjahren waren die Spionagefunkgeräte dann so klein, daß sie sich in Aktenkoffern verstecken ließen.

FUNKGERÄT TYPE B MK II

Das meistbenutzte Kofferfunkgerät der SOE im Zweiten Weltkrieg war das Type B Mk II. Es wurde 1942 von John Brown entwickelt und war auf eine Reichweite von 800 km ausgelegt. In der Praxis war sie bei guten Bedingungen doppelt so groß.

•••••• TECHNISCHE DATEN

Abmessungen	47 x 34 x 15 cm
Gewicht	14,9 kg
Reichweite	bis zu 800 km
Stromversorgung	97-250 V Wechselstrom; 6 V Gleichstrom
Ausgangsleistung	durchschnittlich 20 W
Sender	3,0 bis 1,0 MHz in drei Bändern
Empfänger	4-Röhren-Überlagerungsempfänger für Sprache, Ton und Morse; von 3,1 bis 15,5 MHz auf drei Bändern

Auf Sendung
Auf diesem Standfoto aus einem Film über die SOE sendet die Funkerin Jacqueline Nearne gerade mit einem Kofferfunkgerät.

MEISTERSPION

Jacqueline Nearne

Die SOE (s. S. 30) rekrutierte Jacqueline Nearne (1916-82) bei der First Aid Nursing Yeomanry (FANY). Sie lernte, wie man Morsezeichen mit einem Kofferfunkgerät sendete. 1943 wurde sie als Kurier nach Frankreich geschickt, wo sie die Verbindung zwischen mehreren SOE-Gruppen in weiterer Umgebung von Paris herstellte. Später erhielt sie für ihre Arbeit den Orden MBE (Member of the Order of the British Empire).

FUNKGERÄT TYPE A MK III

In Zusammenarbeit mit der Marconi Company stellte John Brown 1943 das Funkgerät Type A Mk III her, das durch Verkleinerung einiger Komponenten des B Mk II kleiner und leichter als sein Vorgänger war. Wegen seines geringen Gewichts war es bei SOE-Agenten sofort beliebt. Es wog fast 9 kg weniger als das B Mk II, hatte aber die gleiche Reichweite (800 km).

JOHN BROWN: DER ERFINDER DES KOFFERFUNKGERÄTS

1941 wurde John Brown (1917-93), ein Funkoffizier der British Army, zu einer geheimen Forschungsstation versetzt, wo er Spezialfunkgeräte für die SOE (s. S. 30) entwickeln sollte. Er erfand das »Keksdosenradio« (s. S. 116) und das Kofferfunkgerät Type B Mk II. Beide wurden im Zweiten Weltkrieg weithin eingesetzt, aber erst das Type A Mk III mit seinen Miniaturbauteilen aus den USA wurde das leichteste und kleinste SOE-Kofferfunkgerät im Krieg.

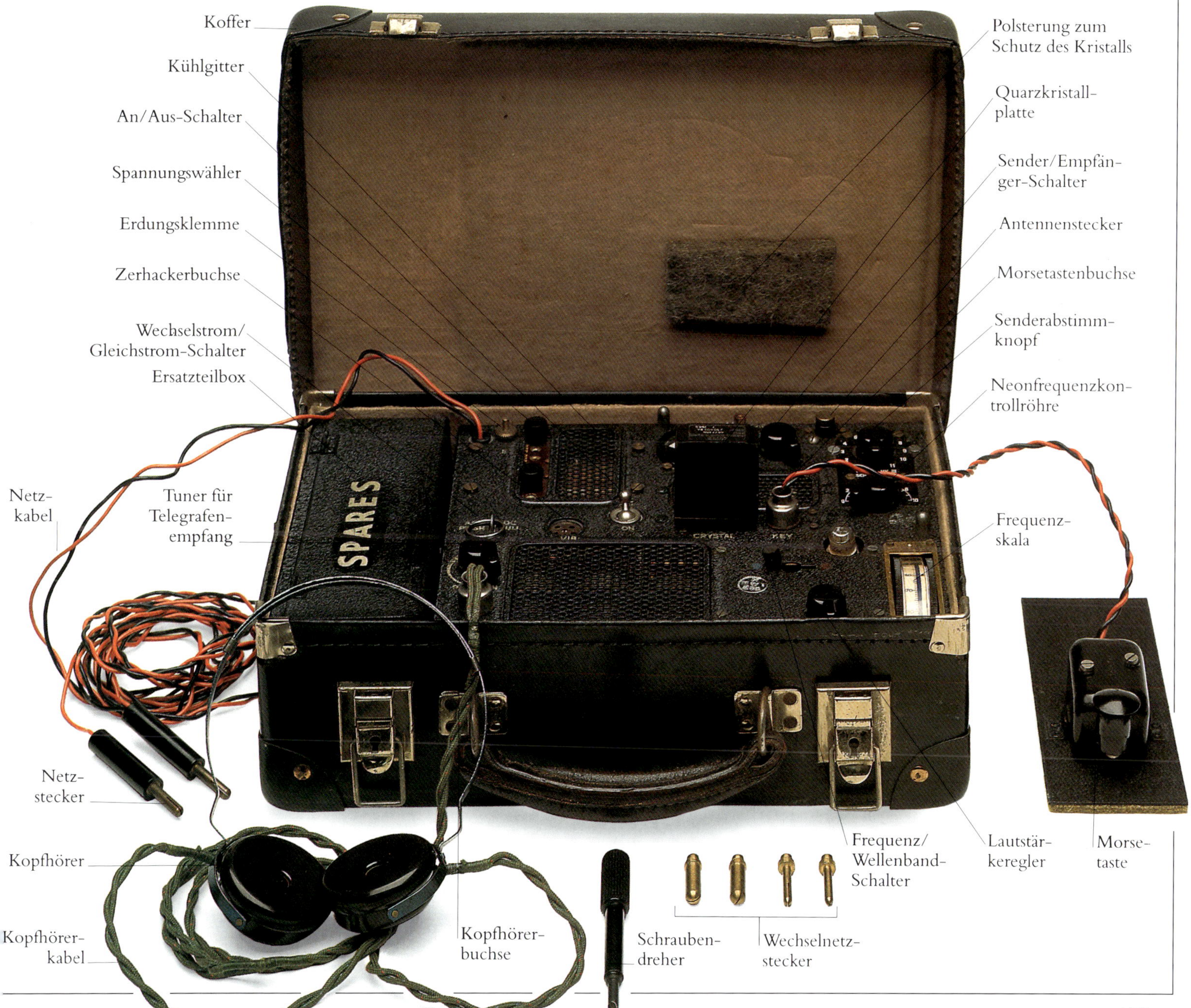

Kofferfunkgeräte II

FUNKGERÄT SSTR-1

Dieser Sender-Empfänger war das Standardfunkgerät des OSS (s. S. 32). Sender, Empfänger und Stromversorgungsteil waren zur Geheimhaltung in separaten Boxen untergebracht und oft in normalen Koffern versteckt, wie hier in einem Exemplar aus Faserstoff.

• • • • • TECHNISCHE DATEN

Abmessungen	10 x 24 x 9 cm
Gewicht	9-20 kg
Reichweite	480-1600 km
Stromversorgung	110/220V Wechselstrom, 6V Gleichstrom
Ausgangsleistung	8-15 W
Sender	3,0-14,0 MHz in drei Bändern
Empfänger	5-Röhren-Überlagerungsempfänger für Sprache, Ton und Morsezeichen

KOFFEREMPFÄNGER

Dieses kompakte Funkgerät aus den zwanziger Jahren wurde im Zweiten Weltkrieg vom französischen Geheimdienst zur Überwachung des deutschen Funkverkehrs für die Briten eingesetzt.

SOE-FUNKSICHERHEIT

Agenten sendeten mit geheimen Apparaten wie den Kofferfunkgeräten an spezielle Empfangsstationen. Die SOE (s. S. 30) errichtete in ganz England sogenannte Home Stations. Ihre Funkerinnen wurden vom First Aid Nursing Yeomanry (FANY) rekrutiert. Die Stationen bestanden aus Baracken für die Funkerinnen und waren großflächig von Antennen umgeben. Damit Nachrichten nicht wiederholt werden mußten, wurden alle Sendungen aufgezeichnet, denn je öfter ein Agent sendete, desto wahrscheinlicher konnte er von deutschen Funkpeilfahrzeugen geortet werden. Dank dem sogenannten »Fingerabdrucksystem« konnte die SOE die jeweilige Morse-»Unterschrift« eines Senders identifizieren und somit die Versuche der Deutschen, mit beschlagnahmten Funkgeräten zu senden, als Fälschungen erkennen.

***In einer Home Station der SOE** FANY-Funkerinnen hören im Zweiten Weltkrieg in England mit empfindlichen Empfängern die codierten Nachrichten von Agenten aus dem besetzten Europa ab.*

●●●●●● TECHNISCHE DATEN	
Abmessungen	46 x 33 x 11 cm
Gewicht	9,5 kg
Reichweite	480-4800 km
Stromversorgung	90-250 V Wechselstrom
Ausgangsleistung	6-10 W
Sender	4,5-22,0 MHz in zwei Bändern
Empfänger	8-Röhren-Überlagerungsempfänger für zwei Bänder; Sprache und Morse

AKTENKOFFER-FUNKGERÄT

In den fünfziger Jahren wurden Funkgeräte entwickelt, die in normale Aktenkoffer paßten. Dieses Gerät konnte mit einer kurzen Zimmerantenne etwa 480 km weit senden. Mit einer längeren Außenantenne ließ sich für Kurzwellenmorsenachrichten eine Reichweite von 4800 km erzielen. Es wurde in Miami in den sechziger Jahren zur Kommunikation mit Agenten benutzt, die in verdeckten Operationen gegen das Castro-Regime auf Kuba (s. S. 139) eingesetzt waren.

Agentenfunkgeräte

Agenten arbeiten oft mit Spezialgeräten, um rasch mit ihrem Führungsoffizier im heimatlichen Stützpunkt zu kommunizieren oder unverzüglich einen Geheimdienstbericht abzusenden. Diese Geräte müssen stark genug sein, um über große Entfernungen hinweg zu senden, aber so klein, daß sie sich leicht tragen und verbergen lassen. Sie bestanden im Zweiten Weltkrieg oft aus zwei oder drei Hauptkomponenten (sogenannten Modulen) und waren daher leichter zu tragen. Dank des technischen Fortschritts seit dem Krieg sind sie noch kleiner geworden und können heute über Satelliten senden.

AGENTENFUNKGERÄT

Dieser sowjetische Typus wurde in den fünfziger und frühen sechziger Jahren eingesetzt und an KGB-Agenten in Westeuropa und Ostasien verteilt. Geräte dieser Bauart konnten sowohl senden als auch empfangen. Sie wurden zum Senden von Morsesignalen über große Entfernungen an Stationen im Ostblock verwendet. Dieses Exemplar wurde in den späten fünfziger Jahren in Japan gefunden.

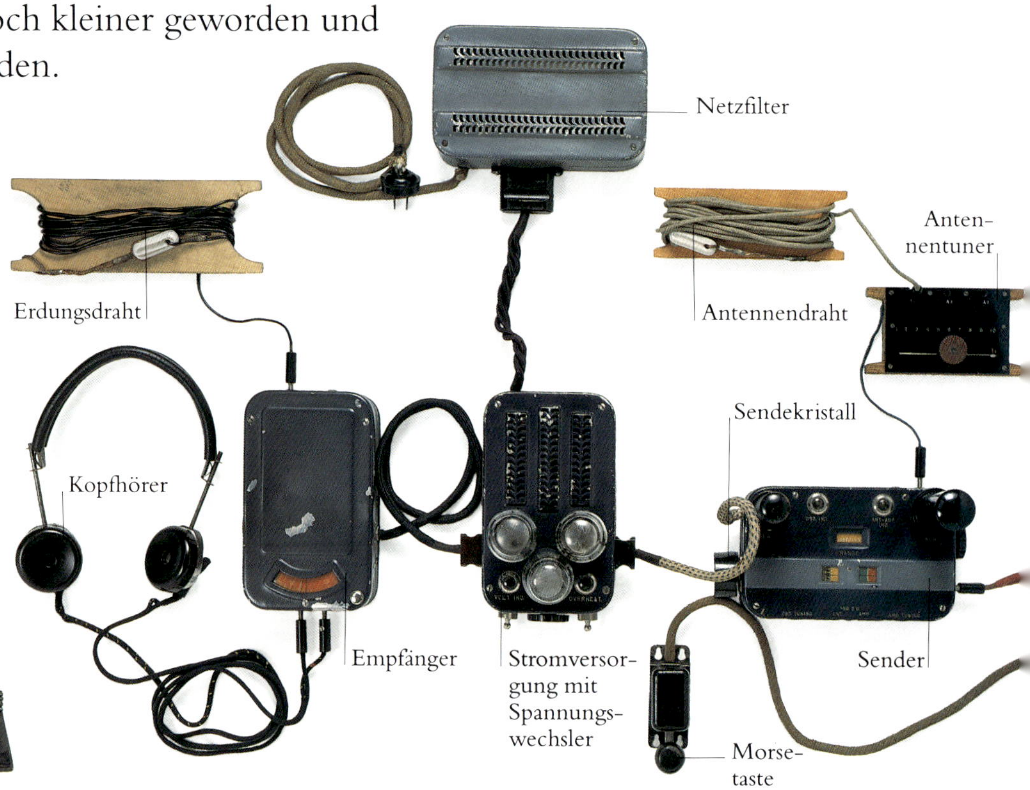

AGENTENFUNKGERÄT SE-100/11

Dieses starke Gerät mit Netzanschluß wurde von Agenten der deutschen Abwehr benutzt. Wie die meisten Agentenfunkgeräte des Zweiten Weltkriegs bestand es aus drei Modulen: Sender, Empfänger und Netzteil. Dadurch war es leichter zu tragen und zu verstecken und einfach und rasch zusammenzubauen.

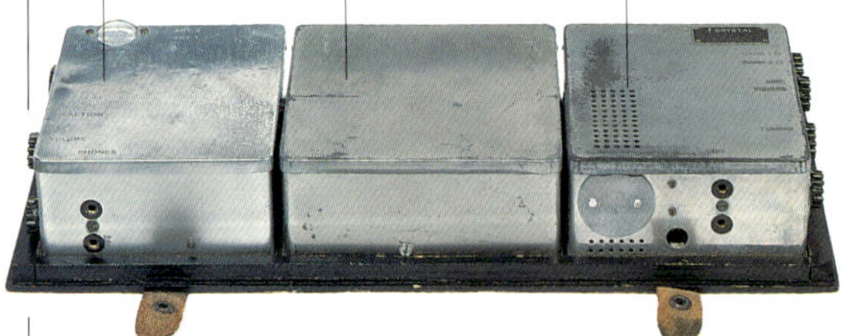

KOMMUNIKATION MIT WIDERSTANDSGRUPPEN

Im Zweiten Weltkrieg empfingen Widerstandsgruppen codierte Sendungen aus England mit Radios. Rundfunksendungen der BBC enthielten neben Kriegsnachrichten auch Geheimbotschaften der SOE (s. S. 30). Die Deutschen wußten um die Bedeutung von Funkverbindungen für Widerstandsgruppen und konfiszierten alle Kurzwellenradios in besetzten Ländern. Der SOE-Funkexperte John Brown (s. S. 113) baute ein Spezialgeheimradio, den Miniature Communication Receiver Mk I (MCR-1). Widerstandskämpfer bekamen ihn in Keksdosen getarnt. Tausende von diesen tragbaren Geräten wurden im Krieg nach Frankreich eingeschleust und an die SOE und Résistance-Gruppen verteilt.

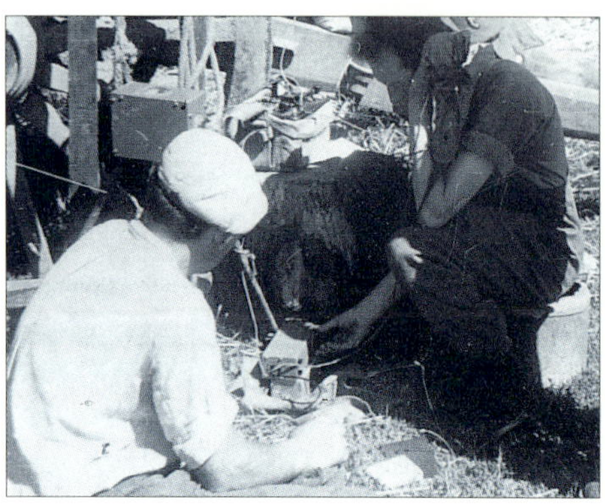

Radio MCR-1 im Einsatz
SOE-Agenten empfangen mit einem »Keksdosen-Radio« codierte Nachrichten aus der Heimat.

Das Keksdosen-Radio MCR-1
Die Hauptteile des Radios ließen sich diskret in Keksdosen verstauen.

FUNKGERÄT DELCO 5300

Dieses in den sechziger und siebziger Jahren von CIA-Agenten eingesetzte kleine, aber starke Gerät war in seinen technischen Möglichkeiten hochmodern. Es konnte Sprache und Morsezeichen senden. Zur Geheimhaltung wurden Nachrichten auf separaten Frequenzen gesendet beziehungsweise empfangen. Im Notfall konnte ein Agent mit Hilfe des Flüsterschalters mit leiser Stimme senden oder die Sendung mit dem Unterbrecherschalter sofort beenden. Auch ein Blockcodierer (s. S. 118) ließ sich anschließen.

• • • • • • TECHNISCHE DATEN

Abmessungen	254 x 127 x 114 mm
Gewicht	3,4 kg
Reichweite	abhängig von Antenne
Stromversorgung	Batterie mit 4-, 12- und 28-V-Anschlüssen
Ausgangsleistung	5 W Morse, 1,5 W Sprache
Sender	Morse/Sprache; 3-8 MHz in vier Kanälen
Empfänger	Überlagerung für Sprache, Ton und Morse; Bereich wie Sender

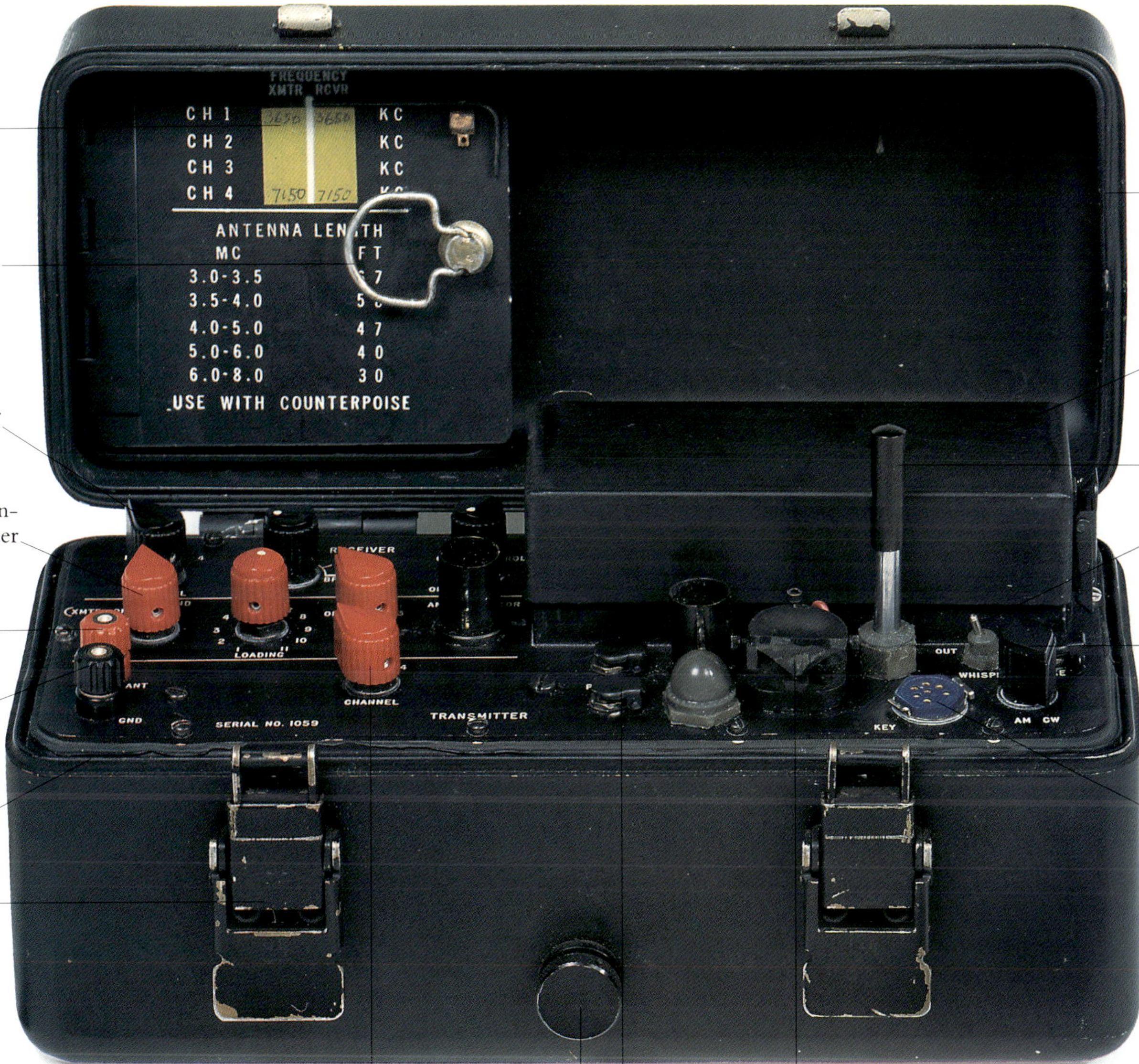

OHRHÖRER

FERNBEDIENUNGSKABEL

MIKROFON

Spezielle Kommunikationsmittel

Da persönliche Treffen riskant sind, wurden eine Reihe von Spezialgeräten entwickelt, damit Agenten mit ihren Führern kommunizieren können. Geräte, die den Kontakt am selben Ort ermöglichen, dienen der sogenannten Short-Range Agent Communication (SRAC). Über größere Entfernungen werden Nachrichten oft in Morsezeichen gesendet und mit einem Blockcodierer komprimiert, der die Wahrscheinlichkeit der Entdeckung verringert. Spezialgeräte werden an »Schläfer« ausgegeben: Agenten, die jahrelang in ihrem Zielland leben und scheinbar ein unverdächtiges normales Leben führen. Zu vorgegebenen Zeiten hören sie unter vorab vereinbarten Funkfrequenzen ab, ob codierte Anweisungen ihrer Agentenführer vorliegen.

Blockbänder für KGB-Funkgeräte

Nach dem Zweiten Weltkrieg rüstete der KGB seine Agenten mit Spezialfunkgeräten zum Senden von Nachrichten an die UdSSR aus. Viele dieser Agentengeräte waren mit Apparaten für Blocksendungen verbunden. In die zur Präparierung des Bandes verwendeten Geräte konnte außer Tonbändern auch 35-mm-Normalfilm eingelegt werden, der überall erhältlich war und keinen Verdacht erregte, wenn er vom Feind gefunden wurde.

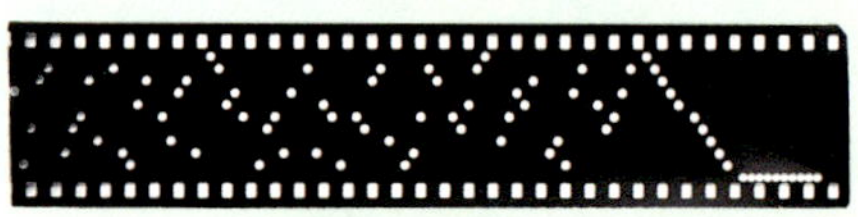

KONVERTIERTER 35-MM-FILM

umgesetzte Nachricht

KONVERTIERTES TONBAND

Blockübertragungsbänder
Vor der Sendung wurde die Nachricht in Morsezeichen umgesetzt, indem eine Reihe von Löchern in 35-mm-Film oder Tonband gestochen wurden.

FUNKGERÄT MIT BLOCKCODIERER

Dieses vom SAS (s. S. 138) benutzte Gerät besteht aus einem Sender-Empfänger und einem Blockcodierer GRA-71, der Morsezeichennachrichten für die Sendung zu einem kurzen Impuls komprimiert. Dies vermindert die Wahrscheinlichkeit, durch Funkpeilung aufgespürt zu werden.

AGENTENEMPFÄNGER FE-10

Dieser kleine deutsche Empfänger wurde in den achtziger Jahren an »Schläfer« (siehe gegenüber) ausgegeben. Ein mitgelieferter Signalplan mit der Rufnummer des Agenten enthielt ein Sendeschema und eine Decodieranleitung. Eine wiederaufladbare 9-Volt-Batterie lieferte den Strom. Schläfer hörten damit mehrere Frequenzen ab, indem sie entsprechende Kristalle in die Buchse steckten, die für den Empfang von Signalen auf unterschiedlichen Frequenzen ausgerichtet war.

DRAHTHALTER

FUNK-EMPFÄNGER

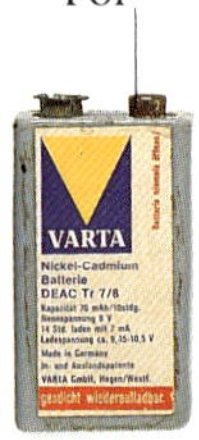

BATTERIE

KRISTALL

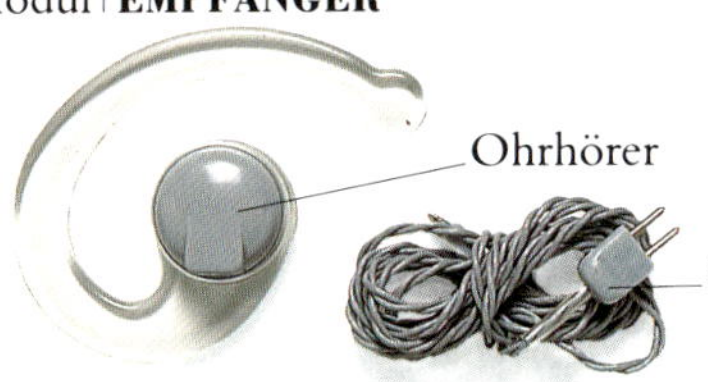

OHRHÖRER UND DRAHT

SENDER-EMPFÄNGER IN LAMPE

Diese für Hotelzimmer geeignete gewöhnliche Tischlampe war in den sechziger Jahren in Amerika erhältlich. Ein amerikanischer Geheimdienst baute eine Reihe von Lampen für den geheimen Gebrauch um und installierte einen Sender-Empfänger im Fuß. Solch eine Lampe ließ sich beispielsweise ins Hotelzimmer eines sowjetischen Doppelagenten stellen, der damit Geheimkontakt zu seinem Führungsoffizier aufnehmen konnte. Durch einen Umbau ließ sich der Sender-Empfänger auch als Lauschgerät einsetzen.

INFRAROT-KOMMUNIKATIONS-SYSTEM

Dieses deutsche Gerät aus den sechziger Jahren sendet und empfängt Sprachmitteilungen über eine Reichweite von 3 km mit Hilfe eines Infrarotlichtstrahls. Es läßt sich tagsüber und nachts einsetzen, Regen oder Nebel allerdings mindern seine Leistung. Im Gegensatz zu damaligen Infrarotnachtsichtgeräten war (und ist) diese Anlage äußerst schwer zu entdecken oder abzuhören.

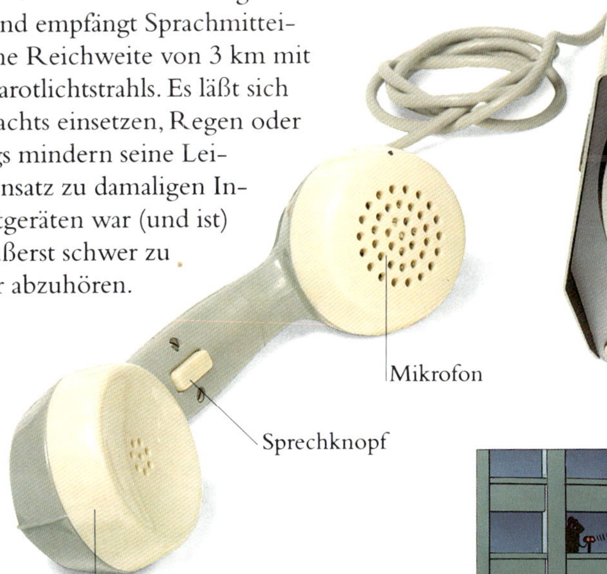

Infrarotkommunikation
Dieses Kommunikationsmittel erlaubt eine sichere Unterhaltung im Stadtbereich beispielsweise zwischen Agent und Führungsoffizier. Wichtig ist, daß zwischen Sender und Empfänger eine klare Sichtlinie vorhanden ist.

Chiffriergeräte

Chiffriergeräte sorgen dafür, daß Nachrichten nur für den vorgesehenen Empfänger verständlich sind. Im Prinzip ersetzen sie die Buchstaben oder Zahlen in einer Mitteilung durch andere. Bei älteren Chiffrierverfahren belegte immer der gleiche Buchstabe einen anderen. In den zwanziger Jahren entwickelten französische und amerikanische Kryptologen (Chiffrierexperten) Maschinen auf der Grundlage polyalphabetischer Versetzungsverfahren. Bei dieser Methode kann ein Buchstabe jedesmal, wenn er auftaucht, durch einen völlig anderen aus der Anzahl möglicher Buchstaben ersetzt werden.

CHIFFRIERGERÄT M-94

Das M-94 basierte auf einem Gerät aus dem 18. Jahrhundert. Buchstabenscheiben drehten sich um einen Zylinder. Die US-Army benutzte den Apparat zwischen 1922 und 1943, bis er durch den Konverter M-209 abgelöst wurde.

KRYHA-CHIFFRIER-MASCHINE

Diese 1924 konstruierte Maschine arbeitete mit polyalphabetischer Versetzung. Deutsche Diplomaten, die sie im Krieg benutzten, ahnten nicht, daß die Amerikaner die Chiffre geknackt hatten.

BOLTONS PATENTCHIFFRIERRAD

Mit diesem Gerät wurde ein Buchstabe durch einen anderen ersetzt. Dieser für das späte 19. Jahrhundert typische Apparat basierte auf der Chiffrierscheibe des Renaissancegelehrten Leon Battista Alberti.

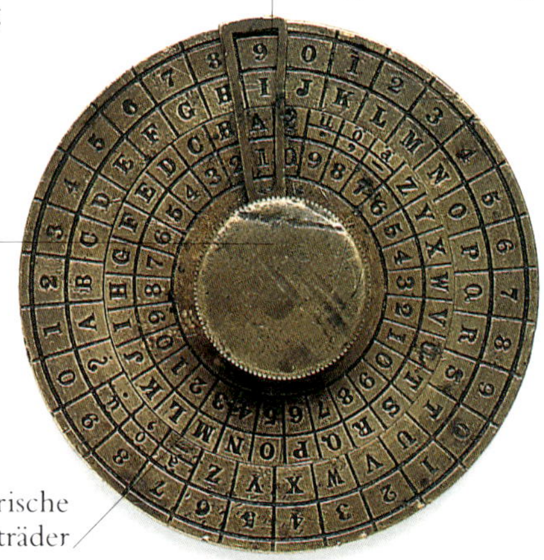

Die Hebern-Chiffriermaschine

EDWARD HEBERN

Der amerikanische Erfinder Edward Hebern (1869-1952) war Audiodidakt. Seit 1909 produzierte er eine Reihe elektromechanischer Chiffriermaschinen mit Drehscheiben. Sie dienten Geschäftsleuten, die Angst vor Wirtschaftsspionage hatten, zum Austausch geheimer Mitteilungen.

1915 entwickelte Hebern eine Anlage, bei der zwei Schreibmaschinen mit einem Rotor in der Mitte verdrahtet waren. Diese Konzeption war ihrer Zeit voraus und wurde noch später vom diplomatischen Dienst Japans für seine Rot-Code-Geräte (s. S. 36) übernommen.

Die US-Navy ließ diese Maschine testen, doch konnte der Kryptologe William Friedman (s. S. 36) die Chiffre dabei knacken. Davon unbeirrt, entwickelte Hebern die Maschine Mark II beziehungsweise SIGABA mit dem sichersten amerikanischen Chiffriersystem im Zweiten Weltkrieg.

HEBERN-CHIFFRIER-MASCHINE (1921)

CHIFFRIERMASCHINE KONVERTER M-209

Dieses Gerät wurde von Boris Hagelin konstruiert und im Zweiten Weltkrieg von der US-Army häufig eingesetzt. Die kompakte tragbare Maschine arbeitete mit einer Reihe von Rotoren, um geheime militärische Nachrichten zu chiffrieren und zu entschlüsseln. Sobald der Konverter M-209 eine Mitteilung verschlüsselt hatte, druckte er den Text auf Papierstreifen in Gruppen von fünf Buchstaben aus. Dann wurde er über Funk gesendet. Die verschlüsselte M-209-Nachricht konnte dann von einer weiteren M-209 entschlüsselt und im Klartext ausgedruckt werden.

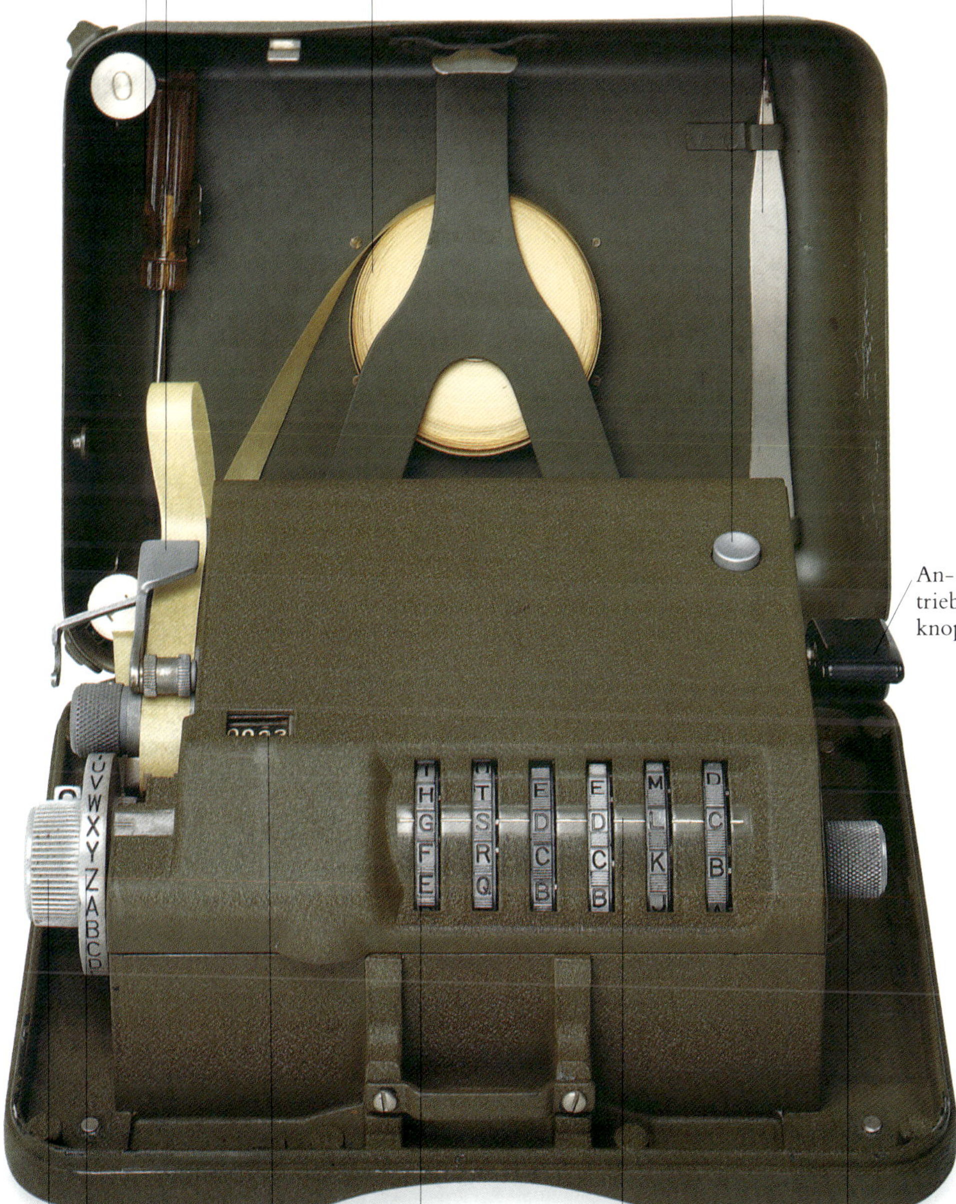

Boris Hagelin

1934 konstruierte der schwedische Kryptologe Boris Hagelin (1892-1983) eine Chiffriermaschine für den französischen Geheimdienst. Daraus entwickelte er den Konverter M-209 für die US-Army. Im Zweiten Weltkrieg wurden über 140 000 Exemplare produziert.

CHIFFRIERMASCHINE CD-57

Die CD-57 wurde von Hagelin für die französische Geheimpolizei gebaut. Sie ließ sich in der Tasche tragen. Dank einem Daumenhebel hatte man eine Hand zum Abschreiben der Nachricht frei.

Die Enigma-Maschine

Die Deutschen wollten im Zweiten Weltkrieg den totalen Krieg zu Land, zu Wasser und in der Luft führen. Dafür modernisierten sie ihr geheimes Kommunikationssystem. Unter anderem wurde die ursprünglich zum Schutz von Geschäftsgeheimnissen gebaute Enigma-Chiffriermaschine eingesetzt. Für die verschiedensten Organisationen, etwa die Wehrmacht, den Sicherheits- und Geheimdienst, das diplomatische Korps, wurden unterschiedliche Versionen eingesetzt. Durch ständige Verbesserung wurde die Enigma immer komplexer. Erst 1943 konnte der »erste Computer der Welt« sie endgültig knacken. Historiker bewerten das als einen der wesentlichen Faktoren, die zum Sieg der Alliierten führten.

Japanische Enigma
Für Japan wurde eine Sonderanfertigung der Enigma hergestellt.

Deutsche Soldaten mit der Enigma
Ein Soldat tippt eine Meldung ein, während ein anderer die chiffrierten Buchstaben aufruft, wenn sie aufleuchten. Sie werden dann aufgeschrieben und per Funk gesendet.

ENIGMA-CHIFFRIERMASCHINE

Dieses elektromechanische Gerät zum Verschlüsseln und Entschlüsseln von Mitteilungen wurde 1923 erfunden. Jeder Buchstabe wurde separat durch eine Reihe von Kontakten und Walzen verschlüsselt.

FUNKTIONSWEISE DER ENIGMA

Das Geheimnis der Enigma lag in ihrem Aufbau. Die Buchstabenwalzen konnten in beliebiger Reihenfolge auf dem Walzenzylinder plaziert werden, die Innenverdrahtung jeder Walze ließ sich auf unterschiedlichste Weise installieren. Die Ausgangseinstellung dieser Walzen legte die Chiffrierung fest. Die Stecker konnten in beliebigen Kombinationen ins Steckbrett gesteckt werden. All diese Variablen der Schlüsseleinstellung wurden regelmäßig verändert. Selbst wenn Kriegsgegner eine Maschine besaßen, die technisch mit derjenigen identisch war, auf der eine Nachricht gesendet wurde, kamen sie nicht weiter. Den Code konnte nur der knacken, der auch die Walzeneinstellung der sendenden Enigma kannte.

1 Mit einem Hebel werden die Walzen entfernt, und die Innenverdrahtung, die »Ringeinstellung«, wird geändert. Die Walzen werden wieder in der Reihenfolge der aktuellen Anweisung eingesetzt.

2 Jeweils ein Buchstabe von jeder Walze ist durch das Fenster der Abdeckung zu sehen. Die Walzen werden gedreht, bis die Buchstaben laut Anweisung arrangiert sind. Sie ergeben die »Grundeinstellung«.

3 Sind die Walzen in der korrekten Position, wird die Abdeckung geschlossen. Dann werden die Verbindungen auf dem Steckbrett geändert, bis sie Buchstabenpaare laut Codebuch miteinander verbinden.

4 Der Codierer tippt vier beliebige Buchstaben zweimal ein. Diese Acht-Buchstaben-Chiffre dient als Nachrichtenkennung. Vor dem Verschlüsseln werden die Walzen auf diese Buchstaben eingestellt.

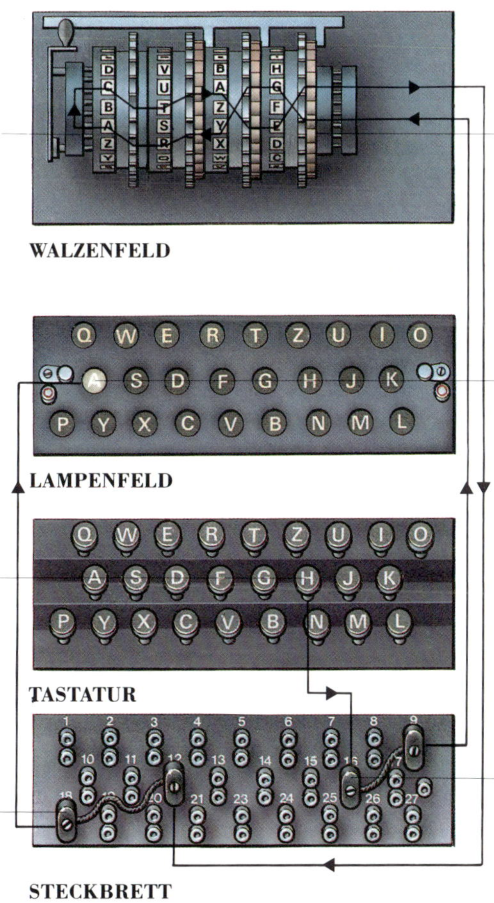

5 Der erste Buchstabe einer Nachricht wird eingetippt. Hier wird das Verschlüsselungsverfahren am Buchstaben H demonstriert.

6 Ein elektrisches Signal wandert vom H zur 16, dann zur 9 auf dem Steckbrett. Auf dieser Stufe wird der Buchstabe geändert.

7 Von der 9 wandert ein Signal durch den Walzenkasten und wird jedesmal verändert, wenn es eine Walze passiert.

8 Eine Spiegelscheibe am Ende der Walzenreihe wirft das Signal durch die Walzen zurück.

9 Das Signal kehrt zum Steckbrett zurück, hier zur 12. Es wird durch eine Verbindung zur 18 umgeleitet.

10 Das Signal gelangt zum Lampenfeld. A leuchtet auf und wird der erste Buchstabe der chiffrierten Nachricht. Dieses Verfahren wird für jeden Buchstaben wiederholt.

DER GEHEIMSCHREIBER

Ein komplexeres Chiffriergerät als die Enigma war der Geheimschreiber. Wegen seiner 10 oder 12 Walzen ließen sich verschlüsselte Nachrichten äußerst schwer knacken. Das Gerät war sehr groß und wurde nur in den Fernmeldezentralen Deutschlands oder der besetzten Gebiete installiert.

GEHEIMSCHREIBER (SIEMENS) MODELL »STÖR«

Chiffren und Geheimschriften

Spione müssen oft Mitteilungen schreiben, die der Feind nicht entdecken oder verstehen darf. Eine geschriebene Nachricht kann mit einem Chiffriergerät (s. S. 120) oder einem Chiffrierverfahren wie dem Einmalblock-System verschlüsselt werden, das bei richtiger Anwendung völlig sicher vor Codeknackern ist. Mitteilungen lassen sich auch mit Geheimschriften verbergen, üblicherweise nach einer der folgenden Methoden: dem Feuchtverfahren, also mit Hilfe von unsichtbaren Tinten, und dem Transferverfahren, bei dem ein Stück Kohlepapier die Schrift auf ein Stück normales Papier durchpaust. Außerdem läßt sich eine Nachricht durch Verkleinerung verstecken: in einem Mikropunkt (s. S. 126).

UNSICHTBARE DEUTSCHE TINTE MIT SCHWAMM (ERSTER WELTKRIEG)

MEISTERSPION Herbert Boeckenhaupt

Herbert Boeckenhaupt (*1942) war ein Funkspezialist der US Air Force. Als junger Mann arbeitete er gegen Bezahlung für die Sowjetunion. Von 1962 bis zu seiner Verhaftung 1966 schickte Boeckenhaupt dem KGB amerikanische Militärgeheimnisse, oft mit Hilfe von Geheimtinten. Nach seiner Verhaftung wurden in seinem Haus Anweisungen auf 35-mm-Film für einen toten Briefkasten sowie Geheimschriftkohlepapier gefunden.

TASCHENTUCH MIT GEHEIMSCHRIFT

Manche unsichtbaren Tinten lassen sich sowohl auf Stoff als auch auf Papier anwenden. Dieses Taschentuch wurde in den sechziger Jahren in Deutschland präpariert. Die Nachricht bezieht sich auf ein bevorstehendes Treffen und auf Informationen, die aus der DDR erwartet werden.

Abschnitt, auf dem die Nachricht chemisch sichtbar gemacht wurde

CHIFFRENLISTEN IN WALNUSSSCHALE

In dieser Walnußschale, die bei einem sowjetischen Agenten in der früheren BRD gefunden wurde, waren zwei zusammengerollte Chiffrenlisten eines Einmalblocks.

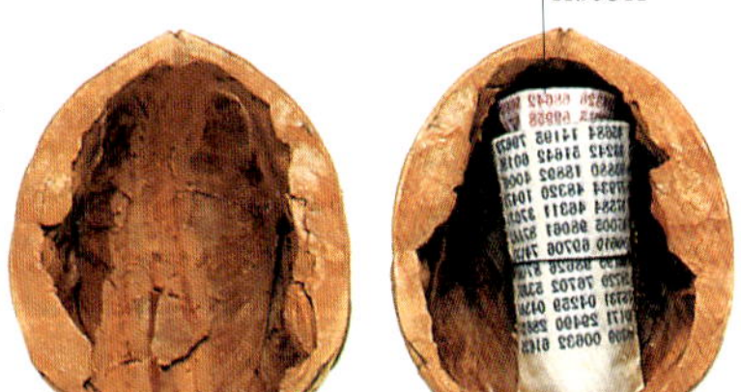

Chiffrenlisten

Madame de Victorica

Im Ersten Weltkrieg fing der US-Militärgeheimdienst einen mit Geheimtinte geschriebenen Brief an einen mutmaßlichen deutschen Spion ab. Der Brief wurde bis zu der in New York lebenden Madame Marie de Victorica (1882-1920) zurückverfolgt. Bei ihrer Verhaftung entdeckte man bei ihr zwei mit wasserlöslichen Geheimtinten getränkte Seidenschals. Sie wurde wegen Spionage angeklagt, aber, nachdem sie ihre Mitarbeit anbot, nicht verurteilt. Als Heroinabhängige wurde sie von den Behörden mit Drogen versorgt. Hier ihr Ausweis der Drogenaufsicht.

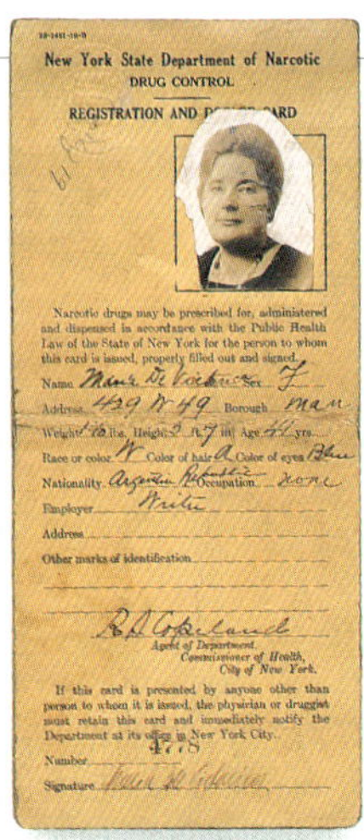

AUSWEIS

MIT FOTO KASCHIERTE NACHRICHT

Geheimschriften lassen sich verstecken, indem man ein Foto darüberdruckt. Die Nachricht wird sichtbar, wenn man lediglich die oberste Fotoschicht mit Chemikalien ablöst. Mit diesem Foto hatte die Stasi in den sechziger Jahren eine Geheimschrift bedeckt, die hier zum Teil sichtbar gemacht wurde. Sobald eine Nachricht auf diese Weise verborgen ist, läßt sie sich sicher und unauffällig transportieren. Oft werden Funkkontaktpläne so versteckt.

Abschnitt, auf dem die Nachricht chemisch sichtbar gemacht wurde

DAS EINMALBLOCK-SYSTEM

Das Einmalblock-System wurde erstmals in den zwanziger Jahren vom deutschen diplomatischen Dienst angewendet. Absender und Empfänger haben einen identischen Block mit Chiffrenlisten. Es wird nur eine einzelne Nachricht verschlüsselt und der Block dann vernichtet. Da die Chiffre nie wiederholt wird, ist sie theoretisch nicht zu knacken. Sollte jedoch ein gegnerischer Geheimdienst eine Kopie einer der Listen bekommen, könnte die ganze Nachricht entschlüsselt werden. 1943 wurde das System von der SOE (s. S. 30) übernommen. Aus Haltbarkeits- und Transportgründen wurden die Blocks mit den Listen aus Seide hergestellt.

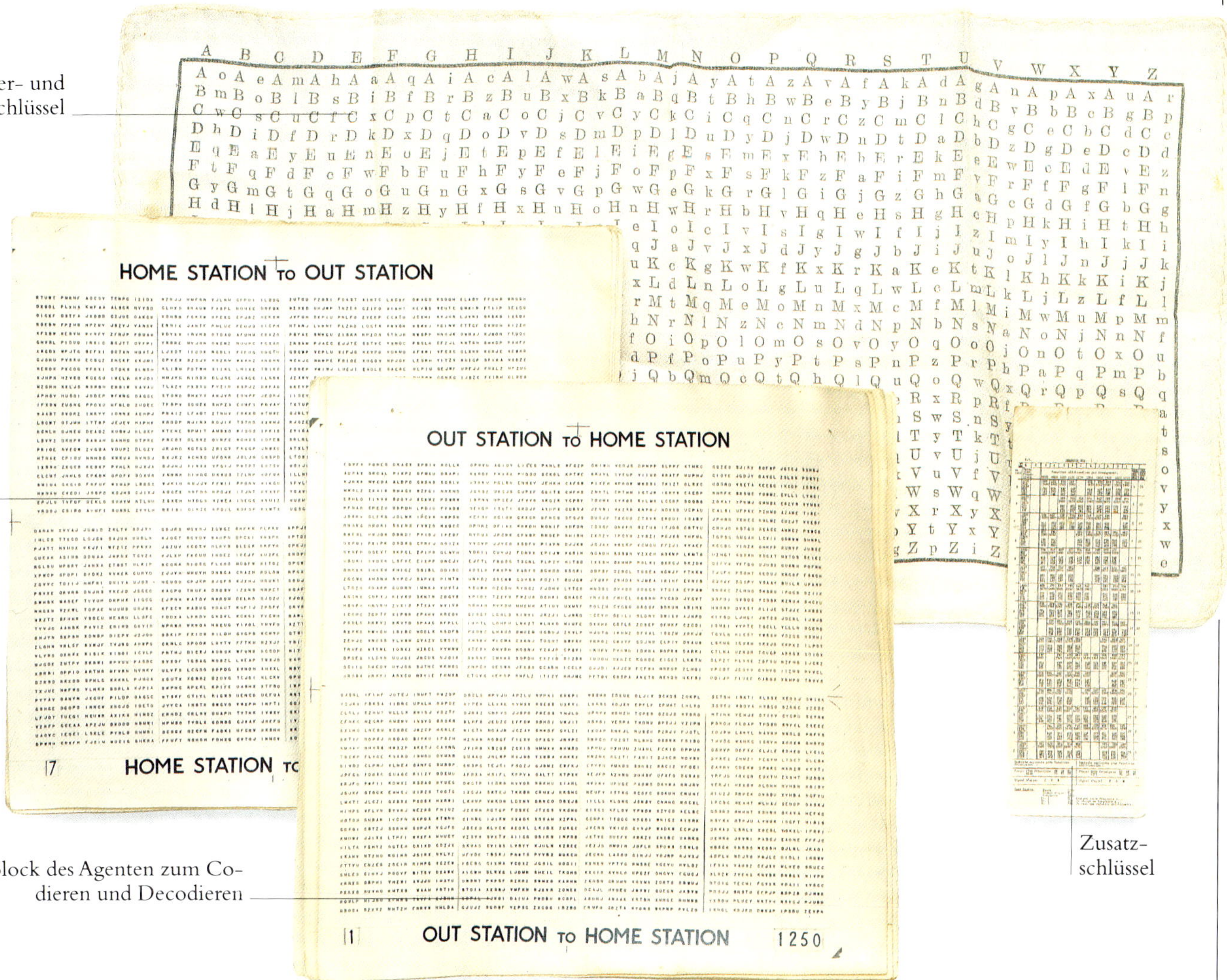

Codier- und Decodierschlüssel

Block des Heimatstützpunkts zum Codieren und Decodieren

Block des Agenten zum Codieren und Decodieren

Zusatzschlüssel

GEHEIMSCHRIFTTECHNIK

Geheimdienste, die mit Hilfe von Geheimschriften mit Spionen kommunizieren, haben vielfältige, ausgefallene Spezialtinten und Entwicklerchemikalien hergestellt. Mit einfachem Zitronensaft lassen sich die Funktion von Geheimtinten und das Prinzip von Geheimschriften demonstrieren. Eine zwischen die Zeilen eines normalen Briefes mit Zitronensaft geschriebene Nachricht trocknet rasch und wird unsichtbar. Wärme macht den Saft wieder sichtbar, so daß die Geheimnachricht lesbar wird.

So wird die Nachricht geschrieben
Mit einem Zündholz wird zwischen die Zeilen eines mit normaler Tinte geschriebenen Briefes eine Geheimbotschaft mit Zitronensaft geschrieben.

So wird die Nachricht gelesen
Der Empfänger der Nachricht erwärmt sie mittels Kerze, Glühbirne oder Bügeleisen. Der Zitronensaft wird braun und die Nachricht sichtbar.

Mikropunkte

Mikropunkte sind winzige Fotos von Nachrichten, Geheimdokumenten oder anderen Fotos und lassen sich nur mit einem Vergrößerungsgerät lesen. Die hier gezeigte Kamera erzeugt Mikropunkte von 1 mm Durchmesser; andere Kameras können sogar noch kleinere Mikropunkte produzieren. Mikropunkte werden seit dem amerikanischen Bürgerkrieg (1861-65) von Geheimdiensten eingesetzt. Der KGB bildete einige Agenten, wie den amerikanischen Spion Robert Thompson, in der Herstellung und im Verstecken von Mikropunkten aus. Sie lassen sich in Geheimkammern in Ringen und Münzen oder auf einem winzigen Stück Film verbergen, das in den Rand einer Postkarte gefügt wird. Mikropunkte werden mit speziellen Lesegeräten vergrößert, die oft auch raffiniert versteckt werden müssen.

VERSTECKE

Mikropunkte lassen sich in Alltagsgegenständen oder Spezialverstecken verbergen. In das Markstück paßten Hunderte von Mikrobildern. Der Ring aus dem Zweiten Weltkrieg enthielt Mikrobilder oder einen Kompaß. Mit dem Schlitzer wurden Postkarten am Rand zum Verstecken von Mikropunkten aufgeschlitzt.

Linksgewinde

Geheimfach

RING

POSTKARTENSCHLITZER

Geheimfach

MÜNZE

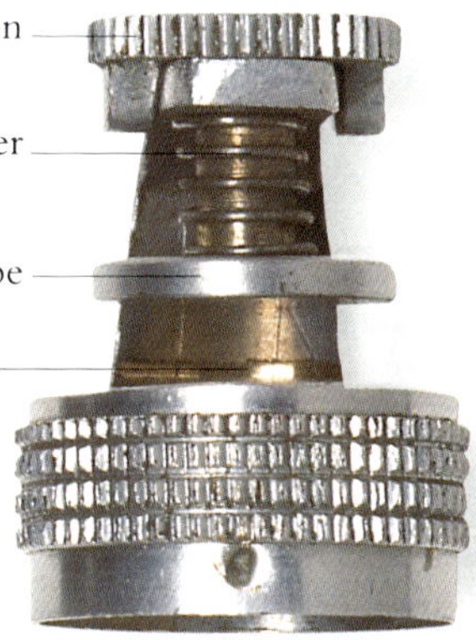

Film läßt sich durch Öffnen des Oberteils einführen

Spiralfeder

Filmsicherungsscheibe

Position des Films

KAPPE

MIKROPUNKTKAMERA

Diese miniaturisierte und leicht zu versteckende Mikropunktkamera wurde von den Geheimdiensten der ehemaligen Ostblockländer, etwa der DDR, verwendet. Damit wurden auch die rechts gezeigten Mikropunkte gemacht. Die Kamera erstellt einen fertigen Mikropunkt ohne Zwischennegativ vom Originalfoto.

MIKROPUNKTKAMERA (ORIGINALGRÖSSE)

MIKROPUNKTE (ORIGINALGRÖSSE)

Mikropunktkamera paßt ins Linealloch

Bücher halten Lineal in korrekter Höhe

Dokument

Die Arbeit mit einer Mikropunktkamera
Die Kamera wird an einem Lineal befestigt und mit einem Bücherstapel über dem zu fotografierenden Dokument plaziert. Die unterschiedlichen Kameratypen erfordern jeweils bestimmte Abstände zum Dokument. Die Belichtungszeit kann je nach Film bis zu mehreren Minuten lang sein.

Behälter für Objektivelemente

MIKROPUNKTKAMERA (VERGRÖSSERT)

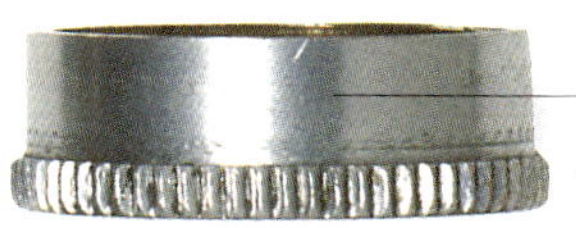

Kappe dient als Verschluß bei langen Belichtungszeiten

MEISTERSPION

Robert Glenn Thompson

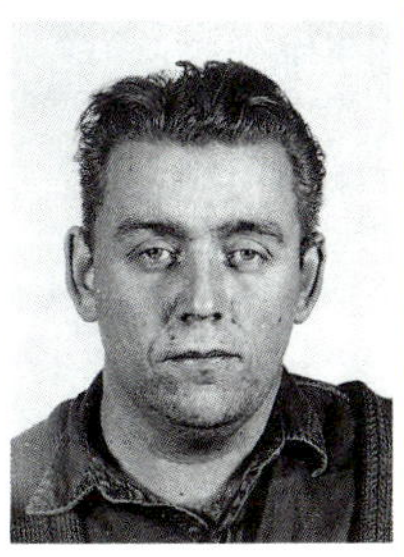

Robert Glenn Thompson (*1925), ehemaliger Angehöriger des US Air Force Office of Special Investigations, wurde 1965 verhaftet und wegen Weitergabe von Geheimnissen an den KGB zu 30 Jahren Gefängnis verurteilt. Er war 1957 vom KGB in Moskau in Geheimschrifttechniken, Mikrofotografie und der Arbeit mit einer Minox-Kamera ausgebildet worden. 1978 wurde Thompson im Zuge eines Agentenaustauschs in die DDR entlassen.

MIKROPUNKTLESEGERÄT

Zum Lesen von Mikropunkten benötigen Agenten starke Vergrößerungsgeräte. Das können spezielle Miniaturbetrachter, die in eine Zigarette passen, oder handelsübliche Taschenmikroskope sein. In feindlichen Ländern operierende Agenten bevorzugen Lesegeräte, die sich besonders leicht verstecken lassen.

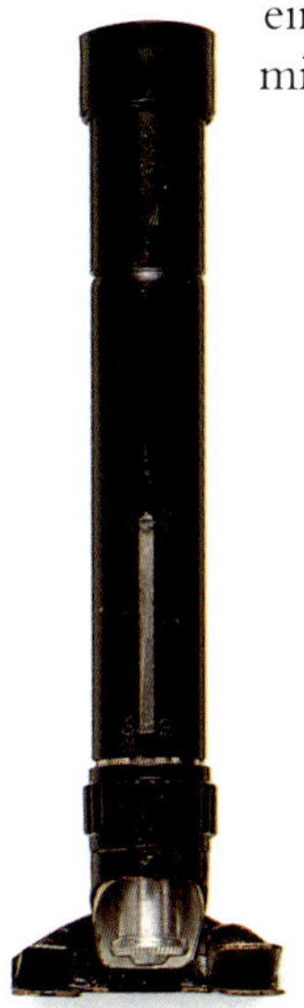

MIKROPUNKT-BETRACHTER

TASCHEN-MIKROSKOP

kleiner Betrachter, paßt in eine Zigarette

MINIATURMIKRO-PUNKTBETRACHTER

FÜLLER ALS BETRACHTERVERSTECK

Dieser DDR-Mikropunktbetrachter ist in einem Füller aus den fünfziger Jahren versteckt. Ein kleiner Tintenbeutel ließ sich installieren, so daß der Füller funktionierte und keinen Verdacht erregte. So wurde der Betrachter zwischen sicheren Verstecken befördert oder in einem Schreibtisch aufbewahrt.

SCHREIBFEDER **MIKROPUNKTBETRACHTER** **SCHAFT**

WIE EIN MIKROPUNKT ENTSTEHT

Ein Mikropunkt läßt sich mit einer hochwertigen 35-mm-Kamera nach der sogenannten zweistufigen britischen Methode erstellen. Von einem Dokument wird ein Foto mit kontraststarkem Schwarzweißfilm so aufgenommen, daß das Dokument den ganzen Bildrahmen ausfüllt. Der Film wird entwickelt, und das Negativ wird in eine in ein Stück schwarze Pappe geschnittene Öffnung montiert. Von hinten beleuchtet, erscheint der Text auf dem Negativ weiß auf schwarz. Das abgebildete Schwarzweißbild ist aus einem Abstand von 127 cm mit einem 50-mm-Objektiv aufgenommen und hat einen Durchmesser von 1 mm auf dem Negativ. Es wird ausgeschnitten und ergibt den Mikropunkt.

Originaldokument (codiert)

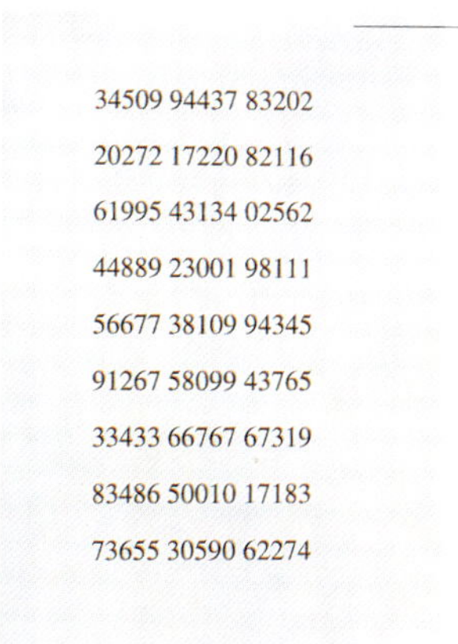
34509 94437 83202
20272 17220 82116
61995 43134 02562
44889 23001 98111
56677 38109 94345
91267 58099 43765
33433 66767 67319
83486 50010 17183
73655 30590 62274

DOKUMENT

Negativ in Öffnung montiert

schwarze Pappe mit Öffnung

MONTIERTES NEGATIV

montiertes Negativ

Kamera in Aufnahmestellung

KAMERAAUFBAU

Mikropunkt

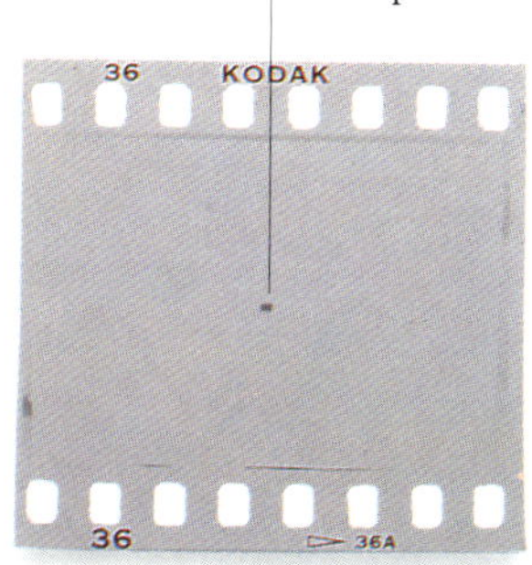

MIKROPUNKT AUF NEGATIV

Container I

Viele unterschiedlich große und geformte Verstecke, in der Fachsprache »Container« genannt, werden konstruiert, damit Spione Informationsträger und Geräte verbergen können. Das Grundprinzip dabei ist, die Verstecke so zu tarnen, daß sie keinerlei Verdacht wecken. Wichtig ist, daß ein Versteck dem Lebensstil und den Verhältnissen des Agenten entspricht. Einige Container werden eigens hergestellt, andere sind präparierte Alltagsgegenstände. Manche sind mit einer Sprengladung versehen, so daß ein unbefugtes Öffnen zur Vernichtung des Inhalts führt. Häufig werden Linksgewinde verwendet, die sich ungewohnterweise nur im Uhrzeigersinn aufschrauben lassen.

STATUETTE

STATUETTE ALS VERSTECK

Dieser holzgeschnitzte Wapiti-Hirsch verbirgt ein Geheimversteck für eine Kleinstbildkamera. Unter der Figur befindet sich ein Fach mit einer Minox IIIS samt Reservefilmkassette. Das deutsche Bundesamt für Verfassungsschutz (BfV) fand das Stück aus dem kalten Krieg in der Wohnung eines Stasi-Agenten.

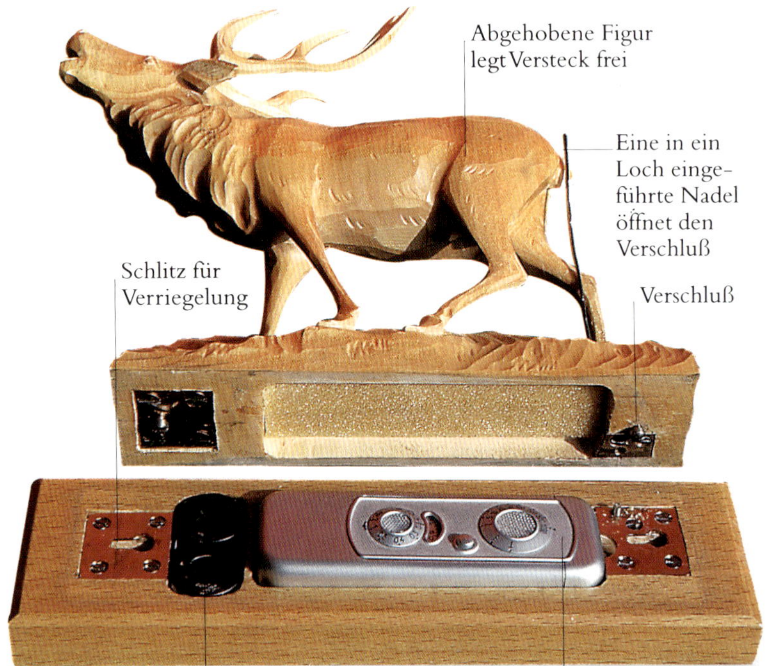

VERSTECK IM SOCKEL

SILBERDOLLARCONTAINER

In diesem Versteck aus zwei Originalmünzen, für einen westlichen Geheimdienst hergestellt, wurden Mikrofilme und Einmalblocks versteckt. Drückt man auf die Flügelspitze des Adlers, öffnet es sich.

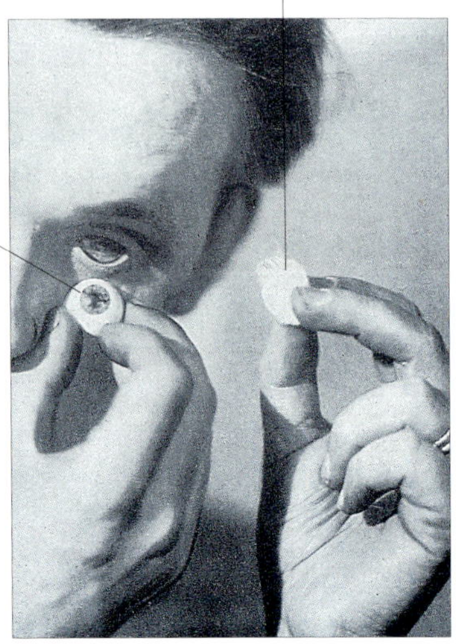

AUGENCONTAINER

Dieses deutsche Foto stammt aus der Zeit zwischen den beiden Weltkriegen. In einem künstlichen Auge wird eine Geheimnachricht versteckt und transportiert.

MEISTERSPION

Maria Knuth

Der polnische Geheimdienst warb 1948 die Deutsche Maria Knuth an. Sie war darauf spezialisiert, Agenten zu verführen und damit auf ihre Seite zu ziehen. Zunächst arbeitete sie als »Briefkasten« für einen Spionagering in Westberlin. Sie besaß eine Reihe von Verstecken für Mikropunkte und Blätter von Einmalblocks. Als sie im Mai 1952 einen Mitarbeiter des Bundesamtes für Verfassungsschutz rekrutieren wollte, wurde sie verhaftet.

BÜRSTENCONTAINER

Für Minox-Kameras erfanden sowjetische und ostdeutsche Geheimdienste alle möglichen Verstecke – hier eine Herrenkleiderbürste. Solche Gegenstände mußten zum Lebensstil des Agenten passen, damit das Versteck keinen Verdacht erregte.

BÜRSTEN-CONTAINER

GEHEIMFACH MIT KAMERA

SCHACHBRETTCONTAINER

Dieses Schachbrett wurde vom bundesdeutschen Verfassungsschutz einem DDR-Agenten abgenommen. Ein Hohlraum verbarg eine Mikropunktkamera, Zubehör und Film. Solche Verstecke waren fast immer »Sonderanfertigungen« aus Spezialwerkstätten für besondere Missionen.

UNTERTEIL DES SCHACHBRETTS

SPIEL-FLÄCHE

Container II

KNOPF- UND BRIEFMARKENCONTAINER

Selbst bei sorgfältiger Durchsuchung werden Nachrichten wie diese unter einem Knopf aus dem Ersten Weltkrieg beziehungsweise einer Briefmarke aus dem Jahre 1962 selten entdeckt.

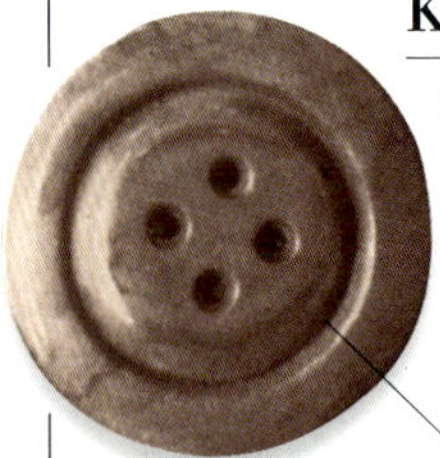

Vorderseite

codierte Nachricht auf der Rückseite

KNOPF

Nachricht auf der Rückseite

BRIEFMARKE

ZIGARETTENCONTAINER

Mit diesem vom polnischen Geheimdienst gefertigten Metallzylinder konnten Spione und Kuriere straff gerollten »Softfilm« (Film ohne Zelluloid und daher extrem dünn) in einer Zigarette verstecken.

aufgeschlitzte Zigarette

Aluminiumbehälter

Softfilm

Behälterdeckel

BATTERIEGEHÄUSECONTAINER

Derartige Verstecke wurden von Geheimdiensten in den ehemaligen Ostblockländern eingesetzt. Im Gehäuse einer normalen Taschenlampenbatterie befand sich ein Hohlraum, in dem sich Film, Geld und sogar Mikropunktkameras und -betrachter verbergen ließen. Außerdem enthielt es eine kleinere, echte Batterie mit entsprechender Voltzahl, so daß sich die falsche Batterie auch als echte verwenden ließ. Zum Öffnen mußte die Bodenplatte mit Hilfe eines Magnets abgeschraubt werden.

ECHTE BATTERIE

HOHLES BATTERIEGEHÄUSE

Bodenplatte

echte Batterie

Batteriegehäuse

Magnet

Filmrolle

GEÖFFNETES VERSTECK

Linksgewinde

Bodenplatte

Magnet

MAGNET UND BODENPLATTE

SEIFENSCHACHTELCONTAINER

Der tschechische Geheimdienst erfand für Kuriere, die Filme transportierten, spezielle Verstecke wie diese Seifenschachtel. Bei unsachgemäßer Öffnung wird das Beweismaterial vernichtet. In unserem Beispiel ist der Film um eine Blitzlampe gewickelt, die den Film zerstört. Zum sicheren Öffnen des Gehäuses wird ein Magnet darunter plaziert, der einen Deaktivierungsschalter betätigt.

Magnet

Schalter löst bei inkorrektem Öffnen Blitzlicht aus

Batterie

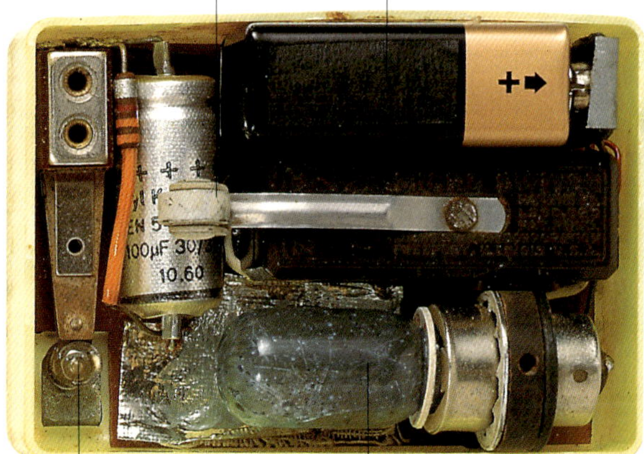

Deaktivierungsschalter

Blitzlampe

Deck

Die Skizzen von Baden-Powell

Lord Baden-Powell (1857-1941), der bekannte Begründer der Pfadfinderbewegung, beschaffte in seiner frühen Militärkarriere Geheiminformationen, beispielsweise über feindliche Festungsanlagen auf dem Balkan im Jahre 1890. Er tarnte sich als Entomologe und zeichnete Schmetterlinge. Die Adern auf den Flügeln enthalten einen Plan der Festungsanlagen, die Flecke geben Größe und Position von Kanonen an. Die Blattzeichnung zeigt Schützengrabensysteme.

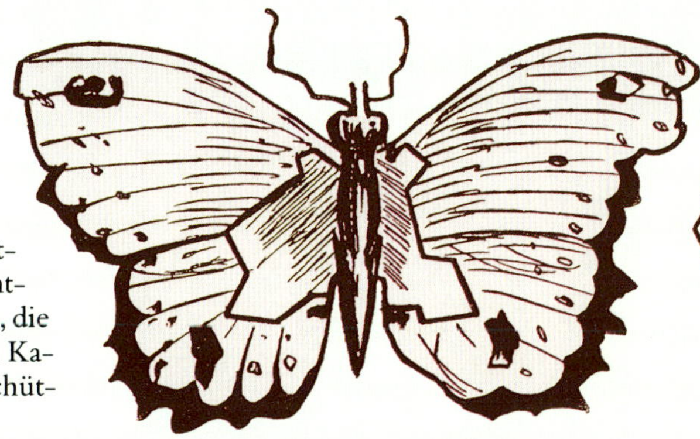

SCHMETTERLINGSSKIZZE

BLATTSKIZZE

RASIERCONTAINER

Alltagsgegenstände wie diese Toilettenartikel lassen sich problemlos transportieren. Der Hohlraum im Griff dieses französischen Rasierpinsels öffnet sich nur, wenn der Griff im Uhrzeigersinn gedreht wird. Die Dose spendet sogar ein wenig Rasierschaum – der übrige Platz dient als Versteck.

HOHLE SCHRAUBE

Diese hohle Schraube wurde von sowjetischen Agenten in Westdeutschland als toter Briefkasten (s. S. 132) verwendet. Der Schraubenkopf ließ sich entfernen und gab eine Höhlung frei, in der Dinge versteckt werden konnten. Die gefüllte Schraube wurde am Standort des toten Briefkastens angebracht – hier an einem hölzernen Brükkengeländer –, bis der Agent oder die Kontaktperson sie abholte.

)berteil
äßt sich
schraubben

Filmrolle

RASIERPINSEL

RASIERSCHAUMDOSE

Dosenboden

Versteck

SCHRAUBE AM GELÄNDER

SCHRAUBENKOPF

zusammengerollte Nachricht

HOHLE SCHRAUBE

TOTER BRIEFKASTEN AUF EINER BRÜCKE

Tote Briefkästen

Ein toter Briefkasten ist ein Ort, an dem Spione Informationen hinterlassen oder Anweisungen, Codiertafeln, Mikropunktkameras, Filme, Funkpläne, Geld oder Spionagegeräte jeglicher Art abholen können. Diese Dinge werden gewöhnlich in speziell konstruierten Behältern verstaut. Tote Briefkästen sind sicherer als persönliche Treffen, die die Sicherheit von mindestens zwei Gliedern eines Spionagenetzes gefährden können. Die Standorte der toten Briefkästen müssen unauffällig, aber vom Agenten leicht zu finden sein. Beim Einrichten eines toten Briefkastens muß mit einer Reihe von Sicherheitsmaßnahmen sichergestellt werden, daß der gegnerische Geheimdienst nicht mit einem Observationstrupp vor Ort ist.

John Walkers letzter toter Briefkasten

Am 17. Mai 1985 abends fuhr John Walker, amerikanischer KGB-Spion (s. S. 54), zu einem toten Briefkasten an einer Landstraße in Maryland, rund 40 km nordwestlich von Washington. Er wurde vom FBI überwacht.

Um seinem KGB-Führer zu signalisieren, daß er da war, legte Walker eine leere Getränkedose neben einen Strommast am Straßenrand. Seine Geheimdokumente waren in einem Müllbeutel versteckt, den er hinter einen anderen Mast stellte.

Die FBI-Agenten sahen, wie Walker die Dose hinlegte, dachten, sie enthielte etwas Wichtiges, und entfernten sie. Da der KGB-Offizier die Dose nicht vorfand, brach er seine Aktion ab und kehrte in die sowjetische Botschaft in Washington zurück.

Das FBI nahm auch den Müllbeutel mit den Geheimdokumenten an sich, wenig später wurde Walker verhaftet.

Karte mit Hinweisen

Anweisungen mit Ortsnamen in Rot

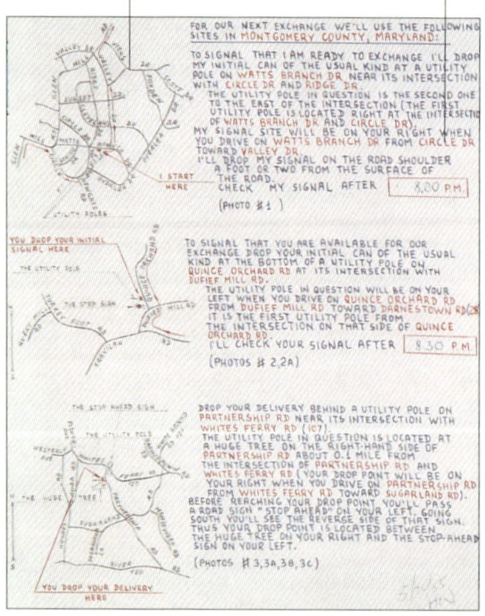
FOR OUR NEXT EXCHANGE WE'LL USE THE FOLLOWING SITES IN MONTGOMERY COUNTY, MARYLAND:

TO SIGNAL THAT I AM READY TO EXCHANGE I'LL DROP MY INITIAL CAN OF THE USUAL KIND AT A UTILITY POLE ON WATTS BRANCH DR NEAR ITS INTERSECTION WITH CIRCLE DR AND RIDGE DR.
THE UTILITY POLE IN QUESTION IS THE SECOND ONE TO THE EAST OF THE INTERSECTION (THE FIRST UTILITY POLE IS LOCATED RIGHT AT THE INTERSECTION OF WATTS BRANCH DR AND CIRCLE DR).
MY SIGNAL SITE WILL BE ON YOUR RIGHT WHEN YOU DRIVE ON WATTS BRANCH DR FROM CIRCLE DR TOWARD VALLEY DR.
I'LL DROP MY SIGNAL ON THE ROAD SHOULDER A FOOT OR TWO FROM THE SURFACE OF THE ROAD.
CHECK MY SIGNAL AFTER 8.00 P.M.
(PHOTO #1)

I START HERE

YOU DROP YOUR INITIAL SIGNAL HERE

TO SIGNAL THAT YOU ARE AVAILABLE FOR OUR EXCHANGE DROP YOUR INITIAL CAN OF THE USUAL KIND AT THE BOTTOM OF A UTILITY POLE ON QUINCE ORCHARD RD AT ITS INTERSECTION WITH DUFIEF MILL RD.
THE UTILITY POLE IN QUESTION WILL BE ON YOUR LEFT WHEN YOU DRIVE ON QUINCE ORCHARD RD FROM DUFIEF MILL RD TOWARD DARNESTOWN RD(28) IT IS THE FIRST UTILITY POLE FROM THE INTERSECTION ON THAT SIDE OF QUINCE ORCHARD RD.
I'LL CHECK YOUR SIGNAL AFTER 8.30 P.M.
(PHOTOS # 2,2A)

DROP YOUR DELIVERY BEHIND A UTILITY POLE ON PARTNERSHIP RD NEAR ITS INTERSECTION WITH WHITES FERRY RD (107).
THE UTILITY POLE IN QUESTION IS LOCATED AT A HUGE TREE ON THE RIGHT-HAND SIDE OF PARTNERSHIP RD ABOUT 0.1 MILE FROM THE INTERSECTION OF PARTNERSHIP RD AND WHITES FERRY RD (YOUR DROP POINT WILL BE ON YOUR RIGHT WHEN YOU DRIVE ON PARTNERSHIP RD FROM WHITES FERRY RD TOWARD SUGARLAND RD).
BEFORE REACHING YOUR DROP POINT YOU'LL PASS A ROAD SIGN "STOP AHEAD" ON YOUR LEFT. GOING SOUTH YOU'LL SEE THE REVERSE SIDE OF THAT SIGN. THUS YOUR DROP POINT IS LOCATED BETWEEN THE HUGE TREE ON YOUR RIGHT AND THE STOP-AHEAD SIGN ON YOUR LEFT.
(PHOTOS # 3,3A,3B,3C)

YOU DROP YOUR DELIVERY HERE

KGB-ANWEISUNGEN, DIE WALKER ZUM TOTEN BRIEFKASTEN FÜHRTEN

Müll

Geheimdokumente

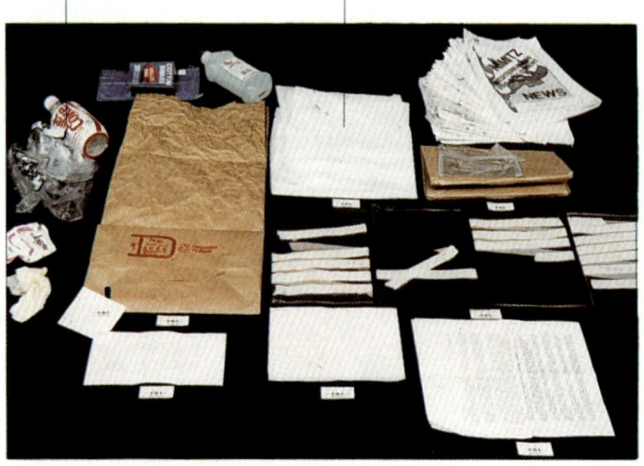

INHALT DES TOTEN BRIEFKASTENS

Hinweis auf toten Briefkasten

Strommast

KGB-FOTO DES TOTEN BRIEFKASTENS

HOHLPFLÖCKE ALS TOTE BRIEFKÄSTEN

Diese in Originalgröße gezeigten Pflöcke werden in den Boden gerammt; sie enthalten Geld, Codiertafeln, Mikropunktkameras und andere Dinge. Hier ein Behälter für eine Filmkassette.

offener Deckel

35-mm-Film

HOHLPFLOCK FÜR 35-MM-FILM

PFLOCK ALS TOTER BRIEFKASTEN

Toter Briefkasten Emil

In den fünfziger Jahren spionierte Bruno Sniegowski für Polen in der Bundesrepublik Deutschland. Seine Führungsoffiziere kommunizierten mit ihm über tote Briefkästen, darunter einer mit Decknamen Emil. Eine Kreidemarkierung an einem verabredeten Ort informierte Sniegowski, daß ihn bei Emil eine Nachricht erwartete. Sie steckte in einem Metallrohr, das an einer Mauer hinter einem Ziegel verborgen war.

SNIEGOWSKI AM TOTEN BRIEFKASTEN

TOTER BRIEFKASTEN MIT KLEMME

Dieser Behälter wird mit einem Magneten an Metallobjekte geklemmt: Ein toter Briefkasten muß nicht unbedingt im Boden vergraben sein – der Klemmbehälter läßt sich an allerlei Stellen anbringen, etwa unter einem abgestellten Auto oder einer Parkbank aus Metall.

DECKEL

TOTER BRIEFKASTEN MIT KLEMME

WASSERDICHTER TOTER BRIEFKASTEN

Mit Hilfe der Gewichte in dieser wasserdichten Tasche läßt sich Material in einem Straßengraben oder unter markierten Steinen in einem seichten Bach verstecken.

WAFFEN

Ein Spion, der lediglich Nachrichten beschaffen soll, trägt normalerweise keine Waffe, da sie von der feindlichen Spionageabwehr entdeckt werden und den Spion belasten könnte. Allerdings halten Geheimdienste Waffen für Personen bereit, die Sonderaufgaben übernehmen: Bodyguards, Attentäter oder verdeckt arbeitende Agenten. Manche Waffen werden selber entwickelt. In Kriegszeiten tragen Sondereinheiten, die hinter den feindlichen Linien operieren, sowohl konventionelle als auch Spezialwaffen.

Versteckte Klingen
Im Zweiten Weltkrieg entwickelte die britische SOE eine Reihe von heimlich getragenen scharfen Waffen wie in dieser Messerrolle.

Schalldämpferwaffen

Schalldämpferwaffen werden zwar nicht so oft eingesetzt, wie uns das Autoren von Spionageromanen vorgaukeln, aber sie spielen bei der Arbeit der Geheimdienste in der Tat eine Rolle. Viele wurden für Spezialagenten im Zweiten Weltkrieg entwickelt. Da Schußwaffen nie völlig geräuschlos oder ohne Mündungsfeuer arbeiten, wurde sogar mit Armbrüsten und Pistolen für den Abschuß von Bolzen experimentiert. Einige der im Zweiten Weltkrieg verwendeten Schalldämpferschußwaffen wie die Welrod- (s. S. 161) und die Hi-Standard-Pistole (s. S. 141) finden sich immer noch in den Arsenalen der großen Geheimdienste. Inzwischen werden auch neuartige Armbrüste verwendet, allerdings eher zu Überlebenszwecken – etwa für die Jagd in entlegenen Gegenden – oder zum Töten von Wachhunden, weniger für den Einsatz gegen Menschen.

Halbautomatische Pistole CZ27 mit Schalldämpfer
Diese tschechische 7,65-mm-Pistole aus dem Zweiten Weltkrieg wurde später vom BND verwendet.

Nahkampfwaffen

Bei Geheimoperationen werden oft Spezialwaffen für den Nahkampf getragen. Dafür ist ein ausgiebiges Training erforderlich. Vor allem Agenten, die Überraschungsangriffe gegen Einzelpersonen führen oder an risikoreichen Operationen teilnehmen und daher nötigenfalls für die Selbstverteidigung gewappnet sein müs-

Dreifinger-Stoßdolch
Dieser britische Dolch aus dem Zweiten Weltkrieg hatte einen Dreifingergriff, dank dem man mit ungeheurer Kraft zustoßen konnte.

Genrich Jagoda
Jagoda (1891-1938) richtete als Leiter des sowjetischen NKWD eine Giftwaffenwerkstatt ein.

sen, tragen solche Waffen. Die Bandbreite reicht von Schlagringen bis zu speziell gefertigten Waffen wie der Peskett aus dem Zweiten Weltkrieg, einer Kombination aus Dolch, Garrotte und Totschläger.

Der Hartgummitotschläger ist oft die bevorzugte Waffe zum Überwältigen von Gegnern. Er wird eingesetzt, um jemanden zu töten oder einfach nur niederzustrecken. Mit anderen Totschlägern werden Gegner auch gezwungen, sich zu ergeben oder Informationen preiszugeben.

Messer sind die klassischen Nahkampfwaffen. Für alle möglichen Situationen sind die verschiedenartigsten Typen entwickelt worden. Kleine Klingen lassen sich für Notfälle unter einem Jackettrevers verstecken. Das Fairbairn-Sykes-Kampfmesser aus dem Zweiten Weltkrieg war hingegen für den offensiven Einsatz vorgesehen. Es ist dafür so perfekt geeignet, daß es noch heute hergestellt und benutzt wird.

Mordinstrument
Dieses in einer präparierten Zigarettenschachtel verborgene Gerät stößt Säure aus, die im Gesicht des Opfers zu tödlichem Zyanidgas verdampft und binnen Sekunden den Tod herbeiführt.

Verdeckte Waffen

Im Zweiten Weltkrieg wurde eine ganze Reihe verdeckter Waffen entwickelt. Sie sollten vor allem Agenten, die entdeckt worden waren, eine gewisse Chance zur Flucht bieten. Dazu zählten Feuerwaffen, die sich am Gürtel oder im Ärmel eines Agenten tragen ließen. Andere waren als Zigarren, Pfeifen oder Füller getarnt. Auch nach dem Krieg haben die Geheimdienste solche Waffen entwickelt – beachtenswert ist ein vom KGB herausgegebenes Schußgerät vom Kaliber 4,5 mm, das sich auf vielfältige Weise, etwa in einer Lippenstifthülse, verstecken ließ.

Der KGB konstruierte Mordwaffen, die lautlos töten konnten. Von diesen Waffen ausgestoßenes Giftgas oder verschossene Giftkugeln waren selbst bei einer Autopsie schwer nachzuweisen. Die Waffen wurden als Spazierstöcke oder Schirme getarnt oder in Zeitungen versteckt.

Walther Modell PPK
Die für deutsche Polizeibeamte in Zivil entwickelte PPK ist leicht verdeckt zu tragen und daher bei vielen Geheimdiensten beliebt.

Modifizierte Waffen

Geheimdienste statten ihre Mannschaften gern mit handelsüblichen Waffen aus, sofern deren Leistungsvermögen den Einsatzanforderungen entspricht. Solche Waffen sind billiger als Sonderanfertigungen und bei einer Entdeckung weniger belastend, da sie sich nicht bis zum Geheimdienst zurückverfolgen lassen. Allenfalls haben die Waffenmeister des Dienstes Visier und Abzug feinabgestimmt, um die Leistung zu verbessern. Das Adjektiv »modifiziert« bezieht sich hier auf derartige Waffen wie beispielsweise auch die Fangschußpistole, die die CIA im Vietnamkrieg (1961-75) an vietnamesische Agenten ausgab. Die billige, einschüssige Waffe sollte es einem Agenten ermöglichen, einen feindlichen Soldaten zu töten, um an dessen Waffe zu gelangen.

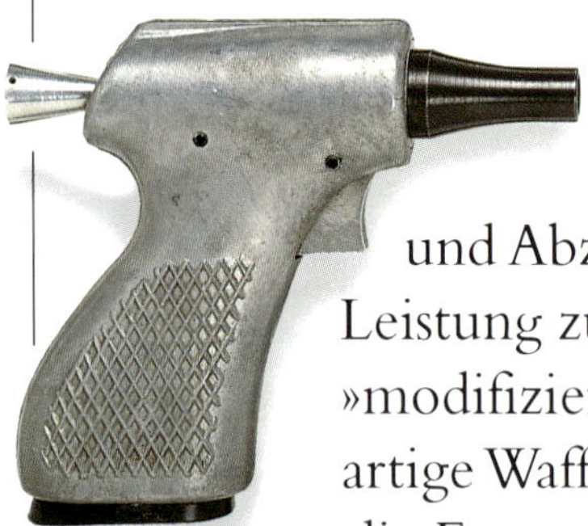

CIA-FANG-SCHUSS-PISTOLE

Royal Canadian Mounted Police

Wappen der RCMP
Die Angehörigen der Royal Canadian Mounted Police nennt man auch Mounties.

Bis 1981 war der Sicherheitsdienst der Royal Canadian Mounted Police (RCMP) für die Spionageabwehr und Sicherheit in Kanada zuständig. In den zwanziger Jahren wurde eine »Red Squad« der RCMP errichtet, um die Ausbreitung des Kommunismus zu stoppen. Dem kanadischen Geheimdienst wurde das Ausmaß der Infiltration durch sowjetische Spione 1945 bewußt, nachdem ein Überläufer die Kanadier über weitreichende Spionageoperationen in ihrem Land informiert hatte. 1981 löste ein Security Intelligence Service (SIS) die RCMP ab. Der Colt Bodyguard (unten) gehört zu den vielen Waffen der SIS-Beamten.

• • • • • • TECHNISCHE DATEN

Hersteller	Colt Firearms
Rahmen	Detective Special
Kaliber	.38 special
Länge	121 mm
Gewicht	595 g (ungeladen)
Lauflänge	54 mm
Kapazität	6schüssiger Revolver
Munition	Variabel

REVOLVER COLT .38 BODYGUARD

Der Bodyguard war eine Modifikation des berühmten Colt Detective Special. Eine hinten am Rahmen angebrachte Abdeckung verhinderte, daß der Hahn an der Kleidung hängenblieb, wenn der Revolver aus der Tasche gezogen wurde. Die Waffe wurde von vielen Sicherheits- und Geheimdiensten, etwa dem RCMP, benutzt.

REVOLVER COLT .38 COMMANDO

Diesen sechsschüssigen Revolver erhielt OSS-Sergeant C.W. Magill, der im Zweiten Weltkrieg beim griechischen Widerstand kämpfte. Der Colt war einer der vielen vom OSS (s. S. 32) verwendeten Waffentypen und wurde auch an amerikanische und alliierte Truppen geliefert. Modelle wie dieses waren gewöhnlich wegen ihrer Größe für den geheimen Einsatz ungeeignet, wurden aber bei anderen Operationen benutzt.

Sergeant C. W. Magill
Das Bild zeigt den 28jährigen Sergeant Magill (»Maggie«) im griechischen Bergdorf Kastania. Er benutzte den Colt .38 Commando Revolver beim Einsatz im griechischen Widerstand während des Zweiten Weltkriegs.

Der französische Geheimdienst

Der französische Geheimdienst SDECE wurde 1981 zum DGSE umgebildet. Französische Agenten waren an vielen hochbrisanten Operationen beteiligt, darunter Versuchen, ausländische politische Führer zu ermorden oder zu entführen. In den fünfziger Jahren versuchte der Geheimdienst wiederholt, den ägyptischen Präsidenten Nasser zu ermorden, obwohl dieser von der CIA unterstützt wurde.

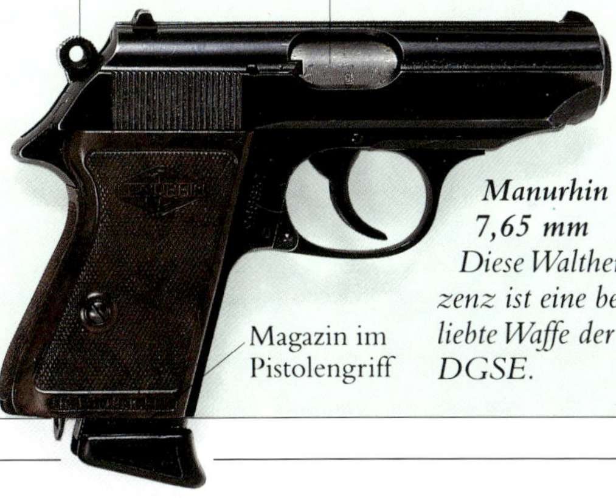

Manurhin 7,65 mm
Diese Walther-Lizenz ist eine beliebte Waffe der DGSE.

GEHEIMPOLIZEIREVOLVER NAGANT 7,62 mm

In den zwanziger Jahren wurde für die sowjetische Geheimpolizei eine kompakte Version des Standarddienstrevolvers Nagant entwickelt. Der 7,62 mm ließ sich leicht verdeckt tragen. Er wurde bis in die vierziger Jahre eingesetzt und war die Waffe von Stalins Eliteleibwachen in Moskau.

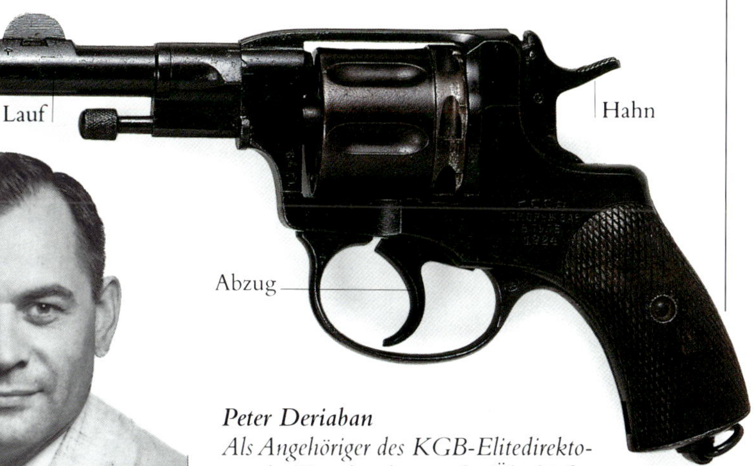

Peter Deriaban
Als Angehöriger des KGB-Elitedirektorats der Kremlwache war der Überläufer Deriaban mit dem Nagant ausgestattet.

Schalldämpferwaffen I

Schußwaffen sind nie absolut lautlos. Ein Schalldämpfer schluckt großenteils den Schall des Mündungsdrucks, aber nicht das Geräusch der mechanischen Teile der Waffe. Munition, die sich unterhalb der Schallgeschwindigkeit bewegt, wird verwendet, um den Überschallknall zu umgehen. Die meisten Schalldämpferwaffen wurden für Attentate oder Spezialoperationen in bewaffneten Konflikten entwickelt. Im Frieden tragen Spione ohne Mordauftrag Schalldämpferwaffen lediglich zur Selbstverteidigung. Der Pilot des Spionageflugzeugs U-2, Francis Gary Powers (s. S. 52), war mit der Schalldämpferpistole Hi-Standard ausgerüstet, um sie als Jagdwaffe einsetzen zu können, falls sein Flugzeug über abgelegenem Feindesland abgeschossen würde.

Mossad

Die Anstalt für Geheimdienst- und Spezialoperationen, kurz Mossad, wurde 1951 als Israels Auslandsnachrichtendienst gegründet. Er entspricht der amerikanischen CIA und dem englischen MI6, beschäftigt aber viel weniger Personal: In der ganzen Welt sind nur 30-35 Spezialagenten des Mossad aktiv. Die Organisation stützt sich allerdings oft auf ortsansässige jüdische Freiwillige, sogenannte *Sayanim* (s. S. 165). Hauptziele des Mossad sind Israels feindselige arabische Nachbarn und politische Organisationen der Palästinenser. Eine seiner bedeutendsten Operationen war 1960 die Entführung des Nazi-Kriegsverbrechers Adolf Eichmann aus Argentinien, um ihn vor ein israelisches Gericht zu bringen.

MOSSAD-WAPPEN

BERETTA 7,65mm MIT SCHALLDÄMPFER

Der Mossad benutzt oft italienische Beretta-Pistolen. Die kleine Beretta läßt sich leicht verdeckt tragen. Patronen mit reduzierter Ladung erhöhen die Effizienz des Schalldämpfers. Diese modifizierte Version einer Beretta Modell 70 wurde an Attentatkommandos des Mossad (*kidon* genannt) ausgegeben.

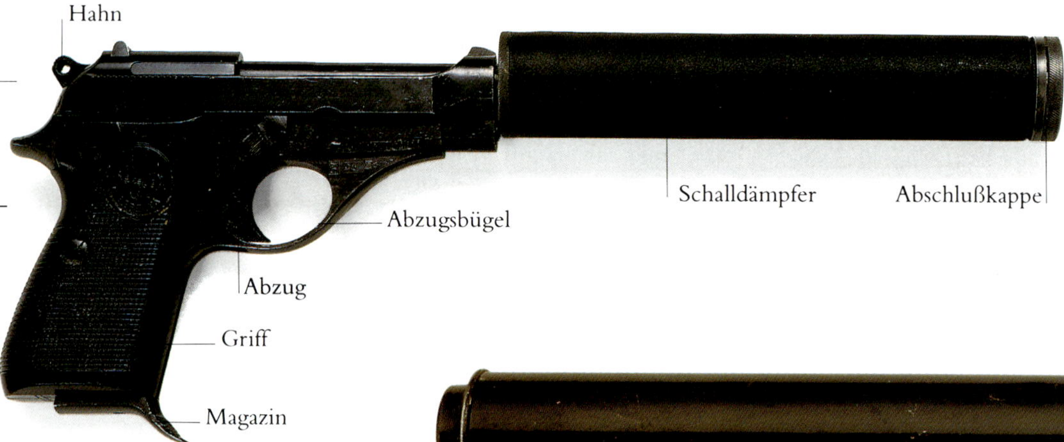

MEISTERSPION

Peter Mason

Peter Mason (*1927), ehemaliger Captain des Defence Intelligence Staff, ist einer der führenden Experten für Spezial- und Nahkampfschußwaffen. 1946 gehörte er einem »Jagdteam« des britischen Special Air Service (SAS) an. Diese Drei-Mann-Kommandos benutzten erbeutete Feindeswaffen wie die von der OVRA (s. gegenüber) verwendete Beretta, um Mörder von SAS- oder SOE-Angehörigen (s. S. 30) aus dem Zweiten Weltkrieg zu verfolgen und heimlich zu töten.

SS-Obersturmbannführer Otto Skorzeny
Otto Skorzeny (1908-75) war im Zweiten Weltkrieg Kommandeur des deutschen Sonderkommandos Brandenburg. Er führte eine Reihe kühner Operationen durch, wie die dramatische Befreiung von Mussolini. Skorzeny benutzte oft eine erbeutete britische Sten-Maschinenpistole mit Schalldämpfer.

ALS TASCHENLAMPEN GETARNTE SCHALLDÄMPFER

Diese beiden Schalldämpfer waren als Taschenlampen getarnt, so daß sie unauffällig mitgeführt werden konnten. Sie leuchteten zwar nicht, aber die Tarnung war ausreichend, wenn die Lampen mit anderen gewöhnlichen Werkzeugen zusammengepackt waren. Die tarnenden Teile ließen sich zum raschen Einsatz der Schalldämpfer leicht entfernen.

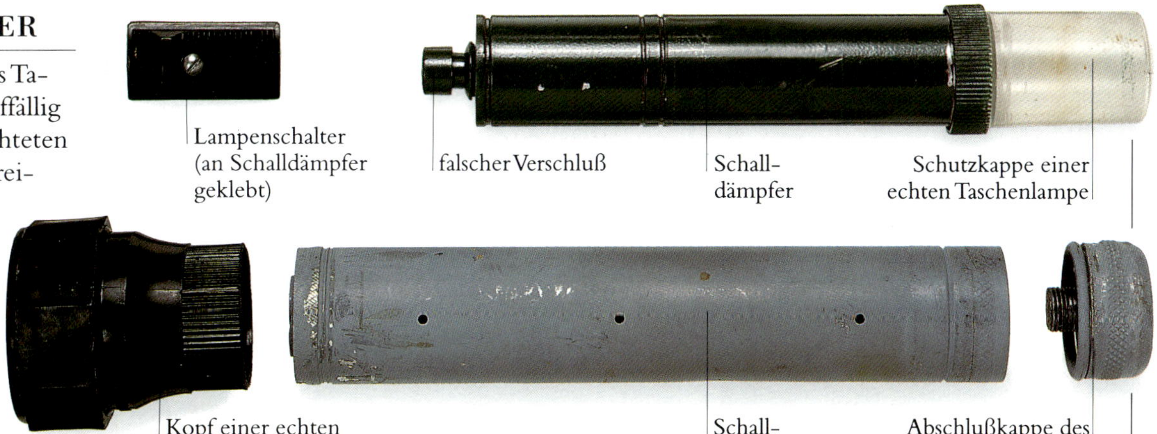

Die faschistische Geheimpolizei Italiens

Die italienische Organizzazione di Vigilanza e Repressione dell'Antifascismo (OVRA), 1926 zur Unterdrückung der Opposition gegen die faschistische Regierung gebildet, operierte im Zweiten Weltkrieg gegen Widerstandsgruppen in den französischen Alpen und auf dem Balkan. Sie rekrutierte auch Doppelagenten, um die Aktivität der britischen SOE (s. S. 30) in Italien auszuspionieren. Einige OVRA-Angehörige waren bis in die letzten Kriegstage regimetreu. Diese Pistole wurde 1945 von einem OVRA-Kommando getragen.

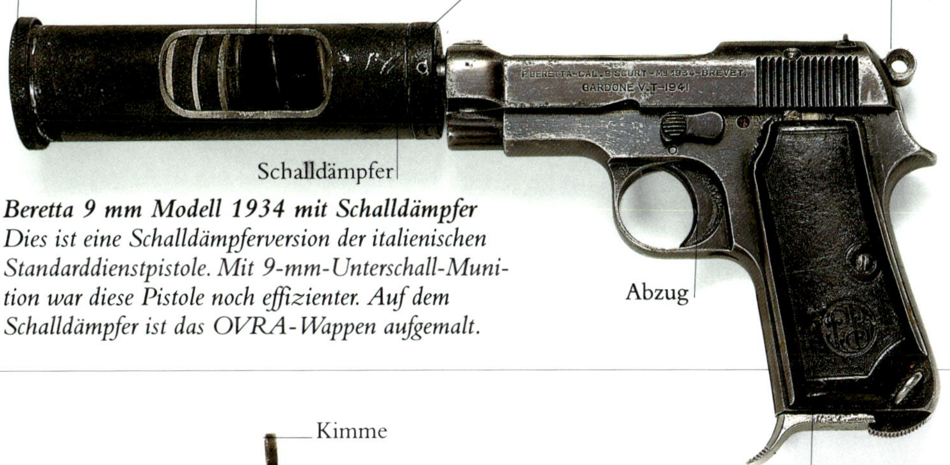

Beretta 9 mm Modell 1934 mit Schalldämpfer
Dies ist eine Schalldämpferversion der italienischen Standarddienstpistole. Mit 9-mm-Unterschall-Munition war diese Pistole noch effizienter. Auf dem Schalldämpfer ist das OVRA-Wappen aufgemalt.

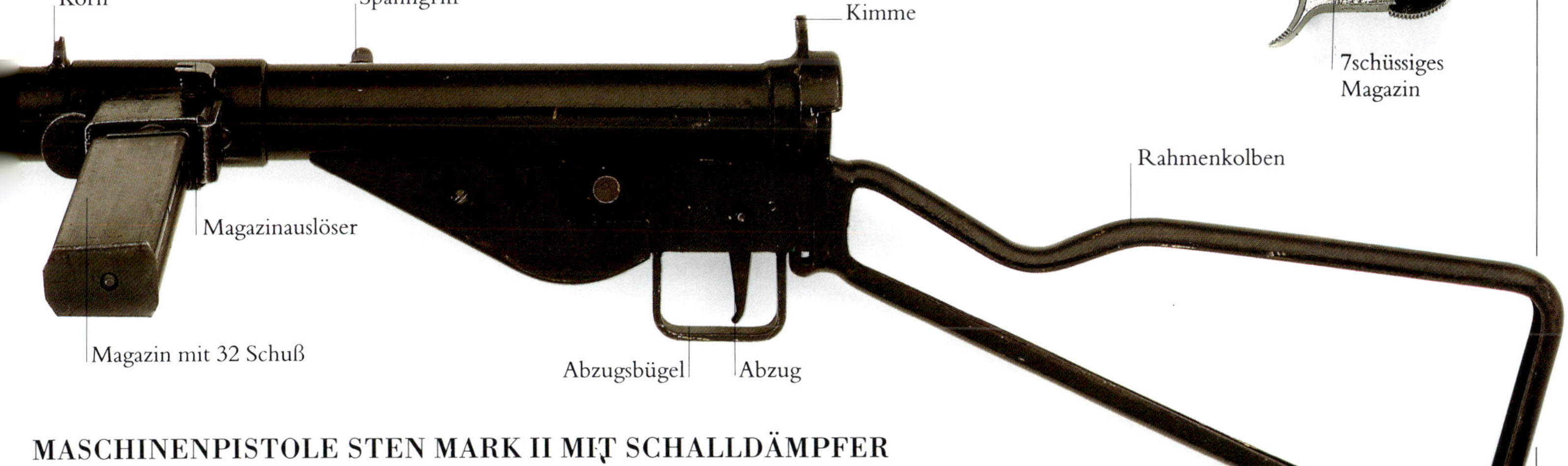

MASCHINENPISTOLE STEN MARK II MIT SCHALLDÄMPFER

Die Sten war so gebaut, daß sie billig in großen Stückzahlen produziert werden konnte. Sie hatte einen leichten Rahmenkolben, war robust und einfach zu bedienen. Ein vollautomatisches Abfeuern hätte den Schalldämpfer beschädigt, so daß die Sten normalerweise als Einzelschußwaffe benutzt wurde. Dieses Modell wurde von britischen Kommandos eingesetzt, die SOE (s. S. 30) entwickelte eine zweite Version namens Mark IIS.

Schalldämpferwaffen II

WEBLEY & SCOTT .25 MIT SCHALLDÄMPFER

Die SOE (s. S. 30) benutzte leicht zu verbergende, kleinkalibrige Halbautomatikpistolen vieler Hersteller. Ursprünglich war die Webley & Scott für die britische Royal Navy bestimmt, aber diese Version wurde von SOE-Agenten in Frankreich eingesetzt. Auf dem Schalldämpfer sind die Worte *Mort aux Boches* (Tod den Deutschen) eingeritzt.

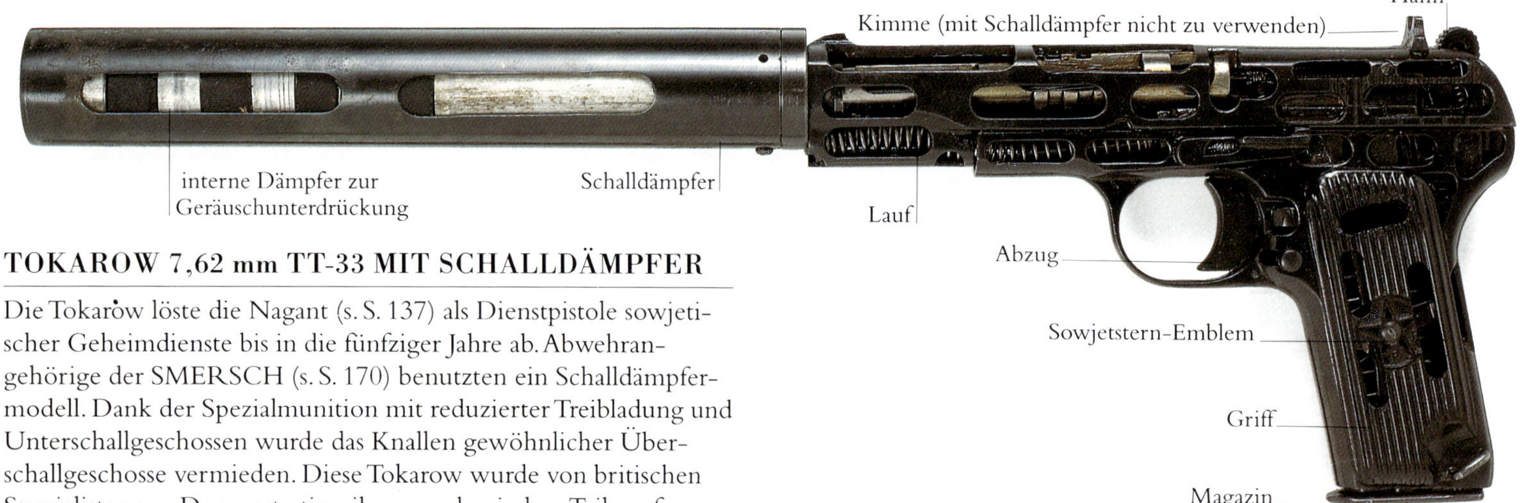

TOKAROW 7,62 mm TT-33 MIT SCHALLDÄMPFER

Die Tokarow löste die Nagant (s. S. 137) als Dienstpistole sowjetischer Geheimdienste bis in die fünfziger Jahre ab. Abwehrangehörige der SMERSCH (s. S. 170) benutzten ein Schalldämpfermodell. Dank der Spezialmunition mit reduzierter Treibladung und Unterschallgeschossen wurde das Knallen gewöhnlicher Überschallgeschosse vermieden. Diese Tokarow wurde von britischen Spezialisten zur Demonstration ihrer mechanischen Teile aufgeschnitten.

Home Guard Auxiliary Units

Die Home Guard, im Zweiten Weltkrieg eine Armee mit lokalen Stützpunkten in England, bestand aus Reservesoldaten, die weiterhin ihre normalen Zivilberufe ausübten. Aus ihren Reihen wurde die Elitetruppe der Auxiliary Units gebildet. Sie waren für den Fall einer Invasion als Guerillas hinter deutschen Linien ausgebildet und besaßen geheime Waffen- und Sprengstofflager.

ABZEICHEN DER AUXILIARY UNIT

GEWEHR WINCHESTER .22 MODELL 74

Amerikanische Winchester-74-Sportgewehre wurden für die britischen Home Guard Auxiliary Units erworben und durch britisches Zubehör ergänzt: einen Parker-Hale-Schalldämpfer und ein Enfield-Zielfernrohr. Sie sollten gegen deutsche Soldaten und Spürhunde eingesetzt werden, falls die Deutschen England eroberten. Bei Tests unter den rauhen Einsatzbedingungen in unterirdischen Schutzräumen, wie sie im Falle einer Invasion gegeben wären, erwiesen sich die Gewehre als unbrauchbar, weil ihre Zielfernrohre leicht aus der Justierung geschlagen wurden.

Colbys Jedburgh-Kommando

Die Jedburgh-Kommandos im Zweiten Weltkrieg bestanden aus drei Mann der SOE oder des OSS (s. S. 30 u. 32) und Einheiten der FFL (s. S. 31). Sie sollten 1944 die Résistance-Aktionen zur Unterstützung der Invasion der Alliierten koordinieren. OSS-Major William Colby, später Chef der CIA, gehörte einem Jedburgh-Kommando (Deckname Bruce) an. Neben ihm seine beiden FFL-Kameraden.

JACQUES FAVEL: DECKNAME GALWAY

LOUIS GIRY: DECKNAME PIASTRE

WILLIAM COLBY: DECKNAME BERKSHIRE

HIGH-STANDARD .22 MODELL B MIT SCHALLDÄMPFER

Die High-Standard war zwar schon vor dem Zweiten Weltkrieg im Handel, doch diese Schalldämpferversion wurde für den Research and Development Branch des OSS hergestellt. Sie war zielgenau und leise und erzeugte kein Mündungsfeuer.

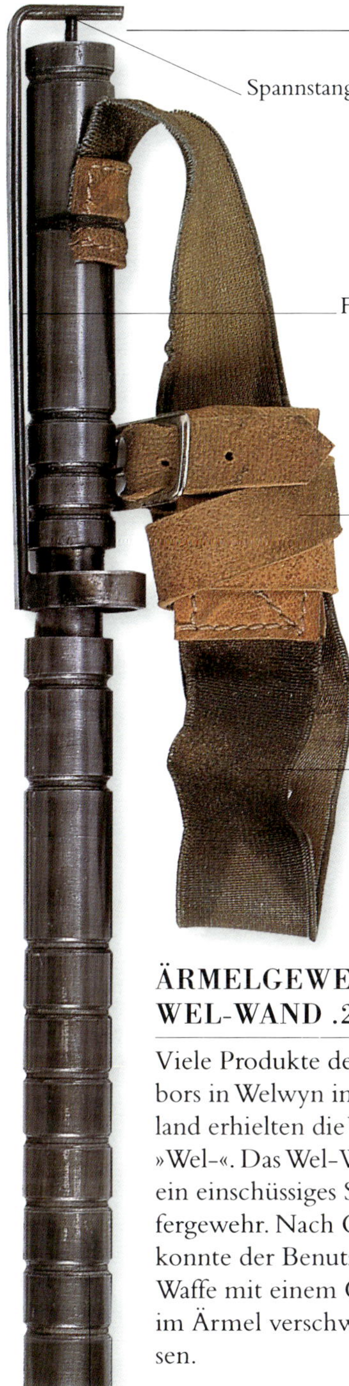

ÄRMELGEWEHR WEL-WAND .25

Viele Produkte des SOE-Labors in Welwyn in Südengland erhielten die Vorsilbe »Wel-«. Das Wel-Wand war ein einschüssiges Schalldämpfergewehr. Nach Gebrauch konnte der Benutzer die Waffe mit einem Gummigurt im Ärmel verschwinden lassen.

Armbrüste und Pfeile

Viele Geheimdienste versuchten Waffen zu entwickeln, die lautlos und ohne Mündungsfeuer schießen konnten. Im Zweiten Weltkrieg beruhten einige dieser Konstruktionen auf älteren Waffen: Vorbilder der Armbrust Big Joe 5 waren mittelalterliche Armbrüste und Schleudern, und eine Nahkampfwaffe namens Bigot war eine zum Abschießen von Pfeilen umgebaute Pistole. Diese Waffen erwiesen sich bei Tests aber als weniger wirksam als verbesserte Schalldämpferwaffen. Nach dem Zweiten Weltkrieg wurde auch eine Stahlarmbrust für britische Spezialtruppen entwickelt.

PISTOLE ZUM ABFEUERN VON PFEILEN

Die 1944 in den USA entwickelte Bigot ist eine umgebaute Pistole, mit der ein Pfeil von einem Zapfen aus abgefeuert wird, der aus der Mündung der Waffe ragte. Der Pfeil wird von der Explosion einer Platzpatrone am Ende des Pfeilschafts angetrieben. Die Waffe erzeugt kein sichtbares Mündungsfeuer.

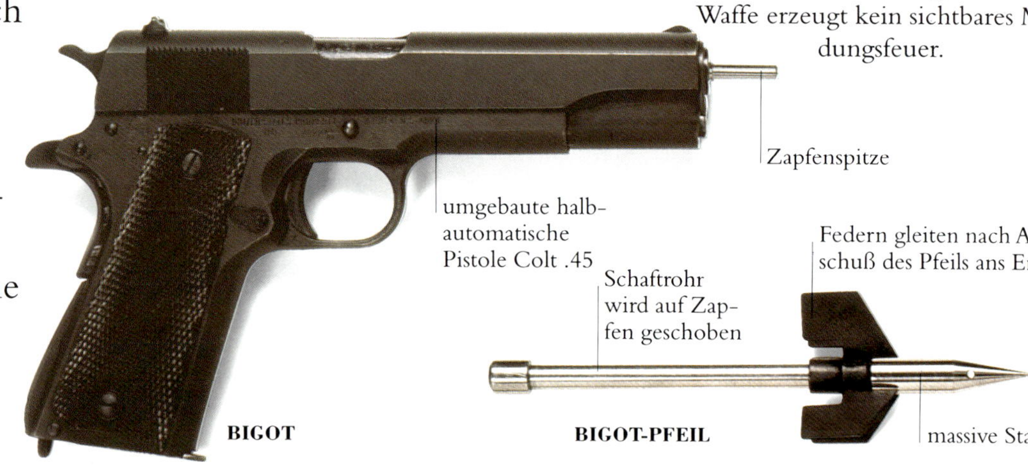

BIGOT

BIGOT-PFEIL

STAHLARMBRUST

Diese leichte britische Waffe aus den siebziger Jahren besitzt einen starken Metallbügel. Sie feuert einen normalen Stahlbolzen oder eine Messerklinge ab. Ursprünglich für Attentate oder Kampfeinsätze gedacht, wird die Armbrust in der Praxis vor allem zum Töten von Wachhunden benutzt.

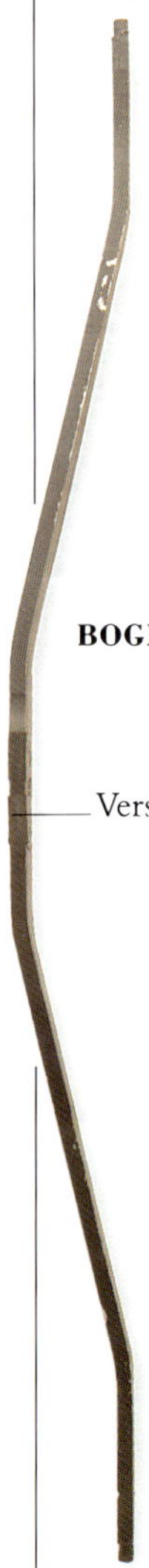

BOGEN

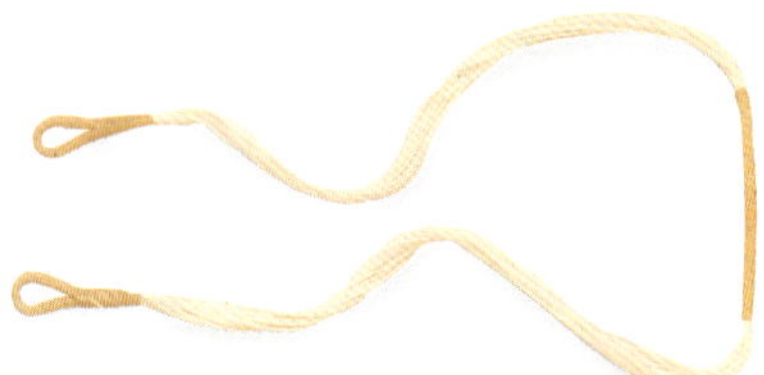

SEHNE

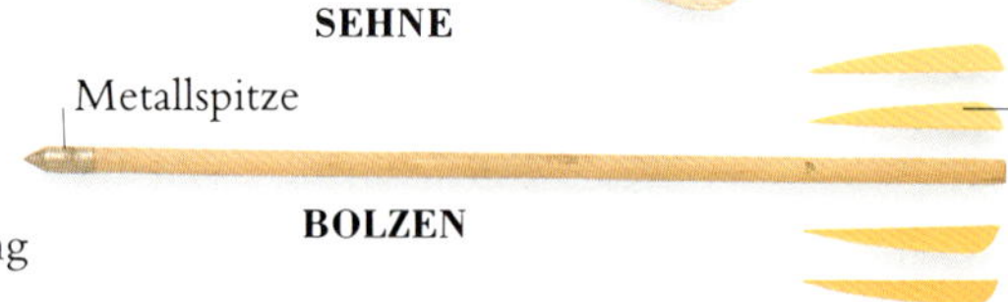

BOLZEN

MESSERKLINGE

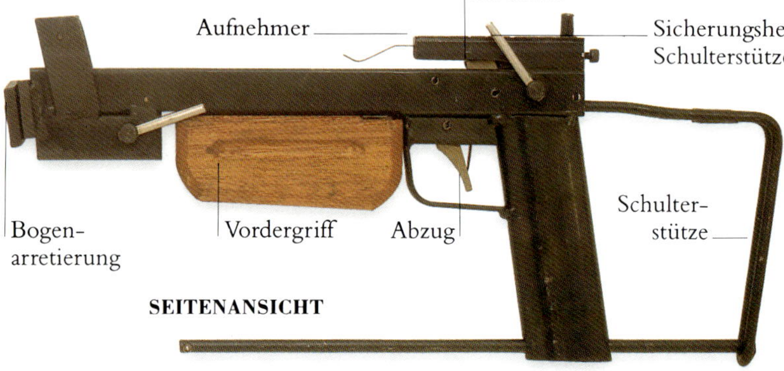

SEITENANSICHT

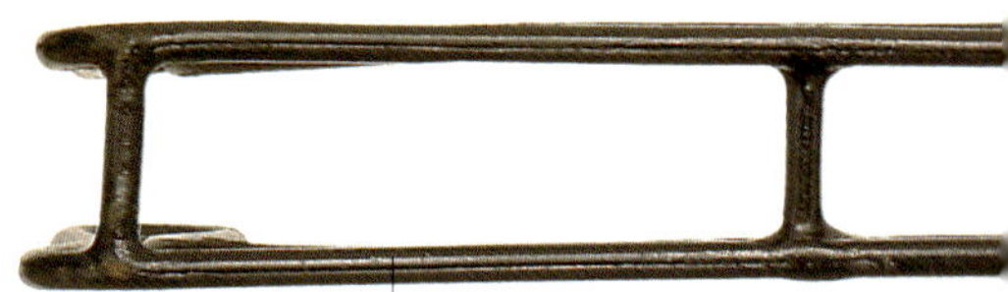

Armbrust Big Joe 5 im Test
Die Armbrust erzielte bei Tests eine maximale Reichweite von 183 m, war aber in der Praxis weniger brauchbar als die neuen Schalldämpferschußwaffen.

ARMBRUST BIG JOE 5

Diese amerikanische Konstruktion wurde im Zweiten Weltkrieg von der SOE (s. S. 30) und vom OSS (s. S. 32) getestet, aber nicht im Kampf eingesetzt. Sie arbeitete mit Gummischlingen, die vor dem Abschuß mit einer Winde gespannt wurden. Vorderrahmen und Schulterstütze ließen sich zum Transportieren und Verstecken zusammenfalten. Als Munition diente entweder ein normaler Bolzen mit Stahlspitze, der tiefe Wunden erzeugen konnte, oder ein Leuchtbolzen zum Erhellen von Zielen.

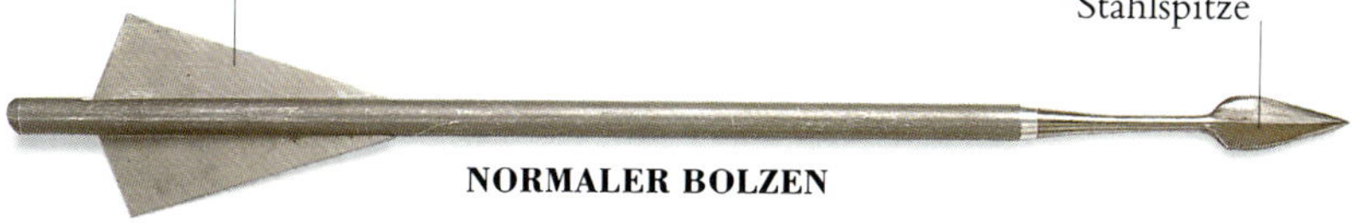

NORMALER BOLZEN

LEUCHTBOLZEN

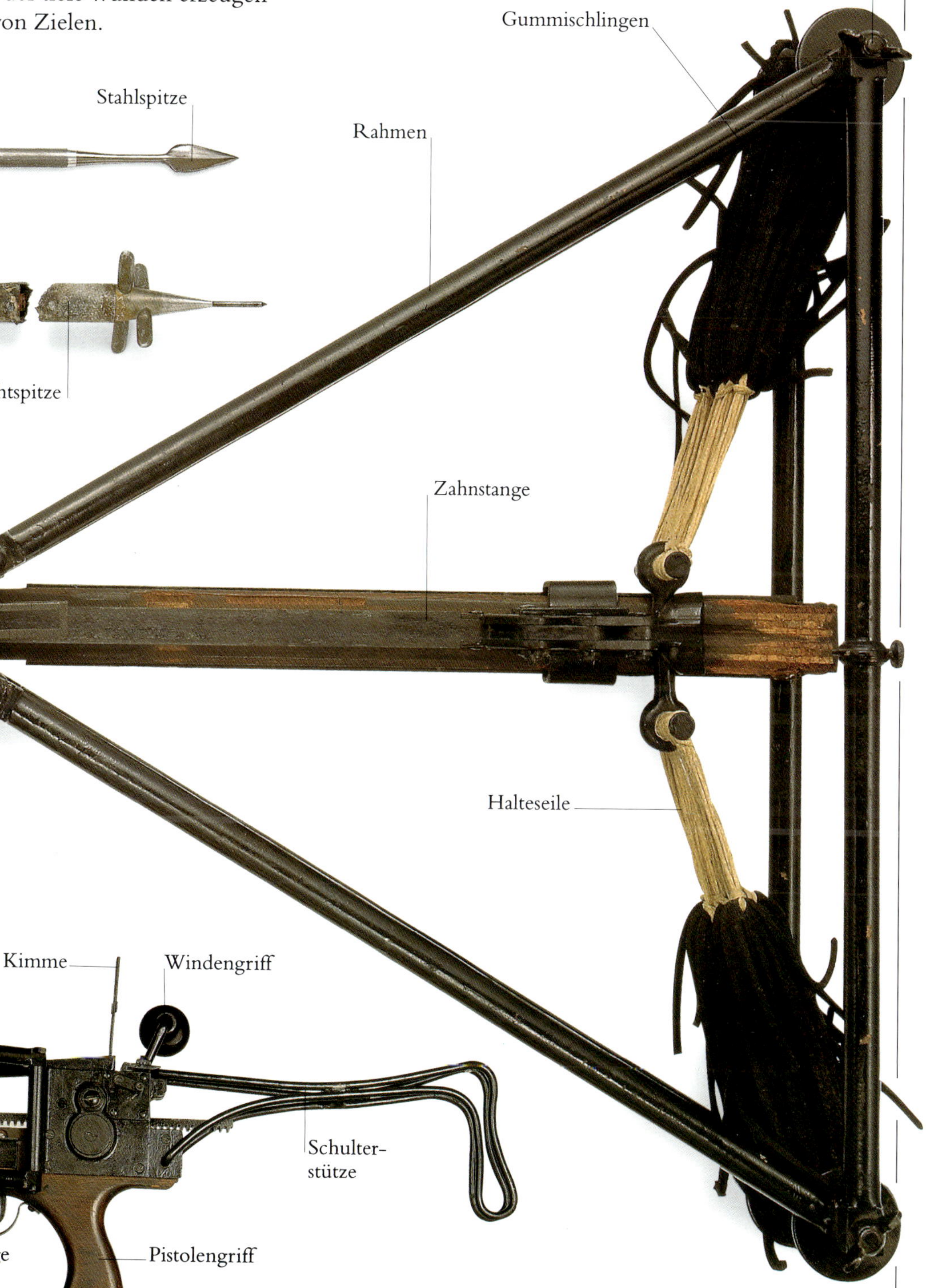

DRAUFSICHT

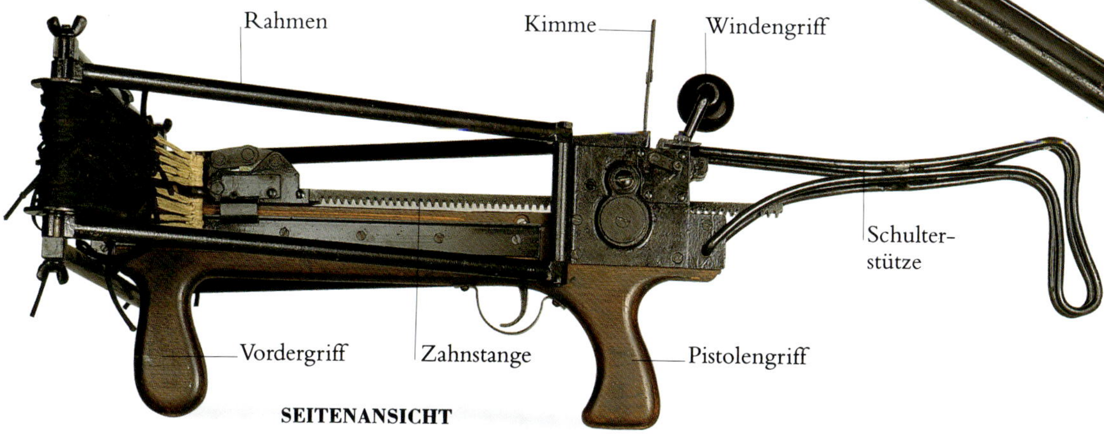

SEITENANSICHT

Nahkampfwaffen I

Alle Spezialagenten müssen für den Nahkampf ausgebildet und ausgerüstet sein. Mit Hilfe spezieller Nahkampfwaffen – Klingen, Messer, Totschläger und Garrotten – können sie einen Gegner rasch und lautlos überwältigen oder sich im Notfall verteidigen, um lebend zu entkommen. Diese Waffen gelten als letztes Mittel, wenn etwa keine Schalldämpferwaffe zur Verfügung steht. Wer mit einem gefährlichen Nahkampf rechnen muß, stellt sich darauf ein und besorgt sich die Waffen privat, obwohl einige offiziell von den Geheimdiensten ausgegeben werden.

GARROTTE

Mit einer Garrotte werden üblicherweise Wachen stranguliert. Die Drahtschlinge wird über den Kopf des Opfers geworfen, um den Hals gelegt und von hinten zugezogen, bis das Opfer tot ist. Andere Garrotten mit geriffelten Drähten dienen auch als Fluchtsägen.

STICHWAFFE

Der Messingknauf dieser Waffe lag in der Handfläche, um dem Stoß noch mehr Kraft zu verleihen. Die Kordel war um die Hand gewickelt, damit die Klinge im Kampf nicht verlorenging. Britische Marinesondereinheiten benutzten diese Waffe im Zweiten Weltkrieg. Der Knauf konnte kleine Dinge (z. B. Selbstmordtabletten) enthalten.

VERBORGENE GARROTTE

Im Zweiten Weltkrieg versteckten manche britische Sondereinheiten eine Garrotte in einem Kondom. So wurde auch ein Verrosten verhindert. Da Kondome etwas Gewöhnliches waren, konnte die Garrotte leicht übersehen werden, wenn der Besitzer vom Feind durchsucht wurde.

STICHWAFFE

LEDER-
SCHEIDE

PESKETT-NAHKAMPFWAFFE

Diese nach seinem Erfinder John Peskett benannte Nahkampfwaffe wurde für Sondereinsätze im Zweiten Weltkrieg konstruiert. Sie ist eine Kombination aus Totschläger, Garrotte und Dolch.

SCHLAGRING

Ein Schlagring ist ein Metallgriff, der einem Schlag mehr Wucht verleiht. Schlagringe werden von einigen Geheimdienstmitarbeitern privat gekauft und dienen zur Verteidigung im Straßenkampf. Im Zweiten Weltkrieg wurden Schlagringe zuweilen offiziell an Angehörige von Geheimeinheiten ausgegeben.

STOSSDOLCH

Dank dem Dreifingergriff bei dieser britischen Waffe aus dem Zweiten Weltkrieg kann der Benutzer im Nahbereich mit voller Wucht zustoßen.

TOTSCHLÄGER

Totschläger werden oft zum Betäuben oder Verletzen benutzt, ein harter Schlag gegen den Kopf kann aber tödlich sein. Das obere Exemplar wurde von der Stasi (s. S. 73) bei Demonstrationen eingesetzt. Den unten abgebildeten Totschläger hatten CIA-Agenten in den sechziger Jahren in Europa als Selbstverteidigungswaffe bei sich.

MEISTERSPION

William Stanley-Moss

Im Zweiten Weltkrieg war Captain Stanley-Moss als britischer Spezialagent tätig. 1944 wurde er mit einem Kommando nach Kreta (damals unter deutscher Besatzung) geschickt, um General Kreipe, den Befehlshaber auf der Insel, gefangenzunehmen. Das Kommando wollte den Wagen des Generals überfallen und wurde zu diesem Zweck mit Totschlägern ausgerüstet. Die Operation gelang ihnen auch ohne deren Einsatz. Der General wurde mit einem U-Boot nach Ägypten geschmuggelt.

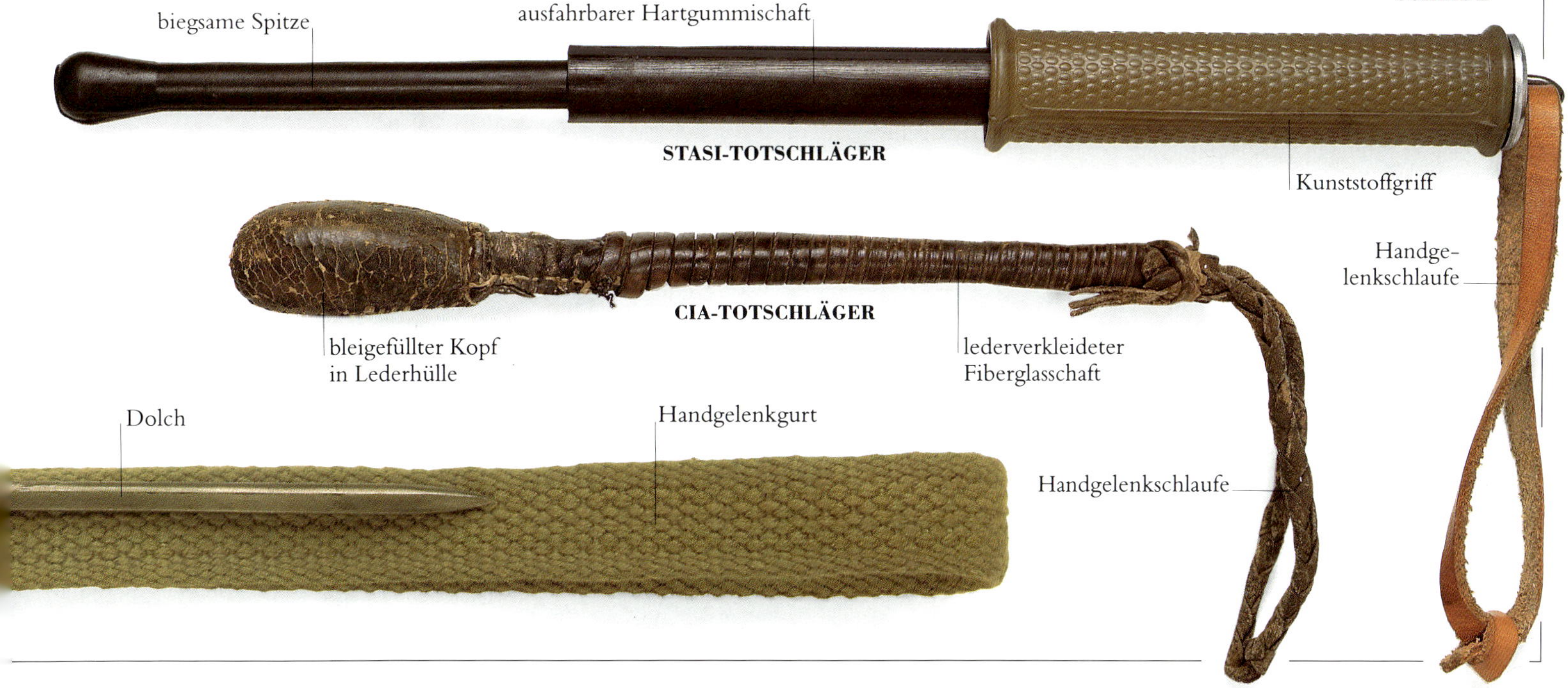

Nahkampfwaffen II

DAUMENMESSER UND SCHEIDEN

Daumenmesser (hier aus dem Zweiten Weltkrieg) sind kleine Messer, die sich in der Kleidung oder in einer Uniform verstecken lassen. Bei Gebrauch werden sie zwischen Daumen und Zeigefinger gehalten.

MESSER MIT FRANZÖSISCHER TRIKOLORE

MESSER MIT KANADISCHEM AHORNBLATT

DIE X-TROOP

Die Truppe No. 3 oder X-Troop des 10. Kommandos, einer britischen Armee-Einheit aus Ausländern im Zweiten Weltkrieg, bestand aus antifaschistischen Deutschen, meist Juden. Da sie deutsch sprachen, eigneten sie sich für den Geheimdienst. Als Verrätern drohte ihnen aber bei Gefangennahme die Hinrichtung. Viele hatten Fluchthilfen wie dieses Messer dabei.

X-TROOP-SONDERKOMMANDO

X-TROOP-FLUCHTMESSER

KLINGENAUSRÜSTUNG FÜR DEN UNTERGRUND

Im Zweiten Weltkrieg schickte die SOE (s. S. 30) dieses Klingenset zur Begutachtung an den OSS (s. S. 32), der es jedoch nicht für den offiziellen Einsatz übernahm. Viele OSS-Agenten besorgten sich die Klingen privat, auf SOE-Ausbildungsschulen in England.

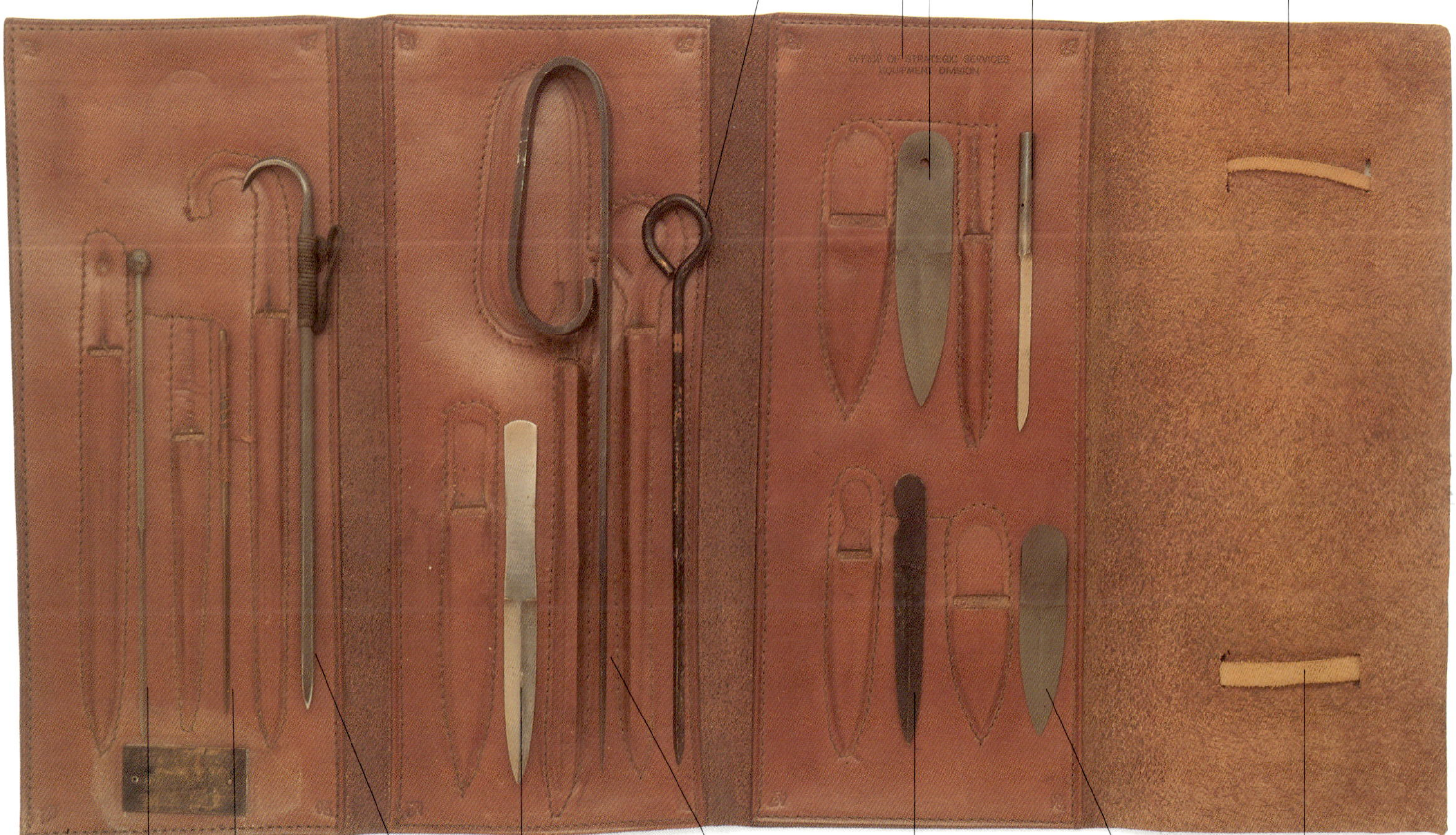

KLINGENAUSRÜSTUNG ZUR AUSBILDUNG

Im Zweiten Weltkrieg benutzten SOE-Ausbilder unterschiedlichste Klingen zur Schulung neuer Agenten. In wachsversiegelten Behältern verpackt und in ein Ledertuch gehüllt, konnten Ausrüstungen wie die abgebildete bis zum Einsatz vergraben werden. Dieses in den vierziger Jahren vergrabene Exemplar wurde in unversehrtem Zustand in den achtziger Jahren gefunden. Das Klingenpäckchen enthält Daumenmesser und Dolche sowie einen Reifenaufschlitzer für Sabotageakte.

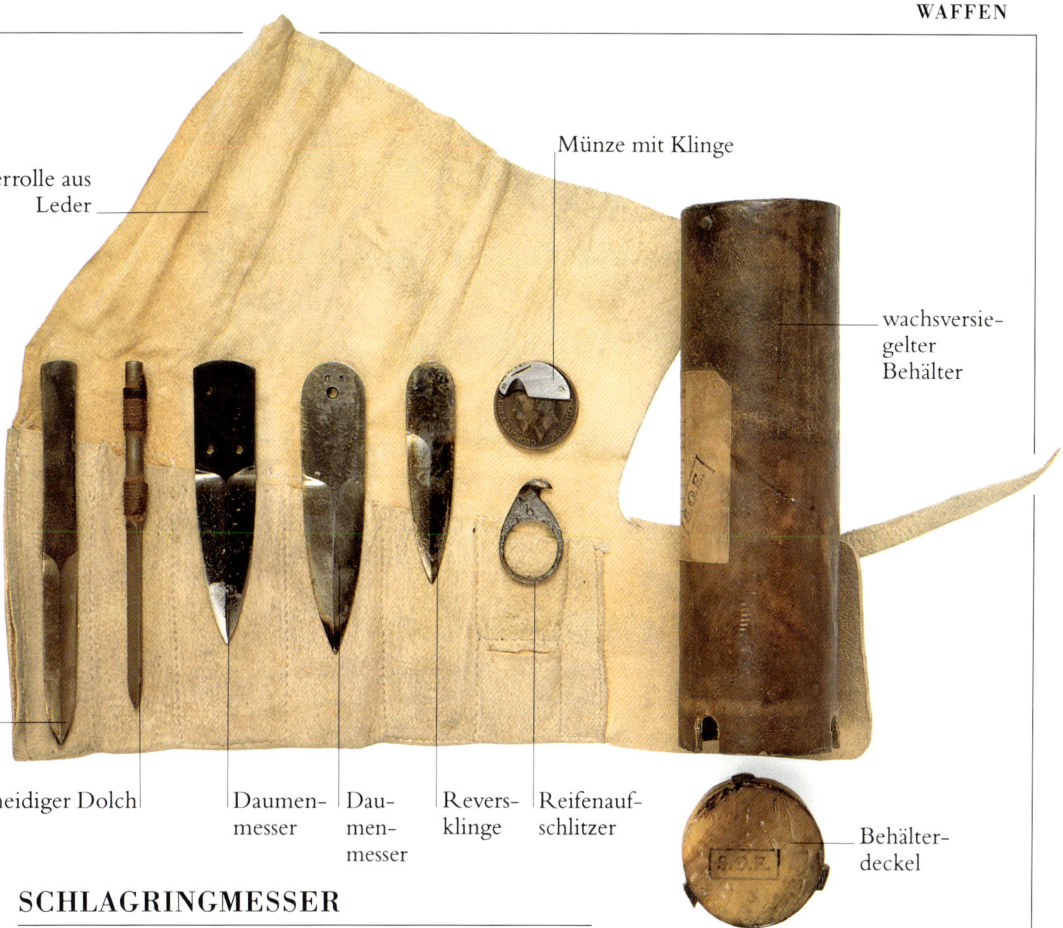

SCHLAGRINGMESSER

Im Zweiten Weltkrieg wurde dieses Messer für britische Kommandos in Nordafrika und im Nahen Osten konstruiert. Mit dem Messinggriff als Schlagring ließen sich Wachen ausschalten.

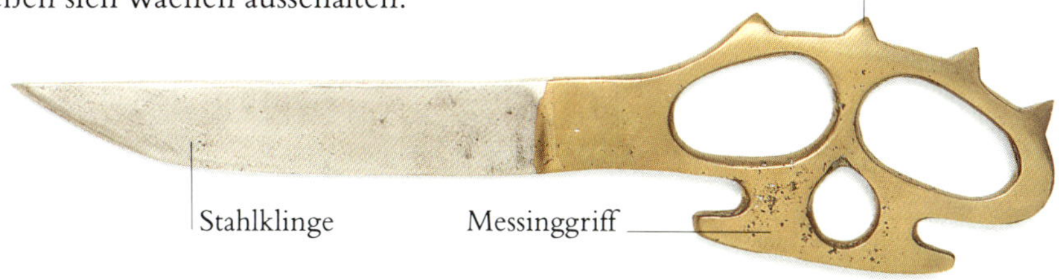

LEDER-SCHEIDE

FAIRBAIRN-SYKES-KAMPFMESSER

FAIRBAIRN-SYKES-KAMPFMESSER

Diese Waffe wurde 1940 von zwei britischen Offizieren entwickelt: Captain W. E. Fairbairn und Captain E. A. Sykes. Sie hatten bei der Polizei von Schanghai Erfahrungen im Nahkampf gesammelt. Mit dem Messer konnte ein geübter Benutzer die ungeschützten Punkte am Körper des Gegners und damit die lebenswichtigen Organe treffen, um das Opfer rasch zu töten. Die ersten Messer wurden 1941 hergestellt und an britische Kommandoeinheiten für Überfälle in Norwegen ausgegeben. Später wurde Fairbairn als Ausbilder zum OSS abgestellt, für den er eine Spezialversion entwickelte. Nachfolgeversionen wurden bis in die neunziger Jahre produziert.

Ausbilder und Erfinder
W. E. Fairbairn (1885-1960) in der Uniform eines Lieutenant-Colonel, zu dem er im August 1944 befördert wurde.

Verdeckte Waffen I

Im Untergrundkampf können unkonventionelle und gut versteckte Waffen in bestimmten Situationen über den Erfolg oder Mißerfolg einer Aktion entscheiden. Da das Verstecken von der Größe abhängig ist, sind solche Waffen meist einfach gebaut und ohne Raffinessen wie Schalldämpfer oder Zusatzmagazine. Sie lassen sich für Attentate einsetzen, bei denen sich der Mörder dem Opfer unauffällig nähern muß. Sie werden nur an Personen ausgegeben, die sie dringend benötigen, und nicht bei normaler Geheimdienstarbeit getragen, da der Träger sich durch sie nur verdächtig machen würde.

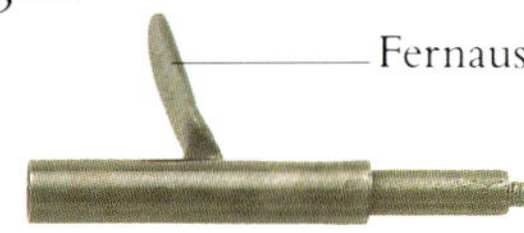

GÜRTELPISTOLE

Diese Waffe wurde für den Einsatz britischer Sonderkommandos im Zweiten Weltkrieg entwickelt. Der Benutzer trug an einem unter der Kleidung versteckten Gürtel eine modifizierte Webley .25. Der Abzug wurde durch einen Fernauslöser betätigt.

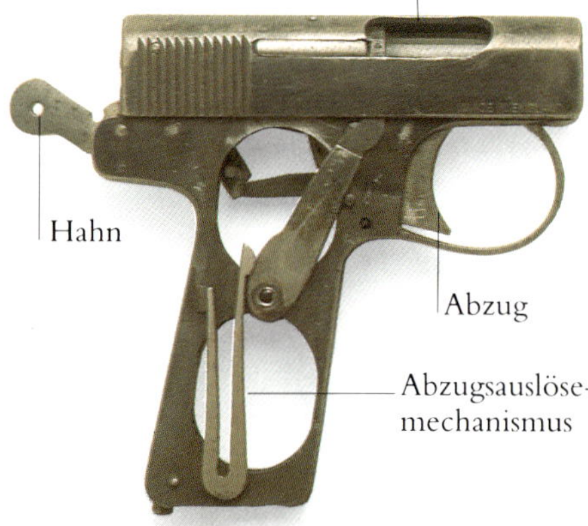

MODIFIZIERTE WEBLEY-PISTOLE

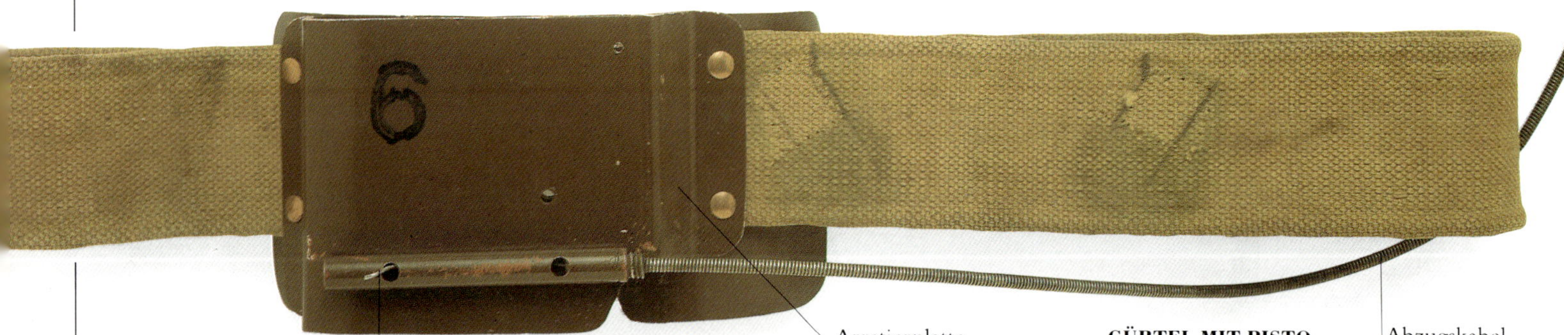

GÜRTEL MIT PISTOLENARRETIERUNG

EINSCHÜSSIGE ZIGARRENPISTOLE

Ein Schußgerät Kaliber .22 (Reichweite etwa ein Meter) für SOE-Agenten (s. S. 30) wurde als Zigarre getarnt. Ein Ziehen an der Schnur feuert den Schuß ab.

PRÄPARIERTE ZIGARRE

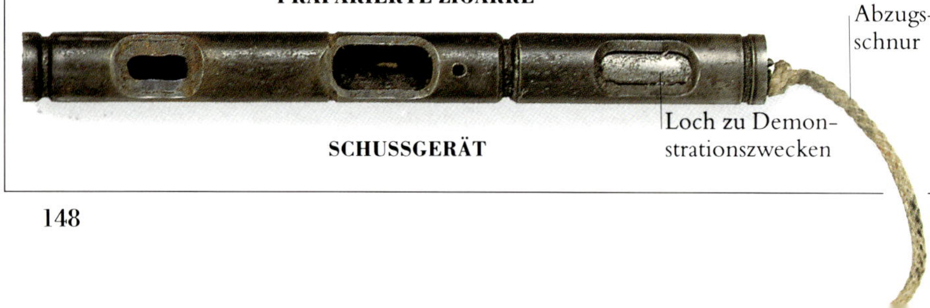

SCHUSSGERÄT

EINSCHÜSSIGE ZIGARETTENPISTOLE

Dieses als Zigarette getarnte Gerät Kaliber .22 wurde im Labor der SOE in Welwyn entwickelt. Der Benutzer feuerte es ab, indem er mit den Zähnen an einem Faden zog. Wegen seines kurzen Laufs hatte es eine Reichweite von knapp einem Meter und war sehr laut.

PRÄPARIERTE ZIGARETTE

SCHUSSGERÄT

EINSCHÜSSIGER FÜLLER

Dieses Gerät Kaliber .22 (»En-Pen« genannt) wurde für die SOE angefertigt. Der Schuß wurde durch Zurückziehen des Clips ausgelöst. Die abgebildete Ausrüstung für SOE-Ausbilder enthielt auch eine Auswurfvorrichtung und einen Reiniger, um das nach dem Abfeuern in der Kammer verbliebene Wachs der Platzpatronen zu entfernen.

DEMONSTRATIONSMODELL

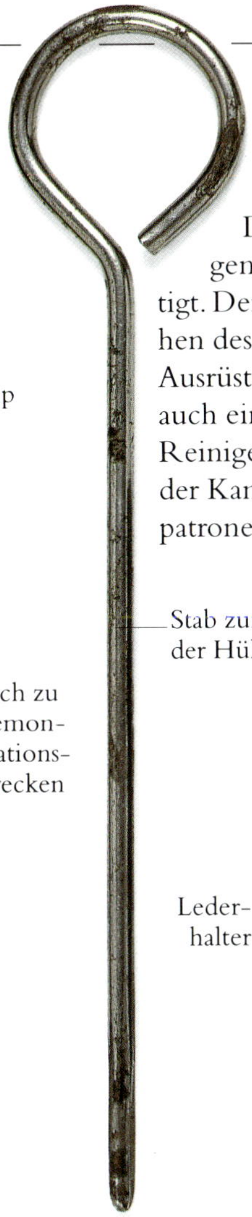

AUSSTOSSER

PLATZPATRONENSATZ

REINIGER

EINSCHÜSSIGE GAS- UND GIFTFÜLLER

In diesem KGB-Füller für Attentate zertrümmerte eine kleine Ladung eine Ampulle mit Blausäure, die dann als tödliches Gas verspritzte. Mit dem Kügelchenfüller (auch KGB) konnte einem Opfer ein mit dem hochgiftigen Rizin getränktes Kügelchen injiziert werden. Der Tränengasfüller wurde im Zweiten Weltkrieg für die SOE entwickelt. Er hatte eine Reichweite von bis zu 2 m.

GASFÜLLER FÜR ATTENTATE

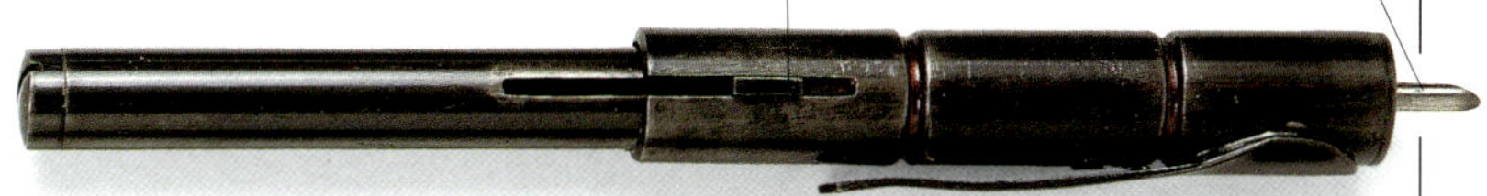

GIFTKÜGELCHENFÜLLER

TRÄNENGASFÜLLER

Stanley Lovell

Im Zweiten Weltkrieg begann der OSS (s. S. 32) damit, Industrie und Universitäten zur Entwicklung neuer geheimer Techniken einzuspannen, eine Praxis, die im kalten Krieg dann gang und gäbe war.

Der Wissenschaftler Stanley Lovell (1890-1976) wurde von OSS-Chef William Donovan zum OSS-Forschungs- und Entwicklungsdirektor bestellt. Unter seiner Leitung entwickelte der OSS eine Reihe von Geräten zur geheimen Kriegführung, so die High-Standard-Pistole (s. S. 141), die Beano-Handgranate (s. S. 96) und die Zündholzschachtelkamera (s. S. 69). Weitere Ideen: ein als Mehl getarnter Sprengstoff, mit dem man sogar backen konnte, ohne daß er explodierte, und ein (nie ausgeführter) Plan, japanische Städte mit Fledermäusen anzugreifen, an denen Brandbomben befestigt waren.

HANDGELENKPISTOLE

Dieses kleine Schußgerät Kaliber .25 sollten SOE-Agenten am Handgelenk tragen – so war es in Bereitschaft, ohne daß man es in der Hand halten mußte. Es wurde durch eine Schnur, die im Hemd oder in der Jacke befestigt war, abgefeuert. Jede abrupte Vorwärtsbewegung des Arms reichte dazu aus.

Verdeckte Waffen II

CLAYTON HUTTON MIT MI9-GERÄTEN

Major Christopher Clayton Hutton

Im Zweiten Weltkrieg arbeitete Christopher Clayton Hutton (*1894) für den MI9, eine Organisation der britischen Streitkräfte, die britischen Kriegsgefangenen zur Flucht verhelfen und Sonderkommandos hinter feindlichen Linien beistehen sollte. Er erfand zahlreiche Waffen, Verstecke und Fluchthilfen, unter anderem ein Luftlandeleuchtfeuer, das nur schwach leuchtete, so daß es zwar von einem anfliegenden Piloten, aber kaum aus Bodenhöhe gesehen werden konnte.

Major Clayton Hutton konstruierte für die Résistance in Paris ein Luftdruckschußgerät, das als Füller getarnt war und eine Grammophonnadel abschoß. Diese Waffe wäre zwar kaum tödlich gewesen, aber die Résistance hätte unter den Deutschen das Gerücht verbreiten können, die Nadeln seien vergiftet. Die Franzosen waren an der Waffe interessiert, aber der MI9 konnte die erforderliche Stückzahl nicht liefern.

Nadelschußfüller
Diese Luftdruckwaffe wurde von Clayton Hutton im Zweiten Weltkrieg für die Résistance entwickelt.

EINSCHÜSSIGE PISTOLE ZUM VERSTECKEN IM MASTDARM

Dieses 4,5-mm-Schußgerät des KGB läßt sich mit seiner Gummischutzhülle im Mastdarm verstecken – eine durchaus übliche Methode, Dinge vor flüchtigen Durchsuchungen zu verbergen. Das Gerät wurde am Rändelring gehalten und durch eine Vierteldrehung des Laufes abgefeuert.

SCHUTZHÜLLE

SCHUSSGERÄT

EINSCHÜSSIGES SCHUSSGERÄT (STINGER)

Der Stinger wurde nach dem Zweiten Weltkrieg für die CIA entwickelt. Das wiederaufladbare Gerät Kaliber .22 wurde mit einem Ersatzlauf und sieben Schuß Munition als Bleifolientube getarnt ausgeliefert.

VERSTECK

EINSCHÜSSIGES SCHUSSGERÄT

EINSCHÜSSIGE TASCHENLAMPENPISTOLE

Diese als Taschenlampe getarnte 4,5-mm-Waffe wurde vom KGB in den fünfziger und sechziger Jahren eingesetzt. Ihr Mechanismus war der gleiche wie bei der Pistole oben. Dieses Exemplar wurde auf einem britischen Flughafen beim Piloten einer sowjetischen Verkehrsmaschine beschlagnahmt.

PFEIFENPISTOLE

Harmlose persönliche Gegenstände lassen sich in tödliche Schußgeräte umwandeln. Diese Pfeife aus dem Zweiten Weltkrieg wurde für SOE-Agenten (s. S. 30) konstruiert. Sie wurde abgefeuert, indem man das Mundstück entfernte und am Kolben drehte, während man den Lauf festhielt.

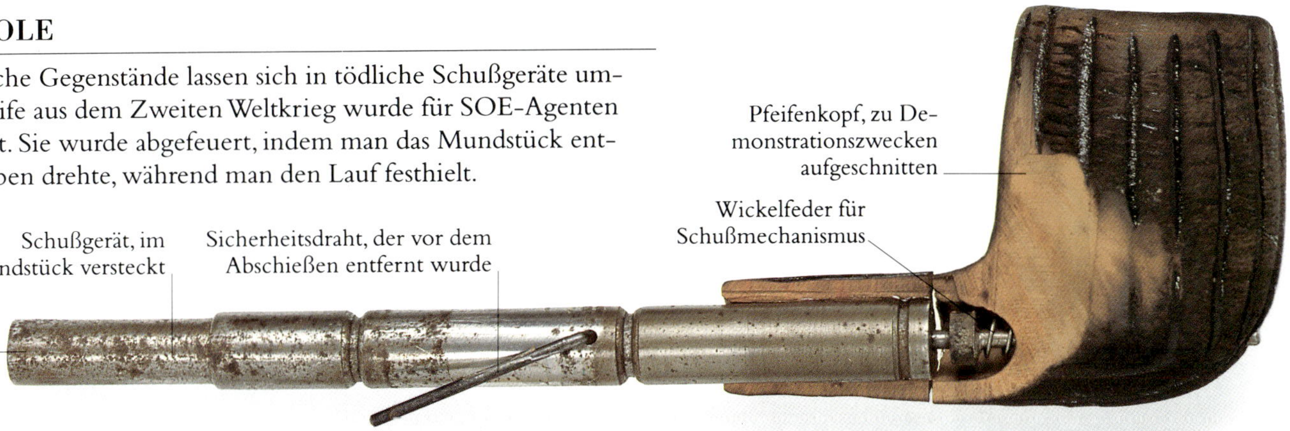

DREHBLEISTIFTPISTOLE

Die Kugel dieser 6,35-mm-Waffe ohne Lauf wurde direkt aus der Patrone abgefeuert, die ins Oberteil des Stifts geladen wurde. Das Gerät war im Zweiten Weltkrieg in Europa im Handel.

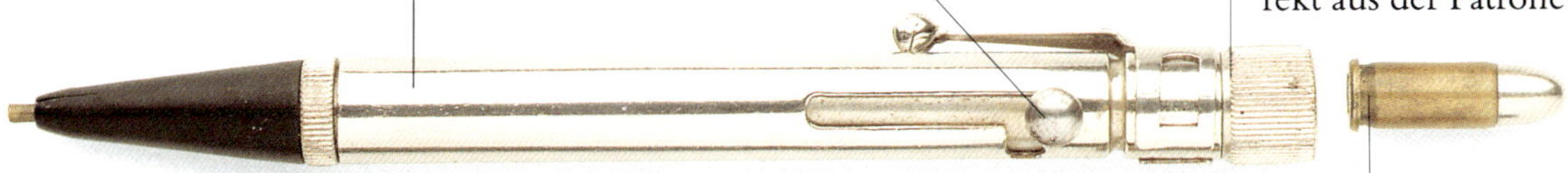

BLEISTIFTVERSTECK FÜR STICHWAFFE

Der MI9 erfand etliche kleine Stichwaffen, die sich in Bleistiften und Füllern verstecken ließen. Das Gerät sollte bei einer ersten Durchsuchung nicht bemerkt und dann bei einem Fluchtversuch eingesetzt werden.

HANDSCHUH-PISTOLE

Mit diesem im Zweiten Weltkrieg vom US Office of Naval Intelligence entwickelten Gerät Kaliber .38 war der Träger bewaffnet und hatte doch beide Hände frei. Es wurde aus kürzester Distanz abgefeuert, indem der Kolben in den Körper des Gegners gedrückt wurde, während man ihm einen Schlag versetzte.

Mordinstrumente I

Geheimdienste werden zuweilen beauftragt, Personen zu ermorden, die nach Meinung der eigenen Regierung das nationale Interesse gefährden. Meist müssen solche Morde diskret und heimlich verübt werden, um keine Hinweise auf die Auftraggeber zu hinterlassen. Zuweilen erweckt man den Eindruck, das Opfer sei eines natürlichen Todes gestorben. Anschläge dienen aber auch als Warnung und werden ganz offen begangen. Der Zwang zur Diskretion hat zur Entwicklung vielfältiger Mordinstrumente geführt, wie sie hier gezeigt werden. Besonders Ostblockgeheimdienste waren früher auf Attentate spezialisiert, kannten eine Vielzahl von Methoden und hatten sogar ein Speziallabor für Giftexperimente.

EINSCHÜSSIGES MORDINSTRUMENT

Dieses im Zweiten Weltkrieg von den Technikern der deutschen Abwehr (s. S. 34) entwickelte Gerät konnte für Morde oder Selbstmorde benutzt werden. Eine einzige 4,5-mm-Kugel wurde auf kurze Distanz abgefeuert, indem man am hinteren Ende des Geräts (hier in Originalgröße) zog und es wieder losließ.

GIFTKÜGELCHENSTOCK

Dieser Spazierstock wurde vom KGB in den fünfziger Jahren entwickelt. Wird die Spitze gegen einen Körper gedrückt, dreht sie sich und fährt eine lange Nadel aus. Dann wird ein Giftkügelchen abgefeuert.

SPITZE DES GIFTKÜGELCHENSTOCKS

GIFTKÜGELCHENSTOCK

DER BULGARISCHE REGENSCHIRM

WAPPEN DES BULGARISCHEN GEHEIMDIENSTES

1978 wurde der in London lebende bulgarische Dissident Georgi Markow auf Geheiß der bulgarischen Führung ermordet. Die Bulgaren hatten den KGB um technische Hilfe ersucht, und der KGB bot drei Mordmethoden an: vergiftetes Essen; Giftgelee, das auf Markows Haut geschmiert werden sollte; ein Giftkügelchen. Man entschied sich für das mit dem tödlichen Gift Rizin gefüllte Kügelchen. Es wurde in Markows Hüfte injiziert. Dazu wurde er mit der Spitze eines präparierten Regenschirms verletzt, als er gerade auf der Londoner Waterloo Bridge stand. Kurz darauf starb er. Sein Tod gab zunächst Rätsel auf. Nachdem Mord nicht mehr ausgeschlossen wurde, exhumierte man Markows Leiche. Die Autopsie brachte das tödliche Kügelchen zutage und klärte damit den Fall auf.

GEORGI MARKOW

ZIGARETTENSCHACHTEL MIT GASSPRÜHGERÄT

Bei dieser einschüssigen Giftgaswaffe in einer präparierten sowjetischen Zigarettenschachtel wird eine Säureampulle beim Abfeuern zerbrochen, und die Säure verdampft im Gesicht des Opfers. Ein Gazefilter verhindert, daß Splitter ins Gesicht gelangen und die Todesursache verraten.

GASSPRÜHGERÄT

ZIGARETTENSCHACHTEL

Das vereitelte Attentat

1954 wurde der sowjetische Killer Nikolai Chochlow (*1922) nach Frankfurt a. M. geschickt, um den antisowjetischen Agitator Georgi Okolowitsch zu töten. Vor seiner Mission heiratete Chochlow und konvertierte zum christlichen Glauben seiner Frau. Aufgrund seines neuen Glaubens wollte er den Mord nicht mehr ausführen. In Frankfurt warnte er Okolowitsch vor dem Anschlag. Chochlow lief über und gab Informationen über sowjetische Mordinstrumente preis, wie die Giftgas-Zigarettenschachtel, mit deren Hilfe Okolowitsch getötet werden sollte.

Der »Mörder« und sein »Opfer«
Der sowjetische Killer Nikolai Chochlow (rechts) lief über und warnte Georgi Okolowitsch vor einem gegen ihn geplanten Anschlag.

MORDWAFFE MIT SCHALLDÄMPFER

Diese sowjetische Waffe sollte in einer zusammengerollten Zeitung getragen und daraus abgefeuert werden. Das einschüssige Gerät wird durch Druck auf den äußeren Hebel betätigt. Es hat einen internen Schalldämpfer und wird zusätzlich gedämpft, indem es beim Abfeuern gegen das Opfer gedrückt wird. Auf S. 154 wird eine spätere Gas-Version gezeigt.

INTERNER DÄMPFER

ABSCHUSSKAMMER

HINTERER ABSCHNITT DER WAFFE

Mordinstrumente II

GIFTGASATTENTATSSTOCK

In diesem Blindenstock ist eine Vorrichtung für einen Giftgasanschlag versteckt. Der Abzug ist hinter dem weißen Klebeband verborgen. Beim Abfeuern wurde Gas aus einer Öffnung im Griff ausgestoßen, der dem Opfer vors Gesicht gehalten wurde.

STOCK

STOCKGRIFF

GEGENGIFTE FÜR GIFTGAS

KGB-Agenten, die Gasattentatswaffen benutzten, hatten zur Vorsicht Gegengifte dabei, die sie bei einem versehentlichen Einatmen des tödlichen Gases einnehmen konnten. Die Natriumthiosulfat-Tablette wurde eine halbe Stunde vor einem Anschlag geschluckt, und unmittelbar danach wurde die Amylnitrat-Ampulle aufgebrochen und der Inhalt inhaliert.

Bogdan Staschinski

1957 ermordete der KGB-Offizier Bogdan Staschinski (*1931) den ukrainischen Dissidentenführer Lew Rebet in München mit einer in einer Zeitung versteckten Giftgaswaffe. Rebets Tod wurde auf einen Herzinfarkt zurückgeführt. 1959 tötete Staschinski den Dissidenten Stefan Bandera mit einer Gaspistole. Diesmal wurde die wahre Todesursache ermittelt. Staschinski lief 1961 zu den Deutschen über und wurde zu einer – allerdings kurzen – Haftstrafe verurteilt.

GIFTGASATTENTATSWAFFE

Diese sowjetische Waffe konnte augenblicklich töten, wenn sie direkt ins Gesicht des Opfers abgefeuert wurde. Sie ist die Gasversion der auf S. 153 gezeigten Schußwaffe und wurde ebenso in einer zusammengerollten Zeitung versteckt. Der Abzughebel aktivierte eine Zündnadel, die ein Zündplättchen zündete und damit eine Säureampulle zerbrach. Die zu Giftgas verdampfte Säure wurde aus einem kleinen Loch gesprüht. Die Gaswaffe ist nur 18 cm lang.

Geplante Attentate gegen Fidel Castro

Zwischen 1960 und 1965 war die CIA in acht von der Regierung genehmigte Komplotte zur Ermordung von Fidel Castro (*1926) verwickelt. (Wegen seiner Nähe galt das kommunistische Kuba als besondere Bedrohung der USA.) Die Technical Services Division der CIA lieferte die Ausrüstung und Materialien (Gifte). Einige Komplotte gingen über das Planungsstadium nicht hinaus, und keines führte zu einem ernsthaften Attentatsversuch. Zweimal wurden Agenten samt Giftpillen nach Kuba geschickt, ein andermal wurde ein kubanischer Dissident mit Waffen versorgt. Man plante sogar, cinc von Castros Zigarren mit tödlichen Botulismusbakterien zu tränken. Harmlosere Angriffe sollten Castros Glaubwürdigkeit bei den Kubanern zerstören. Es gab Pläne, Thalliumsalze in seinen Stiefeln zu verstecken, damit sein Bart ausfiel, und ihn bei einer Rundfunkrede mit halluzinatorischen Drogen zu besprühen.

WAPPEN DER CIA

FIDEL CASTRO

BRIEFTASCHE MIT GIFTGASPATRONE

Diese KGB-Brieftasche enthält eine versteckte Giftgaswaffe sowie Gegengift für den Attentäter. Beim Abdrücken zerbrach die Zündladung eine Ampulle mit Giftgas, das darauf verdampfte und das Opfer tötete. Eine Abdeckung über der Patrone verhinderte, daß Glassplitter in das Opfer eindrangen und so die Todesursache verrieten.

SPECIAL

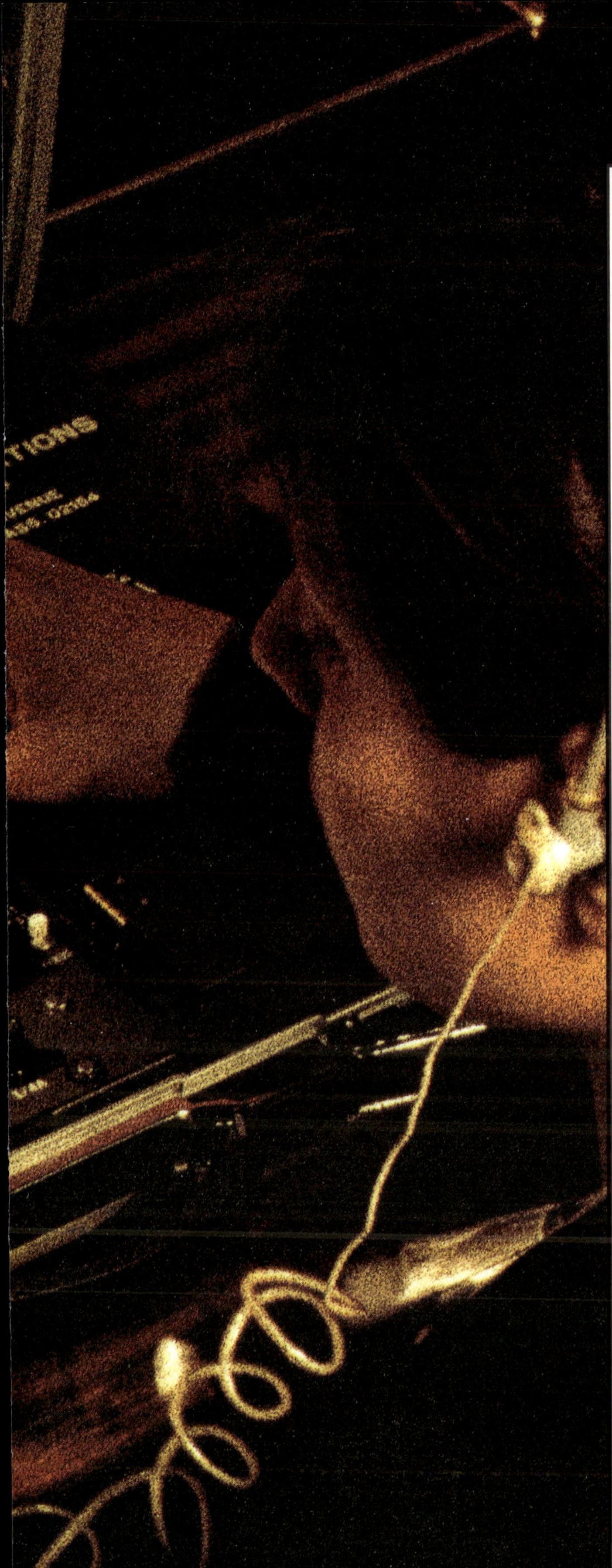

ALS SPION LEBEN

Viele Menschen möchten – angeregt durch die in Filmen und Romanen dargestellte Glitzerwelt – Spion werden, aber nur wenigen gelingt dies. Einige Geheimdienste, etwa die CIA, suchen neue Mitarbeiter sogar per Anzeige, aber die meisten Dienste treten individuell an potentielle Kandidaten heran. Der künftige Spion muß sodann sein Handwerk gewissenhaft erlernen: die Techniken, im verborgenen zu leben, zu arbeiten und zu kommunizieren. Falls der Spion über einen langen Zeitraum verdeckt in einem fremden Land leben soll, muß peinlich darauf geachtet werden, daß seine »Legende« perfekt ist. Das Leben eines Spions besteht nicht aus ständiger Action, sondern ist von stiller, oft langweiliger Arbeit geprägt. Wenn er oder sein Führungsoffizier auch nur den kleinsten Fehler machen, kann der Spion plötzlich in große Gefahr geraten. Der folgende Abschnitt befaßt sich mit allen Aspekten der Arbeit eines Spions, von der Anwerbung, der Ausbildung und der Entwicklung einer Legende bis zu seinem Schicksal.

Anwerbung und Ausbildung I

Spione werden in bezug auf ihre Fähigkeiten auf unterschiedliche Weise rekrutiert. Das von der technischen Abteilung eines Geheimdienstes benötigte Personal etwa wird oft über Zeitungsanzeigen gesucht. Werden wissenschaftliche Kenntnisse benötigt, etwa in Informatik oder Kernphysik, so wirbt man Kandidaten gegebenenfalls direkt an Universitäten an. Auf diese Weise werden auch Linguisten rekrutiert. Die großen Geheimdienste beschäftigen Tausende von Spezialisten, aber nur wenige spielen eine aktive Rolle bei der Nachrichtenbeschaffung im Ausland.

Körperliches Training
Geheimdienstagenten, besonders wenn sie wie diese SOE-Agenten vor geheimen Kriegseinsätzen stehen, unterziehen sich einem harten körperlichen Training.

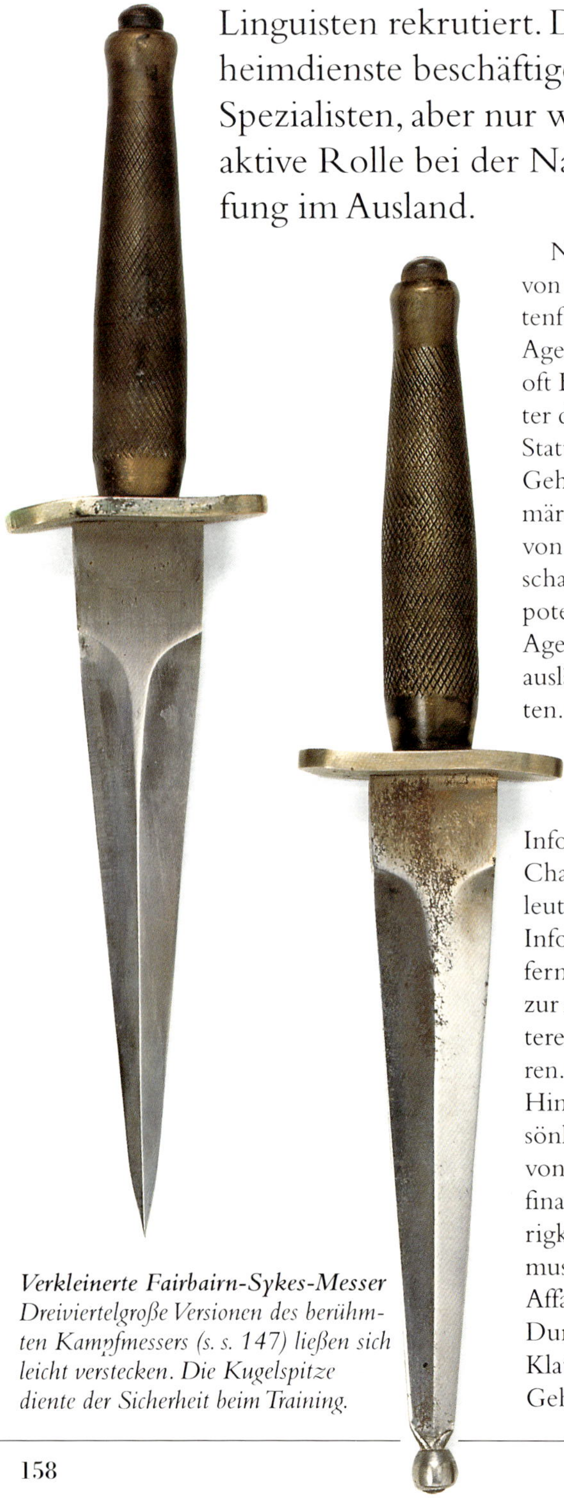

Verkleinerte Fairbairn-Sykes-Messer
Dreiviertelgroße Versionen des berühmten Kampfmessers (s. s. 147) ließen sich leicht verstecken. Die Kugelspitze diente der Sicherheit beim Training.

Nachrichtenbeschaffung ist das Ressort von Berufsbeamten, den sogenannten Agentenführern, und der von ihnen rekrutierten Agenten. Im Ausland sind Agentenführer oft Botschaftsmitarbeiter. Sie operieren unter dem Deckmantel ihres diplomatischen Status und bemühen sich nach Kräften, ihre Geheimdiensttätigkeit zu tarnen. Ihre primäre Aufgabe ist das Anwerben und Führen von Agenten, durch die Nachrichten beschafft werden können. Auf der Suche nach potentiellen Kandidaten wenden sich Agentenführer gewöhnlich an Mitarbeiter ausländischer Geheimdienste und Botschaften. Geheimdienstmitarbeiter sind besonders dann wertvoll, wenn sie sich als Maulwürfe rekrutieren lassen, aber auch jeder andere, der Zugang zu Informationen hat, kann nützlich sein. Chauffeure, Sekretärinnen oder Wartungsleute können z. B. Informationen liefern, die vielleicht zur Anwerbung weiterer Agenten führen. Dabei sind schon Hinweise auf persönliche Probleme von Zielpersonen – finanzielle Schwierigkeiten, Alkoholismus, außereheliche Affären – nützlich. Durch solchen Klatsch können Geheimdienstmitarbeiter Menschen ausfindig machen, deren persönliche Situation labil ist und die sich daher erfolgreich anwerben lassen.

Freundliche Spione

Agentenführer, die für das Anwerben von Agenten zuständig sind, müssen eine freundliche, sympathische Art haben. Sie sollten umgänglich, gesellschaftlich anpassungsfähig und offen für die Ansichten anderer Menschen sein. Bekanntlich verbrachten sowjetische Agentenführer mit diesen Eigenschaften viel Zeit in den Clubs und Bars von Washington und hofften, An-

MEISTERSPION

Aldrich Ames

Der hoch verschuldete CIA-Beamte Ames (*1941) bot 1985 dem KGB seine Dienste an. Er wurde Chef der sowjetischen Abteilung in der Counterintelligence Section der CIA und verriet jedes ihm bekannte Geheimnis, was zum Tod von mindestens zehn CIA-Agenten führte. Für seine Informationen zahlte ihm der KGB insgesamt 2,7 Millionen Dollar. Ames wurde 1994 verhaftet und zu einer lebenslänglichen Gefängnisstrafe verurteilt.

schluß an US-Regierungsmitarbeiter, Militärpersonal oder Geschäftsleute zu finden. In der Regel wird der Agentenführer sich mit einem potentiellen Kandidaten anfreunden. Diese Freundschaft basiert oft auf einem scheinbar gemeinsamen Interesse – Frauen, Alkohol, Spiele – oder gar harmlosen Hobbys wie Angeln oder Briefmarkensammeln. Im Laufe der Freundschaft wird der Agentenführer behutsam nach Charakterschwächen Ausschau halten, die sich nutzen lassen, um den neuen Freund zu steuern. An diesem Punkt wird der potentielle Kandidat als ein potentieller Agent bezeichnet. Die erste Information, die von ihm verlangt wird, kann völlig harmlos scheinen. Aber langsam werden neue Kandidaten immer enger in ein Netz aus Betrug und Spionage verwickelt. Einige werden überredet, sich gegen Geld auf geheime Tätigkeiten einzulassen, und später dazu gebracht, eine Quittung für dieses Geld auszustellen. Von nun an haben sie kaum eine Chance zur Umkehr und befinden sich in den Fängen eines Spionagenetzes. Die Drohung, daß ihre neuen Tätigkeiten enthüllt werden, sowie die Verlockung des Geldes genügen, daß sie ihrem Führer weiterhin loyal ergeben sind.

Trainingsvorhängeschloß
An diesem Spezialschloß übten Rekruten das Öffnen von Kombinationsschlössern.

Andere Agentenführer werden nun versuchen, die Loyalität des rekrutierten Agenten zu bestärken, indem sie zu diesem ein enges Vertrauensverhältnis entwickeln. Sogar nach seiner Verhaftung sprach der CIA-Verräter Aldrich Ames von der großen Zuneigung, die er noch immer für seine ehemaligen Agentenführer empfand.

AGENTENTYPEN

Außer den zur Nachrichtenbeschaffung Angeworbenen gibt es noch weitere Agententypen. Kontakt- und Zugangsagenten dienen dazu, den Zugang zu potentiellen Kandidaten zu ermitteln und zu erleichtern. Einflußreiche Agenten sollen die öffentliche Meinung oder Vorgänge beeinflussen. Hilfsagenten helfen anderen Agenten, zum Beispiel als Kuriere oder bei der Unterhaltung konspirativer Wohnungen.

Doppelagenten arbeiten gegen ihren ursprünglichen Geheimdienst, gesteuert von einem anderen Dienst. Geld, Ideologie, Kompromittierung oder Eitelkeit können ihre Motive sein. Mancher wurde zum Doppelagent, weil er im Land des Gegners enttarnt wurde, um sein Leben fürchtete und sich zum Verrat erpressen ließ. Maulwürfe arbeiten für den einen Geheimdienst, während sie von einem anderen geführt werden.

Schläfer werden als Agenten in ein fremdes Land geschickt, wo sie ein scheinbar normales Leben führen, bis sie in Zeiten nationaler Not oder vor einem drohenden Krieg, in dem sie dann als Saboteure oder Attentäter agieren können, aktiviert werden.

»Illegale« (s. S. 162) sind Spione, die eine ausgeklügelte falsche Identität annehmen, um in fremden Ländern zu arbeiten. Sie sind vom Feind kaum zu entdecken, riskieren aber schwere Strafen, da sie ohne diplomatische Immunität operieren. Sie beschaffen zuweilen nicht nur Informationen, sondern suchen auch potentielle neue Kandidaten oder führen andere Agenten.

MEISTERSPION

George Blake

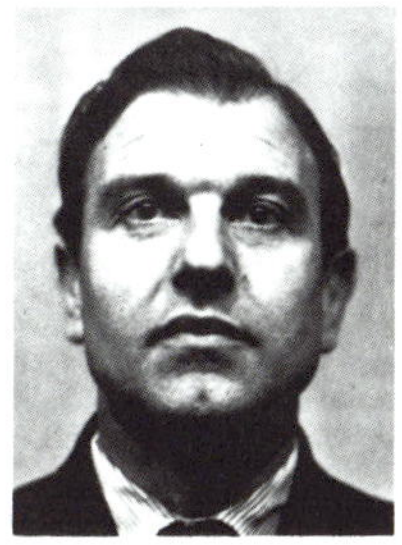

KP-Mitglied George Blake (*1922) geriet als britischer Soldat in koreanische Kriegsgefangenschaft und wurde vom sowjetischen Geheimdienst rekrutiert. Wegen seiner Sprachkenntnisse wurde er später vom MI6 (s. S. 169) angeworben. Seit 1953 gab er Informationen an den KGB weiter und fügte dem britischen Geheimdienst großen Schaden zu. 1961 wurde er verhaftet und zu 42 Jahren Gefängnis verurteilt. Nach sechs Jahren entkam er und ging in die Sowjetunion.

Unterweisung im Handwerk
Mit »Handwerk« bezeichnet man die zur Spionage nötigen technischen Fertigkeiten. Hier erfahren SOE-Rekruten (s. S. 30), wie man Schlösser öffnet.

Anwerbung und Ausbildung II

Nach der Anwerbung bieten sich neuen Geheimdienstmitarbeitern verschiedene berufliche Möglichkeiten. Große Geheimdienste wie die CIA und der KGB (oder einer seiner Nachfolger, der SVR) benötigen für ihre Operationen zahlreiche Techniker und Auswerter. Angeworbenes Personal wird zunächst allgemein in die verschiedenen Bereiche der Geheimdiensttätigkeit eingeführt und erst dann speziell ausgebildet. Etliche Geheimdienstler verbringen ihr ganzes Berufsleben in bestimmten Spezialbereichen. Ein Kandidat, der für eine Karriere als Geheimdienstbeamter oder Agentenführer bestimmt ist, durchläuft eine viel intensivere und umfassendere Ausbildung. Die Ausbildung westlicher Geheimdienste nach 1945 stützt sich großenteils auf die Ausbildungsprogramme, die für die britische SOE (s. S. 30) und den amerikanischen OSS (s. S. 32) während des Kriegs entwickelt wurden.

Kommunikationstraining
Das Erlernen und die Anwendung von Morsezeichen für die Funkkommunikation kann eine der intensivsten und zeitraubendsten Phasen der Geheimdienstausbildung sein.

LERNTASTE

OHRHÖRER

Morselerntaste
Mit solchen Lerntasten und Ohrhörern wurde CIA-Rekruten in den sechziger Jahren der Einsatz von Morsezeichen beigebracht.

MEISTERSPION

John Vassal

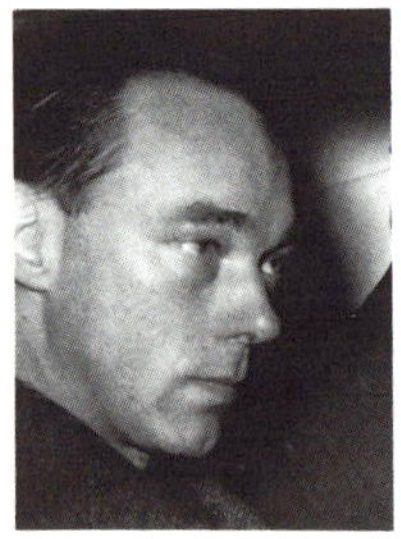

Der Admiralitätssekretär John Vassal (*1924) arbeitete an der britischen Botschaft in Moskau, als der KGB ihn rekrutierte, indem er ihn unter Ausnutzung seiner Homosexualität erpreßte. Er wurde im Gebrauch der Minox-Kamera ausgebildet und wurde dann eingesetzt. Nach London zurückgekehrt (1956) leitete er zahlreiche Marinegeheimnisse an Moskau weiter. Er wurde 1962 verhaftet und zu 18 Jahren verurteilt, wovon er zehn absaß.

Anwerbung und Ausbildung im Krieg

Ursprünglich fand die SOE viele ihrer Auszubildenden durch Mundpropaganda und ähnliche inoffizielle Kontakte. Vor allem wurden Menschen gesucht, die über hervorragende Sprachkenntnisse verfügten und auch bereit waren, nicht näher definierte Aufgaben zu übernehmen. Daneben erhielt die SOE einige ihrer Kandidaten über die Abteilung MI1x des Kriegsministeriums, die auch Bewerber für den MI5 (s. S. 164) und den MI6 besorgte. Diese beiden Dienste warben auch selbst Agenten an, zuweilen in Konkurrenz mit der SOE. Die SOE warb gern Menschen aus der Mittelschicht an, die keinen extremen politischen Gruppen angehörten. Wegen ihrer besonderen Fertigkeiten wurden aber auch weniger ehrbare Personen wie Fälscher und Einbrecher eingestellt.

Auch der OSS rekrutierte seine Mitarbeiter anfangs über inoffizielle Wege. Ab Ende 1943 ging man jedoch aufgrund des wachsenden Personalbedarfs systematischer vor. Der OSS und die SOE entwarfen gemeinsam ein psychologisches Beurteilungssystem für potentielle Rekruten; es wurde mit Ausbildungsprogrammen kombiniert, durch die ungeeignete Kandidaten auf verschiedenen Stufen herausgefiltert werden konnten. In beiden Organisationen gab es eine Grundausbildung. Sie umfaßte Überlebens- und Kommunikationstechniken, Sabotage und die verschiedenen Kampfformen. In daran anschließenden Fortgeschrittenenkursen sollten Agenten für Spezialaufgaben oder die Arbeit in bestimmten Ländern vorbereitet werden.

MEISTERSPION

Hugh Hambleton

Hugh Hambleton (*1922) wurde 1947 vom MGB (dem späteren KGB) angeworben – er ließ sich von dessen intellektueller Schmeichelei und der eigenen Abenteuerlust verleiten. Von 1956 bis 1961 arbeitete er für die NATO und lieferte Geheimnisse an Moskau. Er kehrte nach Kanada zurück, wurde Professor und gab weiterhin Geheimnisse weiter. 1979 entdeckte der Sicherheitsdienst der RCMP (s. S. 136) seine Spionageausrüstung. Später wurde er in England zu zehn Jahren Gefängnis verurteilt.

CIA-Ausbildung

Das Ausbildungssystem des OSS hatte einen starken Einfluß auf die von der CIA übernommenen Methoden. In den fünfziger Jahren erhielten Auszubildende der CIA eine Grundausbildung in einem Lager mit dem Decknamen

Welrod-Pistole
Diese im Zweiten Weltkrieg in den SOE-Labors in Welwyn Garden City bei London entwickelte Schalldämpferwaffe war auch in den Nachkriegsjahren noch in Gebrauch.

Schußwaffenausbildung
Geheimdienste bilden ihre Agenten im Gebrauch zahlreicher Schußwaffen aus, vor allem denen, die den Einsatzerfordernissen am besten entsprechen.

Isolation. Die Rekruten nannten diese ehemalige Marinebasis in Virginia wegen des sumpfigen Geländes auch Camp Swampy. Die Grundelemente geheimer Operationen wurden noch immer nach dem OSS-Handbuch gelehrt.

Auszubildenden wurden auch umfassende Grundkenntnisse im Spezialvokabular der Welt der Spionage vermittelt. Sie lernten die Unterschiede zwischen den einzelnden Agententypen und die zu ihrer Rekrutierung führenden Kriterien kennen. Die Rolle des Agentenführers wurde definiert als das »Bindeglied zwischen der Geheimdienstbürokratie, die die Geheiminformationen haben will, und den Agenten, die Zugang zu diesen Informationen haben«. Fachleute hielten Vorlesungen über Themen aus dem Spionagehandwerk wie geheime Fotografie, Geheimschriften, Überwachung und tote Briefkästen. In den späteren Ausbildungsstadien wurden die Auszubildenden zur nahegelegenen Stadt Norfolk gebracht, um ihre neuerworbenen Fähigkeiten praktisch zu erproben.

Die sowjetische Ausbildung

Sowjetischen Rekruten des KGB und der GRU (s. S. 38) wurden etwa die gleichen Grundkenntnisse vermittelt. Das Hauptausbildungszentrum des KGB war die Schule 101 (später in Institut Rotes Banner umbenannt) bei Moskau. Die GRU bildete ihr Personal in der Militärdiplomatischen Akademie aus.

Die KGB-Ausbildung beruhte auf einem Lehrbuch mit dem Titel *Die Grundlage der sowjetischen Geheimdienstarbeit*, das die für einen Geheimdienstoffizier erforderlichen handwerklichen Kenntnisse und Fähigkeiten für Agentenführer behandelte. KGB- und GRU-Rekruten lernten nicht, wie man Nachrichten beschafft, sondern wie man andere dazu bringt, dies durch Verrat am eigenen Land für sie zu tun. Die Arbeit der Anwerbung und Führung von Agenten wurde anhand von konkreten Fällen gelehrt, und zwar von praxiserfahrenen Ausbildern. Im Endstadium der Ausbildung mußte man eine Fremdsprache erlernen, die die Arbeit im künftigen Einsatzgebiet erleichterte.

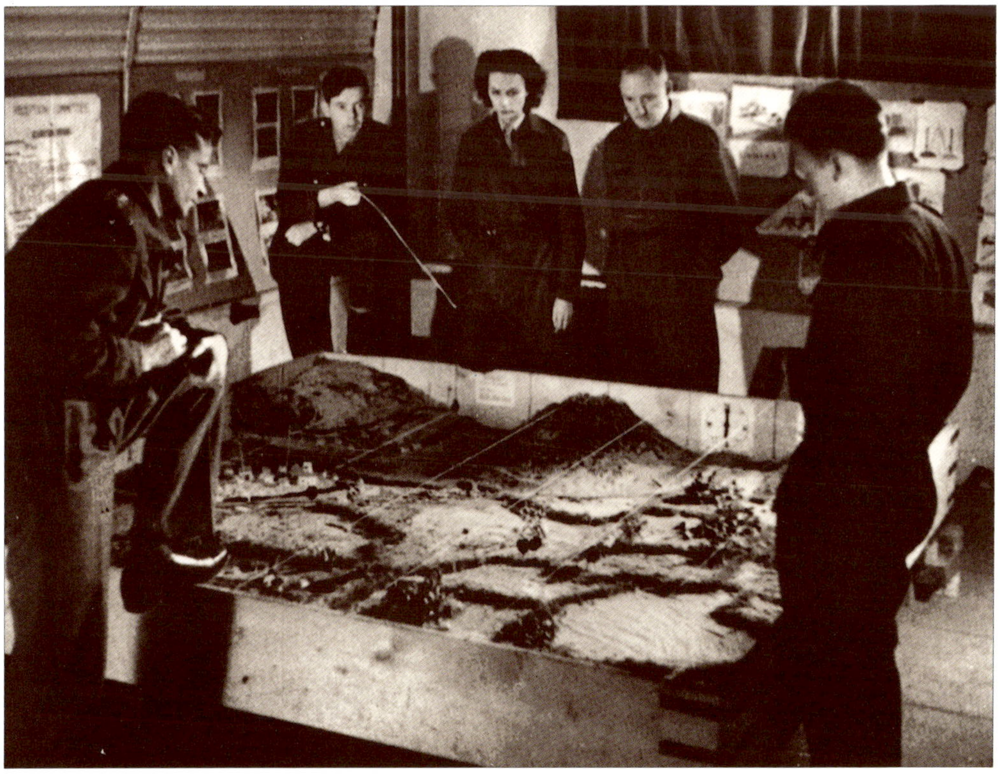

Einsatztraining
SOE-Rekruten lernten, wie wichtig das Terrain bei der Planung einer Operation ist. Hier demonstriert ein Ausbilder, wie man sich ein topographisches Modell zunutze macht.

Tarnungen und Legenden

In der Welt der Spionage ist eine Legende eine erfundene Lebensgeschichte, die die wahre Identität eines Spions verdecken soll. Während für einfachere Operationen nur eine Tarnung benötigt wird – vielleicht bloß ein falscher Name –, erfordern komplexere Operationen, daß ein Spion jahrelang konspirativ in einem fremden Land lebt. Der KGB nannte einen auf diese Weise arbeitenden Spion einen »Illegalen«. Der entsprechende CIA-Ausdruck lautet NOC (non-official cover). Die für eine Tarnung oder Legende erforderliche Zeit und Sorgfalt richten sich nach drei Faktoren: der Bedeutung der Mission, der Dauer der Aufrechterhaltung der Identität und der Genauigkeit der Überprüfung, der sie unterworfen wird.

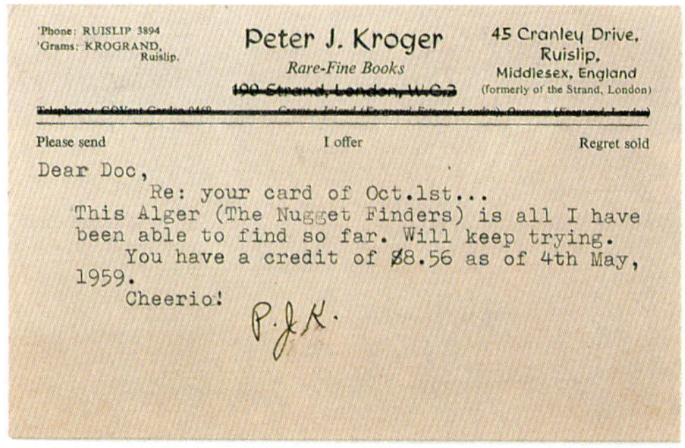
'Phone: RUISLIP 3894
'Grams: KROGRAND, Ruislip.

Peter J. Kroger
Rare-Fine Books
~~190 Strand, London, W.C.2~~

45 Cranley Drive,
Ruislip,
Middlesex, England
(formerly of the Strand, London)

Please send — I offer — Regret sold

Dear Doc,
Re: your card of Oct.1st...
This Alger (The Nugget Finders) is all I have been able to find so far. Will keep trying.
You have a credit of $8.56 as of 4th May, 1959.
Cheerio!
P.J.K.

POSTKARTE MIT ADRESSE DES »SPIONENHAUSES« (S. S. 50) ZUR LEGENDENBILDUNG

Tarnung oder Legende?

Eine kurzfristige falsche Identität, die wenig Vorbereitung benötigt, nennt man eine Tarnung. So muß beispielsweise ein Angehöriger des MI6, der an einer Elektronikmesse in einer englischen Stadt teilnimmt, sich nur unter einem falschen Namen eintragen, Visitenkarten einer nichtexistierenden Firma bei sich haben und einen Telefonanschluß auf den Namen dieser Firma einrichten lassen.

Größere Vorbereitung erfordert dagegen ein Illegaler. Elie Cohen (s. S. 102) benötigte ein Jahr, um seine Legende in Argentinien vorzubereiten, bevor er seine Mission als israelischer Spion in Syrien antrat.

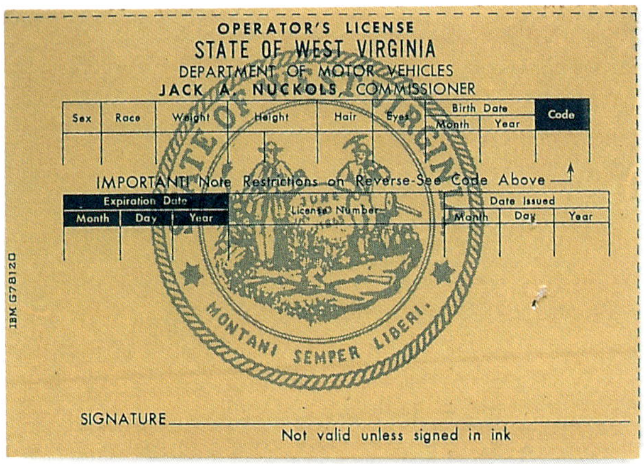
OPERATOR'S LICENSE
STATE OF WEST VIRGINIA
DEPARTMENT OF MOTOR VEHICLES
JACK A. NUCKOLS, COMMISSIONER

Sex	Race	Weight	Height	Hair	Eyes	Birth Date Month	Year	Code

IMPORTANT! Note Restrictions on Reverse-See Code Above

Expiration Date Month	Day	Year	License Number	Date Issued Month	Day	Year

MONTANI SEMPER LIBERI
SIGNATURE
Not valid unless signed in ink

SOWJETISCHE FÄLSCHUNG EINES UNAUSGEFÜLLTEN FÜHRERSCHEINS

Falsche Identitäten

Geheimdienste lagern Papiersorten aus der ganzen Welt, um Ausweisdokumente möglichst exakt kopieren zu können. Diese Arbeit muß lupenrein sein: So flog die Identität eines deutschen Spions, der im Zweiten Weltkrieg als Sowjetbürger auftrat, auf, weil seine Dokumente mit (in der Sowjetunion nicht erhältlichen) rostfreien Stahlklammern zusammengeheftet waren. Das Fehlen von Rostflecken auf seinen Papieren entlarvte ihn.

Eine falsche Identität kann durch den sorgfältigen Einsatz von »Taschenabfall« wie Fahrscheinabschnitten oder Quittungen glaubwürdiger gemacht werden. Ganz wichtig ist es, daß ein Spion nichts bei sich hat, was seine wahre Identität verrät. Zuweilen können sich Spione Dokumente beschaffen, mit denen sie die Identität eines Verstorbenen annehmen können. Es bedarf gründlicher Recherchen, eine Legende auf der Identität eines Toten aufzubauen. So muß etwa darauf geachtet werden, daß der Spion dem Äußeren des Verstorbenen entspricht. Ein kleiner Fehler kann zur Katastrophe führen, wie im Falle des KGB-Illegalen Konon Molody (s. S. 51).

SIGNATURE OF MEMBER
American Press Alliance
PRESS
THIS IS TO CERTIFY THAT
IS A MEMBER IN GOOD STANDING OF THE CHAPTER.
CARD NO. DATE
CHAPTER PRESIDENT

SOWJETISCHE FÄLSCHUNG EINES US-PRESSEAUSWEISES

Wie man sich vor Enttarnung hütet

Selbst wenn eine Legende perfekt konstruiert ist, muß sich ein Spion richtig verhalten. Wenn ein Agent im eigenen oder in einem befreundeten Land arbeitet, ist das nicht allzu schwierig, da die Legende nicht genau überprüft wird. Doch wenn ein Spion in einem feindlichen Land operiert, muß er seine Legende ständig »leben« und aufpassen, daß er selbst in einer beiläufigen Unterhaltung nichts sagt, was die Legende in Frage stellen könnte. Sein Handeln muß zu der fiktiven Person passen. Im Ersten Weltkrieg wurde ein deutscher Offizier dabei ertappt, wie er sich nach Kanada einschleusen wollte – er war schäbig gekleidet, reiste aber im Zug erster Klasse.

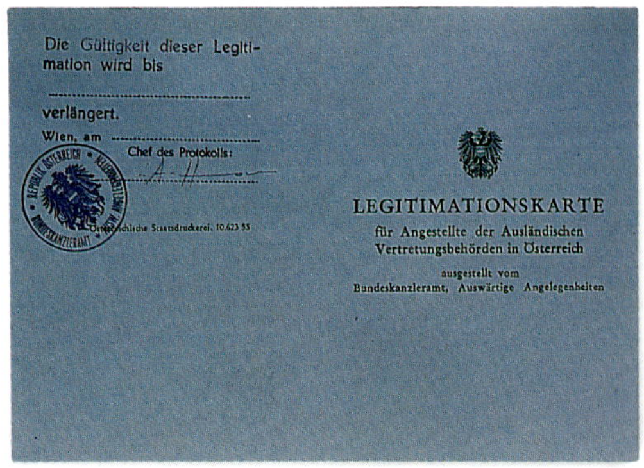
Die Gültigkeit dieser Legitimation wird bis
....
verlängert.
Wien, am ....
Chef des Protokolls:
REPUBLIK ÖSTERREICH · BUNDESKANZLERAMT
Österreichische Staatsdruckerei, 10.623 55

LEGITIMATIONSKARTE
für Angestellte der Ausländischen Vertretungsbehörden in Österreich
ausgestellt vom
Bundeskanzleramt, Auswärtige Angelegenheiten

FALSCHER AUSWEIS FÜR ÖSTERREICHISCHES BOTSCHAFTSPERSONAL

Forest Frederick Edward Yeo-Thomas

Der britische Geheimagent Edward Yeo-Thomas (1901- 64) war ein ehemaliger Offizier der Royal Air Force (RAF) und ging als Freiwilliger zur SOE (s. S. 30). Er arbeitete in Frankreich bei drei Missionen mit der Résistance zusammen. 1944 wurde er von der Gestapo gefangengenommen und gefoltert, überlebte den Krieg aber als Kriegsgefangener. Für seine Tapferkeit erhielt Yeo-Thomas später das George Cross, einen der höchsten britischen Orden.

Hier seine SOE-Karteikarte, seine RAF-Kennmarke und ein SOE-Scheibenmesser sowie Papiere für seine Legenden bei seinen ersten beiden Frankreich-Missionen. Bei seiner ersten benutzte er den Ausweis auf den Namen Thierry (geboren in Arras), bei der zweiten die Papiere auf den Namen Tirelli (geboren in Algier): Ausweis, Lebensmittelkarte, Führerschein und Entlassungsbescheinigung.

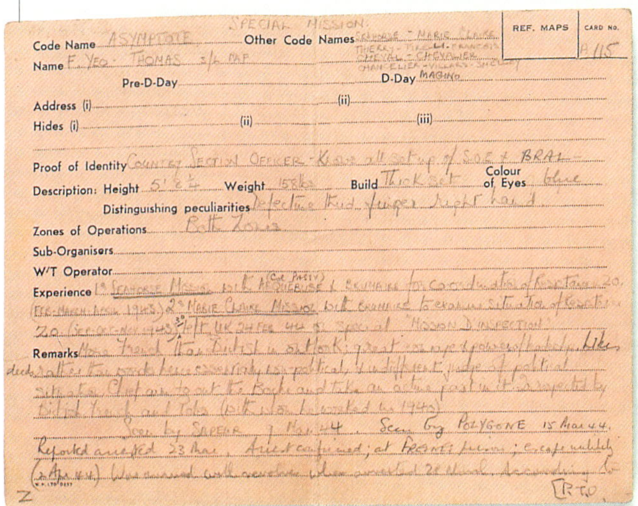

SOE-KARTEIKARTE

RAF-KENNMARKEN

SOE-SCHEIBENMESSER

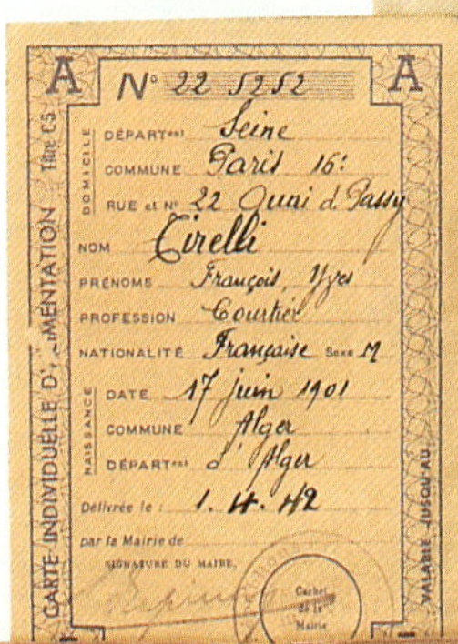

FRANZÖSISCHE LEBENSMITTELKARTE

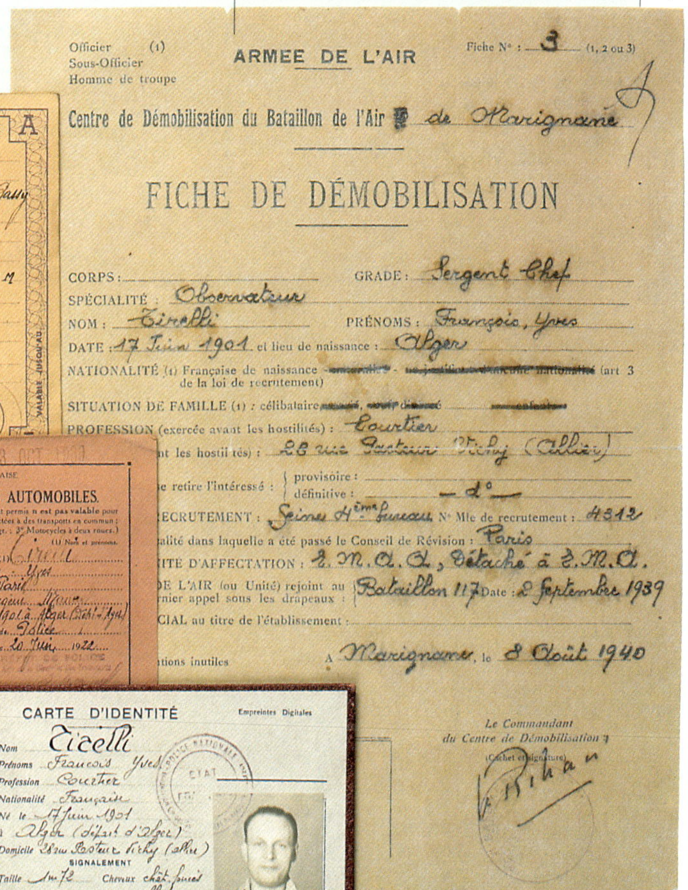

gealtertes Papier, um eine zwei Jahre alte Bescheinigung zu simulieren

ENTLASSUNGSSCHEIN DER FRANZÖSISCHEN LUFTWAFFE

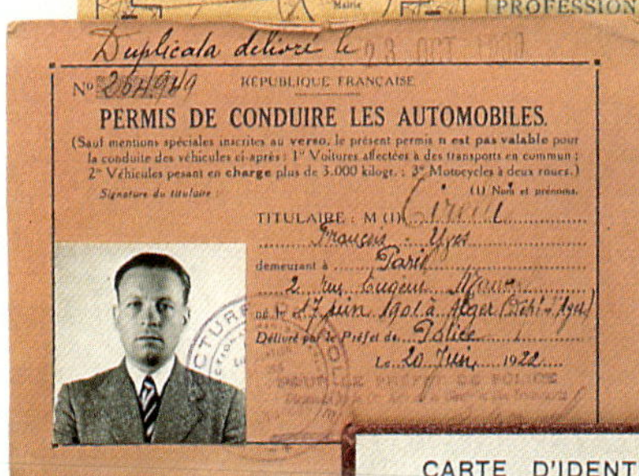

FRANZÖSISCHER FÜHRERSCHEIN

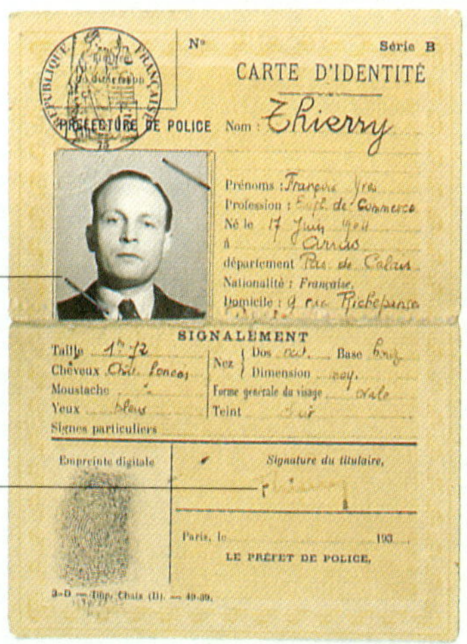

Foto von Yeo-Thomas

Unterschrift für angenommene Identität

FRANZÖSISCHER AUSWEIS

Unterschrift für angenommene Identität

ERNEUERTER FRANZÖSISCHER AUSWEIS

Spionagenetze

Ein Spionagenetz besteht aus einer Gruppe von Agenten, die unter der Aufsicht eines Agentenführers arbeiten. Jede Person im Netz hat einen einzigen Vorgesetzten, kann aber mehr als eine Person unter sich haben. Folglich besitzen Netze eine pyramidenförmige Struktur, mit vielen Agenten an der Basis und nur wenigen Agentenführern an der Spitze. Ein Agentenführer ist beispielsweise ein Führungsoffizier der CIA, der unter diplomatischem Schutz arbeitet, oder ein sowjetischer »Chefillegaler« (s. S. 169) mit einer vorgetäuschten Identität.

RUDOLF IWANOWITSCH ABEL

Abels Manschettenknöpfe
In diesen hohlen Knöpfen, die im Besitz von Rudolf Abel gefunden wurden, ließen sich Mikropunkte verstecken.

Hohler Nagel
Das Spionagenetz Abel benutzte diesen Spezialnagel als toten Briefkasten, in dem sich Mikrofilme verstecken ließen.

Agentenführer müssen möglichst viel über ihre Agenten wissen, um sie effizient leiten zu können. Aus Sicherheitsgründen erfahren Agenten möglichst wenig über ihre Agentenführer und nichts über Kollegen. Dieses Abschottungsprinzip sorgt dafür, daß ein verhafteter Agent seine Vorgesetzten oder Agenten in anderen Teilen des Netzes nicht verraten kann. Ohne eine derartige Abschottung wäre das gesamte Netz gefährdet. Bei bestimmten Einsätzen wenden Agentenführer von Spionagenetzen das Abschottungsprinzip zuweilen nicht an, wie etwa im Falle des Cambridge-Netzes (siehe gegenüber) und einiger amerikanischer Netze im Zweiten Weltkrieg.

Der Spionagering Abel

Der von dem sowjetischen Illegalen Oberst Rudolf Iwanowitsch Abel (1903–1971) betriebene Spionagering geriet durch mangelnde Abschottung in Gefahr. Von seiner New Yorker Wohnung aus stand Abel in Kontakt mit sowjetischen Agenten und unterstützte ihre Bemühungen, amerikanische Atomgeheimnisse zu stehlen. 1954 wurde Reino Hayhanen, ein anderer Illegaler, Abels Assistent. Er erwies sich als unzuverlässig, und Abel ließ ihn nach Moskau zurückbeordern. Hayhanen wurde zum Überläufer. Er gab Details von Abels Geheimcode an das FBI weiter, und da er Abels Wohnung kannte, half er dem FBI, Abel aufzuspüren. Abel wurde verhaftet, aber später gegen Francis Gary Powers (s. S. 52) ausgetauscht.

Abels Netz hatte auch Kontakt zu Ethel und Julius Rosenberg, die als Agenten für die Sowjetunion arbeiteten, wegen Hochverrats verurteilt und 1953 hingerichtet wurden. Nach ihrer Verhaftung war der Schaden für das übrige Netz dank der Abschottung begrenzt.

JULIUS ROSENBERG

ETHEL ROSENBERG

MI5 – der britische Sicherheitsdienst

Trotz der Buchstaben MI in den Bezeichnungen MI5 und MI6 (s. S. 169) gehören beide Organisationen heute nicht dem militärischen Geheimdienst (Military Intelligence) an. Der MI5 ist für Abwehraufgaben zuständig und überwacht die Aktivität von subersiven und terroristischen Gruppen und von Ausländern in England. Im Zweiten Weltkrieg entlarvte er viele deutsche Spione, die dann zur Übermittlung falscher Informationen benutzt wurden.

GUY BURGESS

ANTHONY BLUNT

DONALD MACLEAN

HAROLD (KIM) PHILBY

Die Cambridge-Spione

In den dreißiger Jahren rekrutierte der KGB in England eine Reihe von Agenten unter prokommunistischen Studenten der Universität Cambridge. Fünf wurden später vom NKWD-Offizier Juri Modin geführt.

1951 gingen zwei dieser Agenten, Donald Maclean und Guy Burgess, Beamte im Außenministerium, in die Sowjetunion, nachdem sie in Verdacht geraten waren. Ihr Freund Kim Philby wurde daraufhin gezwungen, von seinem hochrangigen Posten beim MI6 zurückzutreten. Er arbeitete als Journalist, bis er 1963 ebenfalls überlief. Philby, der einmal als künftiger Chef des MI6 galt, hatte viele Operationen an den KGB verraten.

Der vierte Mann war Sir Anthony Blunt, der von 1940 bis 1945 Beamter beim MI5 war. Später war er als Spion tätig, während er Kurator der königlichen Gemäldesammlung war. Der MI5 wußte um seine Schuld, bevor die Öffentlichkeit 1979 davon erfuhr.

Der letzte der fünf war John Cairncross. Er hatte Posten beim MI6, bei einem Nachrichtendienst im Krieg namens GC&CS (später GCHQ) und in verschiedenen Ministerien inne.

Der Mossad und seine Spionagenetze

Mossad-Netze operieren unter der Tarnung israelischer Botschaften im Ausland. Illegale werden direkt von Israel aus geführt und arbeiten ohne diplomatische Tarnung oder Unterstützung durch Botschaftsangehörige. In jedem Land agiert ein Stützpunktleiter unter diplomatischem Schutz in der Botschaft – nötigenfalls darf er sogar den Botschafter anweisen, Mossad-Aktionen zu unterstützen. Das *Sayanim*-Register ist eine Liste von freiwilligen Helfern in der jüdischen Gemeinde – dadurch werden Mossad-Netze klein gehalten. Jeder Stützpunkt zieht Techniker nur hinzu, wenn sie gebraucht werden, statt sie als Fulltime-Mitarbeiter zu beschäftigen.

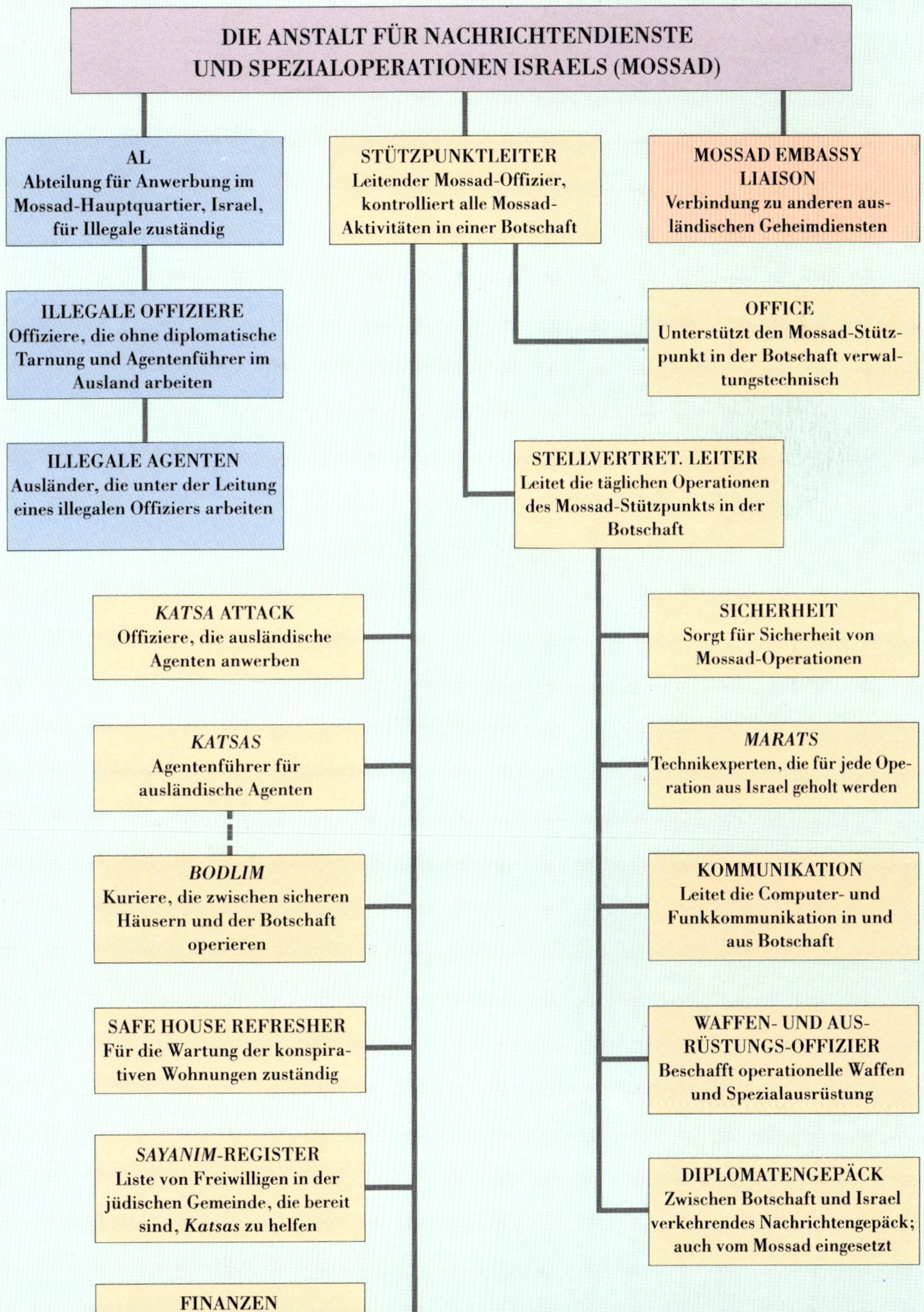

Das Los eines Spions

Spionen droht ständig die Entlarvung und Gefangennahme und damit eine Strafe, die von langjähriger Haft bis zur Todesstrafe reicht. »Legale« Dienstangehörige – unter dem Schutz der diplomatischen Immunität – sind der Feindabwehr zuweilen bekannt und werden oft nachsichtig behandelt: Nach ein paar Stunden Haft werden sie der Obhut von Vertretern ihrer Botschaft übergeben.

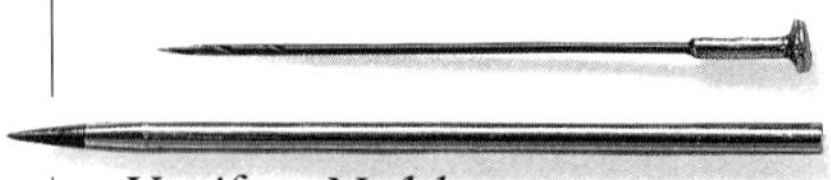

Vergiftete Nadel
Diese in einem Silberdollar versteckte Giftnadel hatte der amerikanische Spionagepilot Francis Gary Powers bei sich.

Blausäureampulle und Darmversteck
Im Zweiten Weltkrieg stellte der deutsche Sicherheitsdienst dieses Messingröhrchen her, das sich im Mastdarm verstecken ließ. Es enthielt eine Blausäureampulle.

Ein viel größeres Risiko gehen Agenten ein, die ohne diplomatischen Schutz operieren und »Illegale« (s. S. 159) heißen. Sie sind der Gerichtsbarkeit des Landes, in dem sie arbeiten, auf Gedeih und Verderb ausgeliefert. Ihr Geheimdienst kann ihnen kaum Schutz gewähren, da das Wissen um die Identität der Illegalen abgeschottet ist: Die Illegalen kennen nur die, die ihre Aktionen direkt unterstützen und steuern.

Verrat

Trotz aller Vorsichtsmaßnahmen droht Spionen stets Verrat durch Maulwürfe (s. S. 12). Diese arbeiten verdeckt in feindlichen Geheimdiensten und können deren Spione oft dem eigenen Geheimdienst melden. Der KGB-Maulwurf Aldrich Ames (s. S. 158) operierte in der CIA und konnte mindestens zehn Agenten verraten, die in der Sowjetunion für die CIA arbeiteten – die meisten wurden umgebracht. Ames verriet auch Oleg Gordiewski, einen KGB-Offizier, der als Maulwurf für den britischen Geheimdienst MI6 tätig war. Dieser verhalf Gordiewski zur Flucht nach England. Weitere wichtige Maulwürfe gehörten dem Cambridge-Spionagering (s. S. 165) an, der jahrelang operierte und dabei viele Agenten verriet.

Strafen

Das Urteil bei Spionage fällt von Land zu Land unterschiedlich aus und wird durch viele Umstände beeinflußt. Die ehemaligen Ostblockländer haben Spione generell hingerichtet. Oleg Penkowski, ein GRU-Offizier, der als Maulwurf für die CIA und den MI6 arbeitete, wurde als warnendes Beispiel für andere potentielle Verräter nach einem aufsehenerregenden Schauprozeß hingerichtet.

Auch Illegale müssen mit Hinrichtung rechnen, wenn sie unter besonders feindseligen Verhältnissen operieren. Die arabischen Staaten etwa richten gefangene israelische Illegale fast immer hin. Wegen dieser düsteren Aussichten haben Angehörige des

Verhörknüppel
Dieses vom KGB bei Verhören verwendete Utensil enthält ein lederumhülltes Bleigewicht, das das Opfer nicht gleich tötet, ihm aber große Schmerzen zufügt.

TRANSPORTKOFFER FÜR MENSCHEN

Der Mann im Koffer

Der Israeli Mordecai Louk arbeitete als Doppelagent für den Mossad und für den ägyptischen Geheimdienst. 1964, als Louk in Rom lebte, mißtrauten ihm die Ägypter und wollten ihn zum Verhör heimholen. Louk wurde geschnappt, betäubt und in einen Spezialkoffer gesteckt, in dem er heimlich nach Kairo geflogen werden sollte. Im Koffer war Louk an einen Ledersitz geschnallt, seine Füße waren am Boden fixiert, und seine Hände und sein Kopf wurden von speziellen Vorrichtungen gehalten. Aufgrund einer Verspätung am Flughafen Fiumicino ließ die Betäubung jedoch nach. Zollbeamte hörten Louks Stimme und befreiten ihn. Ironie des Schicksals: Als er nach Israel zurückkehrte, wanderte er wegen seiner Kontakte zu den Ägyptern ins Gefängnis.

MORDECAI LOUK

Die Glienicker Brücke in Berlin
Die Glienicker Brücke, die die Havel zwischen West- und Ostberlin überquert, wurde bekannt als Schauplatz des Austauschs wichtiger Spione.

israelischen Geheimdienstes Mossad die arabischen Staaten das »Land der Toten« genannt.

Nach dem Zweiten Weltkrieg wurden Verräter in Amerika und Westeuropa generell zu Gefängnisstrafen verurteilt. Eine wichtige Ausnahme war der Fall von Ethel und Julius Rosenberg (s. S. 164), die 1953 hingerichtet wurden, weil sie während des Krieges amerikanische Atombombengeheimnisse weitergegeben hatten. Die beiden waren die ersten amerikanischen Bürger, die wegen Hochverrats seit dem Ende des amerikanischen Bürgerkriegs hingerichtet wurden.

Illegale Agenten, die in der relativen Sicherheit der weniger gewalttätigen Industriestaaten – wie Westeuropa oder Nordamerika – operieren, erhalten möglicherweise Gefängnisstrafen, die sie nicht ganz absitzen müssen. Gelegentlich werden sie gegen Gefangene in anderen Ländern ausgetauscht.

Verhör und Folter

Die Spionageabwehr verhört gefangene Spione und foltert sie unter Umständen, um wichtige Informationen aus ihnen herauszuholen. Einige Spione begehen lieber Selbstmord, als zu riskieren, unter Zwang Informationen preiszugeben, die ihre Mission und die daran Beteiligten verraten könnten. Im Zweiten Weltkrieg waren Agenten der SOE (s. S. 30) mit »L«-Pillen versehen, die fast augenblicklich zum Tod führten; der U-2-Pilot Francis Gary Powers (s. S. 52) hatte eine Selbstmordnadel mit einer vergifteten Spitze bei sich.

Wenn Spione umgedreht werden

In gewissen Fällen läßt man gefangene Spione am Leben oder frei, wenn sie im Gegenzug Doppelagenten werden (s. S. 13). Viele im Zweiten Weltkrieg vom britischen Geheimdienst entlarvte deutsche Spione machten davon Gebrauch. Auch die Deutschen versuchten Spione umzudrehen. Einen ihrer größten Erfolge hatten sie im Fall eines SOE-Agenten, den sie in Holland fingen. Er erklärte sich bereit, den Deutschen zu helfen, indem er die SOE aufforderte, mehr Leute nach Holland zu entsenden. Er verwendete bewußt nicht den SOE-Sicherheitscode, als er seinen Vorgesetzten funkte, und hoffte damit, die SOE über sein Schicksal zu informieren. Das SOE-Hauptquartier verstand dieses Versäumnis aber nicht als Warnung und schickte über 50 Agenten nach Holland. Alle wurden sofort bei der Ankunft von der Gestapo gefangen.

Die Ironie des Schicksals erlebte ein Spion mit dem Decknamen Cicero im Zweiten Weltkrieg. Er war der Butler des britischen Botschafters in der Türkei und arbeitete als Spion für die Deutschen. Doch erst nach dem Krieg stellte sich heraus, daß die Deutschen ihn mit gefälschten Pfundnoten bezahlt hatten. Ciceros Leben endete in Armut (s. S. 34).

Die letzte Zigarette
Dieser russische Spion wurde im Ersten Weltkrieg von österreichischen Truppen auf dem Balkan gefangen. Das Foto entstand kurz vor seiner Hinrichtung.

MEISTERSPION

Greville Wynne

Der englische Geschäftsmann Greville Wynne (1919-1990) fungierte 1961 in Moskau als Kurier zwischen Oberst Oleg Penkowski vom sowjetischen Militärgeheimdienst und dem britischen Geheimdienst. Wynne war in Osteuropa geschäftlich unterwegs und brachte Material von Penkowski zurück nach England. 1962 verhaftete der KGB die beiden. Penkowski wurde hingerichtet, Wynne bei einem Austausch gegen Konon Molody (s. S. 51) freigelassen.

Glossar

Wörter in VERSALIEN verweisen auf andere Stichwörter.

Abwehr
Umfassendere Kategorie als SPIONAGEABWEHR, bezeichnet Aktionen gegen ausländische Geheimdienste und den Schutz von Informationen, Personen, Geräten und Einrichtungen vor Spionage, Sabotage und Terrorismus.

Abwehr, Die
Vor dem Zweiten Weltkrieg eingerichteter deutscher Militärgeheimdienst, der bis zum Zusammenschluß mit dem SD 1944 für die Auslandsnachrichtenbeschaffung zuständig war.

Agent
Eine Person, oft ein ausländischer Staatsbürger, die für einen Geheimdienst arbeitet, ohne offiziell bei ihm angestellt zu sein.

Agentenaustausch
Der Austausch echter oder angeblicher Spione zwischen östlichen und westlichen Nationen oder Geheimdiensten im kalten Krieg.

Agentenführer
Normalerweise ein Geheimdienstmitarbeiter (in englischsprachigen Ländern CASE OFFICER genannt), der für einen AGENTEN zuständig ist oder ihn führt.

Akustische Überwachung
Eine oft mit elektronischen Geräten arbeitende Methode für den heimlichen Lauschangriff.

Aufklärung
Eine Mission zur Beschaffung von Informationen, normalerweise vor einer Geheimoperation.

BfV
(Bundesamt für Verfassungsschutz) 1950 gegründete Organisation zum Schutz der freiheitlich demokratischen Grundordnung der Bundesrepublik Deutschland.

BND
(Bundesnachrichtendienst) 1956 in der Bundesrepublik Deutschland aus der »Organisation Gehlen« hervorgegangene Organisation zur Auslandsnachrichtenbeschaffung.

Case Officer
In englischsprachigen Ländern Geheimdienstbeamter, der einen Agenten steuert oder für ihn zuständig ist. Siehe AGENTENFÜHRER.

Chiffre
Eine Form von CODE, bei dem Zahlen oder Buchstaben systematisch für die Zeichen in einer Klartextmitteilung eingesetzt werden. Der Empfänger kann den Geheimtext durch Anwendung desselben Codes wieder in den Klartext umwandeln.

CIA
(Central Intelligence Agency) 1947 gegründeter amerikanischer Geheimdienst, der wie der britische MI6 für die weltweite Nachrichtenbeschaffung wie für die ABWEHR im Ausland zuständig ist.

Code
1. Ein System zur Verschleierung der Bedeutung irgendeiner Mitteilung durch Ersetzen von Wörtern, Zahlen oder Symbolen (aus einem Codebuch oder nach einer anderen vorherigen Übereinkunft) in einem Klartext. Nicht jeder Code ist eine CHIFFRE; in manchen Codes kann ein Symbol einen Gedanken darstellen oder sogar eine ganze Nachricht übermitteln.
2. Ein nicht geheimes alphabetisches Ersatzsystem wie die MORSEZEICHEN.

Container
Ein Objekt, das für die geheime Lagerung oder Beförderung von Mitteilungen, Film, Geld, CHIFFREN, Geheimtinten, elektronischen Wanzen oder anderen Dingen des HANDWERKS verändert worden ist.

Dechiffrieren
Das Entschlüsseln von CHIFFREN und anderen Arten von CODES, auch Codeknacken genannt, dient der Wiederherstellung der ursprünglichen Mitteilung ohne den Zugang zu offiziellen Schlüsseln oder Verschlüsselungssystemen.

DGSE
(Direction Générale de la Sécurité Extérieure) 1981 gegründeter französischer Auslandsgeheimdienst, der ähnliche Funktionen hat wie der amerikanische CIA und der britische MI6.

Doppelagent
Ein Agent eines Geheimdienstes, der von einem anderen Geheimdienst angeworben und gesteuert wird, um heimlich gegen seinen ursprünglichen Dienst zu arbeiten. Nicht zu verwechseln mit einem MAULWURF.

ECM
(Electronic Countermeasures) Der Einsatz von Spezialgeräten, die die elektronische Ausrüstung eines Feindes lahmlegen. Ausgiebig im Krieg und bei der ABWEHR eingesetzt.

Einmalblock
Ein Satz von Papier- oder Seidenblättern, die jeweils eine Reihe von beliebigen Zahlen oder Buchstaben enthalten, die nur einmal zur Chiffrierung oder Dechiffrierung einer Mitteilung verwendet werden. Die CHIFFRE wird normalerweise in Gruppen von fünf Buchstaben gedruckt. Wird jede nur einmal verwendet, ist sie praktisch nicht zu knacken. Einmalblocks oder einzelne Blätter werden zuweilen auf Mikrofilm übertragen oder in MIKROPUNKTE umgewandelt.

Empfänger
Elektronisches Gerät zum Empfangen von Signalen elektronischer Überwachungsgeräte.

Enigma
Eine 1923 von dem deutschen Ingenieur Dr. Arthur Scherbius entwickelte elektromechanische CHIFFRIERMaschine auf Walzenbasis. Versionen der Enigma wurden im Zweiten Weltkrieg von militärischen und zivilen deutschen Organisationen zum Chiffrieren und DECHIFFRIEREN von Mitteilungen verwendet.

FBI
(Federal Bureau of Investigation) Diese 1924 gegründete und für die ABWEHR und einige andere Strafverfolgungsmaßnahmen in den USA zuständige Organsisation ist in ihrer Rolle für die innere Sicherheit und Abwehr dem britischen MI5 vergleichbar.

FSB
(Föderaler Sicherheitsdienst) In Rußland für die innere Sicherheit zuständiger Nachfolger des Zweiten Hauptdirektorats des KGB.

GCHQ
(Government Communications Headquarters) Das Zentrum des britischen Nachrichtendienstes, der NSA in den USA vergleichbar.

Geheimschrift
Fachbegriff für die Verwendung von Geheimtinten (nasses System) oder von speziellem Koh-

lepapier, das mit Chemikalien getränkt ist (trockenes System) zur geheimen Kommunikation. Bei beiden Systemen wird die Mitteilung mit Hilfe von Reagenzien sichtbar gemacht.

Gestapo
(Geheime Staatspolizei) Diese im April 1933 gegründete Organisation wurde von der NSDAP kontrolliert und war für die innere Sicherheit in ganz Deutschland zuständig.

GPU
Siehe TSCHEKA.

GRU
(Hauptverwaltung für Aufklärung) Die GRU, 1918 als sowjetischer Militärgeheimdienst gegründet, wurde in den dreißiger Jahren vorübergehend in Vierte Abteilung umbenannt, überlebte die Sowjetunion und spielt heute unter ihrem ursprünglichen Namen die gleiche Rolle in Rußland.

Handwerk
Die für geheime Operationen eingesetzten Verfahren, Techniken und Geräte.

Hilfsagent
Ein AGENT, der für einen anderen Agenten oder ein Netz Dienste leistet. Diese können den Unterhalt einer KONSPIRATIVEN WOHNUNG oder die Funktion eines KONTAKTAGENTEN umfassen.

HUMINT
(*Hum*an *Int*elligence) Bezeichnet die direkt von Menschen, wie AGENTEN, gesammelten Informationen, im Gegensatz zu SIGINT.

Illegaler
Ein Geheimdienstoffizier, der einem Dienst der Sowjetunion (KGB oder GRU), eines verbündeten Landes oder des heutigen Rußland (SVR oder GRU) angehört und in einem feindlichen Land ohne diplomatischen Schutz, aber mit einer Legende (s. S. 162) agiert. Ein Illegaler hat normalerweise keinen direkten Kontakt mit der Botschaft und wird direkt von Moskau gesteuert.

Industriespionage
Die geheime Beschaffung von geschäftlichen Informationen; kann durch einen Konkurrenten oder durch einen Geheimdienst erfolgen.

KGB
(Komitee für Staatssicherheit) 1954 als Geheimdienst- und Sicherheitsorganisation der Sowjetunion gegründeter Nachfolger der TSCHEKA im kalten Krieg. 1991 wurde das Erste Hauptdirektorat (für Auslandsnachrichtenbeschaffung) in SVR, das Zweite Hauptdirektorat (für innere Sicherheit) in FSB umbenannt.

Kofferfunkgerät
Im Zweiten Weltkrieg in einem zivil aussehenden Koffer untergebrachte geheime Funkausrüstung.

Kommandos
Im Zweiten Weltkrieg Ausdruck für britische Spezialoperationseinheiten. Zuweilen werden damit auch Angehörige solcher Einheiten bezeichnet.

Konspirative Wohnung
(»safe house«) Ein Haus oder eine Wohnung, das oder die einem ausländischen Nachrichtendienst oder einer ABWEHR nicht bekannt ist und vorübergehend als sicher gilt für geheime Zusammenkünfte.

Kontaktagent
Eine Person, die als Mittler zwischen Angehörigen von Geheimdiensten

oder Spionagenetzen agiert und die Sicherheit des Netzes verbessert, indem sie den Kontakt zwischen einzelnen Angehörigen verhindert.

Konterüberwachung
Techniken zum Aufdecken und Vereiteln feindlicher Überwachung.

Kryptographie
Die Verwendung von CODES und CHIFFREN, um Mitteilungen, die ursprünglich in Klartext geschrieben wurden, zu sichern, damit sie nur vom vorgesehenen Empfänger verstanden werden können.

Kurier
Eine Person, die Informationen, Geräte oder anderes Geheimmaterial für einen Geheimdienst wissentlich oder unwissentlich befördert. Ein Kurier kann auch ein KONTAKTAGENT sein.

Lauschposten
Ort, an dem mit Hilfe von elektronischer AKUSTISCHER ÜBERWACHUNG empfangene Signale überwacht werden.

Legaler
Ein Geheimdienstoffizier, der diplomatische Immunität genießt und einem Geheimdienst der Sowjetunion (seit 1991 Rußlands) oder eines ihrer Verbündeten angehört.

Legende
Neue Identität eines Agenten, die er zur Tarnung seines Geheimdienstauftrages bekommt.

Maulwurf
Mitarbeiter oder Offizier eines Geheimdienstes, der bereit ist, für einen anderen Geheimdienst zu arbeiten. Manche potentielle ÜBERLÄUFER, die an einen Geheimdienst herantreten, für den sie arbeiten wollen, werden dazu gebracht, auf ihren Posten zu bleiben und als Maulwurf zu fungieren.

MI5
(Military Intelligence, Sektion 5) Der 1909 gegründete MI5 hat heute nichts mehr mit dem Militär zu tun und heißt offiziell Security Service. Wie das FBI in den USA ist der MI5 zuständig für die innere ABWEHR.

MI6
(Military Intelligence, Sektion 6) Der 1909 gegründete MI6 hat heute nichts mehr mit dem Militär zu tun und heißt offiziell Secret Intelligence Service (SIS). Wie die CIA in den USA und der MOSSAD in Israel ist der MI6 als Auslandsnachrichtendienst tätig.

Mikropunkt
Die optische Reduzierung eines Fotonegativs, so daß es nur bei Vergrößerung erkennbar ist. In der Praxis ist ein Mikropunkt 1 mm klein oder noch kleiner.

Minox
Eine mit 9,5-mm-Film arbeitende Kleinstbildkamera, die bei der geheimen Fotografie vielfältig eingesetzt wird. Erstmals 1937 im lettischen Riga hergestellt. Nach dem Zweiten Weltkrieg wurde in der Bundesrepublik Deutschland eine neue Minox-Firma gegründet, die Kleinstbildkameras auf der Basis des Originals produziert.

Mordinstrument
Eine für Attentate bestimmte Spezialwaffe. Diese Waffen lassen sich normalerweise verstecken, und einige hinterlassen am Schauplatz des Mordes keine Spuren.

Morsecode
Bei diesem 1838 von dem Amerikaner Samuel Morse für den elektromagnetischen Telegrafen

entwickelten CODE werden Buchstaben und Zahlen durch eine Reihe von Punkten und Strichen ersetzt. Er ist noch heute gebräuchlich und international anerkannt.

Mossad
(Anstalt für Geheimdienst- und Spezialoperationen) Der 1951 gegründete Mossad ist die israelische Organisation zur Auslandsnachrichtenbeschaffung und in seiner Funktion der amerikanischen CIA und dem britischen MI6 vergleichbar.

NKWD
(Volkskommissariat für Innere Angelegenheiten) Von 1934 bis 1946 Nachfolgeorganisation der OGPU, für die innere Sicherheit der Sowjetunion zuständig und (trotz des Namens) weltweit als Geheimdienst agierend.

NOC
(Non-official Cover) Geheimdienstmitarbeiter, der einem amerikanischen Dienst angehört und ohne diplomatische Immunität operiert.

NSA
(National Security Agency) 1952 gegründeter amerikanischer Geheimdienst, der für Informationssicherheit, ausländische SIGINT und KRYPTOGRAPHIE zuständig ist.

Ochrana
Die in Rußland unter den Zaren von 1881 bis 1917 gegen politische Gegner operierende Geheimpolizei.

OGPU
(Vereinigte staatliche politische Verwaltung) Die 1923 gegründete Nachfolgeorganisation der TSCHEKA und der GPU war für die innere Sicherheit und den Geheimdienst der neugebildeten Sowjetunion zuständig und wurde vom NKWD abgelöst.

OSS
(Office of Strategic Services) Diese zwischen 1942 und 1945 operierende amerikanische Organisation war die Vorläuferin der CIA.

Polyalphabetische Substitution
Der Einsatz von zwei oder mehr Chiffrier-Alphabeten, die nach einem vorher festgelegten Muster einen bestimmten Buchstaben in einer Mitteilung vielfach ersetzen.

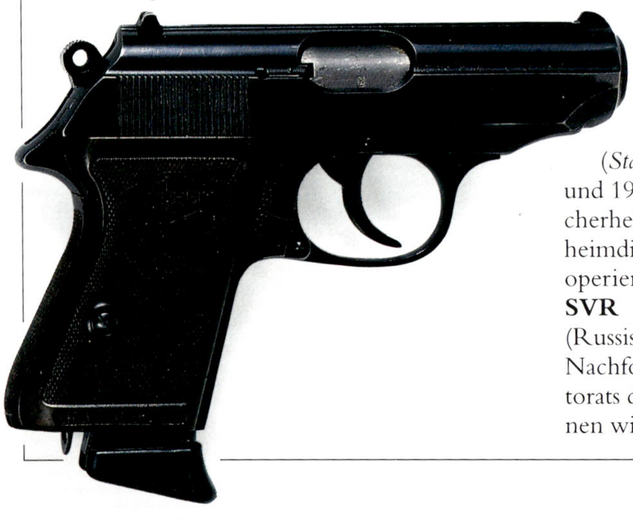

Rote Kapelle
Das erfolgreichste sowjetische Militärspionagenetz, das in Europa vor dem und im Zweiten Weltkrieg operierte.

Schalldämpferwaffe
Eine durch einen am Ende des Laufs befestigten Schalldämpfer modifizierte Waffe, bei der der Schall stark reduziert wird, wenn sie abgefeuert wird. Solche Waffen sind zwar nicht völlig geräuschlos, aber die Schallquelle kann sehr schwer auszumachen sein.

Schläfer
Ein AGENT oder Offizier, der in einem fremden Land jahrelang als normaler Bürger lebt. Sobald eine Krisensituation eintritt, wird der Schläfer für zuvor übertragene Missionen (Sabotage, Attentat oder Nachrichtenbeschaffung) aktiviert.

SD
(Sicherheitsdienst) Der SD wurde 1934 als politischer Nachrichtendienst und als ABWEHR der NSDAP gegründet. 1944 wurden SD und ABWEHR zusammengelegt zur dominierenden deutschen Organisation für Nachrichtenbeschaffungs- und Abwehraufgaben.

SIGINT
(*Sig*nals *Int*elligence) Bezeichnet die durch Abhören feindlicher elektronischer Sendungen beschafften Nachrichten wie den Vorgang dieser Nachrichtenbeschaffung.

SMERSCH
(*Smer*t *sch*pionam, russischer Slogan: »Tod den Spionen«) Sowjetische militärische ABWEHR im Zweiten Weltkrieg.

SOE
(Special Operations Executive) Eine 1940 gegründete Organisation britischer Spezialeinheiten, die im Zweiten Weltkrieg Sabotageoperationen durchführte und Widerstandsgruppen im besetzten Europa mit Ausrüstung, Ausbildung und Führungsoffizieren unterstützte.

Spionageabwehr
Operationen der ABWEHR zur geheimen Unterwanderung feindlicher Geheimdienste.

Spionagenetz/-ring
Eine Organisation von Offizieren, Beamten und AGENTEN, die zentral gesteuert operieren.

Spionagesatellit
Ein Satellit, der mit Hilfe von Sensoren Informationen fotografisch oder elektronisch aufzeichnet.

Stasi
(*Staats*s*i*cherheit) Das 1950 eingerichtete und 1990 aufgelöste Ministerium für Staatssicherheit der DDR, das auch als Auslandsgeheimdienst in der Bundesrepublik Deutschland operierte.

SVR
(Russischer Auslandsnachrichtendienst) Die Nachfolgeorganisation des Ersten Hauptdirektorats des KGB seit 1991 hat ähnliche Funktionen wie die CIA, der MI6 und der MOSSAD.

Telefone anzapfen
Der Einsatz elektronischer Spezialgeräte zum Belauschen und Aufzeichnen von Telefongesprächen. Induktionsabhörgeräte müssen mit der Telefonleitung nicht direkt verbunden sein.

Tokko
Die japanische Geheimpolizei übernahm im Zweiten Weltkrieg die Funktion der inneren ABWEHR.

Toter Briefkasten
Ein sicherer Ort, normalerweise mit einem versteckten Behälter, für die geheime Kommunikation und den Austausch von Material zwischen einem Spion und seinem AGENTENFÜHRER. Macht potentiell gefährliche persönliche Treffen entbehrlich.

Tscheka
(Außerordentliche Kommission für den Kampf gegen Konterrevolution und Sabotage) 1917 gegründete russische Geheimpolizei der Bolschewiki; 1922 von der GPU, später von der OGPU abgelöst.

Überläufer
Eine Person, die sich dafür entscheidet, sich der Kontrolle eines Landes oder Geheimdienstes physisch zu entziehen, um den Interessen eines anderen Landes zu dienen. Diese Personen liefern dem feindlichen Geheimdienst oft sehr wertvolle Informationen.

Visuelle Überwachung
Die Überwachung einer Person, eines Ortes oder Objekts mit optischen Mitteln.

Widerstandsgruppe
Einheimische Untergrundorganisation, die Guerillakriegstechniken anwendet und gegen eine Besatzungsmacht Sabotageakte und Geheimdienstoperationen durchführt. Geheimdienste eines kriegführenden Landes können mit Widerstandsgruppen auf feindlich besetztem Territorium zusammenarbeiten.

Register

Halbfette Zahlen zeigen den Haupteintrag des betreffenden Schlagworts an, *kursive* beziehen sich auf Illustrationen oder deren Bildunterschriften.

L

M

N

O

P

R

S

Danksagungen

Der Autor dankt den folgenden Personen und Institutionen, die ihn bei den Vorarbeiten für dieses Buch unterstützt haben:
Yuri Altschuler, Jim Atwood, Annette, Elizabeth Bancroft, Don Bible, Carl Boyd, Sid Boorstein, David Brown, die Familie John Brown, Brian Burford, Joe Carroll – Rare Camera Co., CIA – Historical Intelligence Collection, CIA – Public Affairs Office, Tom Clinton, Jerry Coates, The Hon. William Colby, John Costello, Peter Deriaban jr., Donnah Dugan, Dr. Charles Ewing, Dutch Hillenburg, David Fisher, Jerry Friedman, Dave Gaddy, Steve Gold, Oleg Gordiewski, Sam Halpern, Michael Hasco, The Hon. Richard Helms, Russ Holmes, Col. William Howard, Jack Ingram – National Cryptologic Museum, Jim, Paul Joyal, Gen. Oleg Kalugin, David Kharab, Steve Klindworth – Supercircuits, John Koehler, Camille LeLong, Dawn Leonard, Herbert M. Linde, Capt. Peter Mason, Prue Mason, Linda McCarthy, Glenda Melton, John Minnery, Seth Moore – MicroTec, Morris Moses, Dan Mulvenna, Dave Murphy, NSA – Office of Public Affairs, Jack Naylor, Viktor Ostrowski, Jon Paul, Hayden B. Peake, Walter Pforzheimer, Jim Phillips, Felix Portnov, Tony Potter, Jerry Richards, Salt Lake Pen Co., Jerrold L. Schecter, Dave Simpson, Emma Sullivan, Tom, Bob Troisi, Don Troiani, Oleg Zarew, Ron Weingarten, Nigel West, Reade Williams und Dennis Yates.

Dorling Kindersley dankt folgenden Mitarbeitern:
Andrea Bagg, David Cooke, Jill Hamilton, Mary Lindsay, Lesley Malkin, Mukul Patel und Cathy Rubinstein für redaktionelle Mitarbeit; Raúl López Cabello und Almudena Diáz für ihre Hilfe beim Dtp-Design; Neville Graham, Nicola Hampel, Nathalie Hennequin, Philip Ormerod, Hans Verkroest, Chris Walker und Mark Wilde für die Herstellung; Ray Allen, John Bullen, Diana Condell und Mike Hibberd vom Imperial War Museum; Susan Rodgers vom Special Forces Club; Theresa Bargallo, Nick Goodall, Neville Graham, Louise Tucker, Nicholas Turpin und Mark Wilde für die Erstellung der Modelle.

Spezialfotografie: Andy Crawford und Steve Gorton.

Weitere Fotografen: Bruce Chisholm, Geoff Dann und Tim Ridley.

Illustratoren: Mick Gillah, the Maltings Partnership.

BILDNACHWEISE
Dorling Kindersley dankt folgenden Personen, Institutionen und Bildagenturen für die Abdruckerlaubnis ihrer Fotografien:
o = oben; u. = unten; m = Mitte; l = links;
r = rechts; go = ganz oben

Archive Photos 38gor; 40gom; 97ul; 131gol; 165 gol
Archiv für Kunst und Geschichte 18mr/**Palazzo Venezia, Rom** 20ml; 21ur
Associated Press 9ur; 12ur; 14ul; 56gor; 137mr; 160um; 166ul; 167ul
Elizabeth Bancroft 56ul
Bildarchiv Preußischer Kulturbesitz 34ml
Bilderdienst Süddeutscher Verlag 122ul
Professor Carl Boyd 36gor
David Brown 113gom
Bundesarchiv, Koblenz 38ml
Cambridge University Library 37gor
Camera Press 11gom; 8ur; 41ur; 51um; 52ul; 159gom
CIA, Washington, DC 47gol; 57gol; 91mr
William Colby 33ul; 153ml-m-mr
Corpus Christi College, Cambridge 20umr
Couvrette/Ottawa 1994 62ul
Crypto-AG 121mr
Ian Dear 146mo
Peter Deriaban jr. 115um
The Devan Adair Company 13um; 138mr
dpa 34ul; 167gor
Richard Dunlop 33gor
Mary Evans 23ul
FBI, Washington, DC 1m; 54ml; 54um; 55go; 55ml; 55u; 62ur; 70gor; 132m; 132ul; 132um; 164ml
Brian Fraser-Smith 94uml
Willis George 108m
Hatfield House 21gol + mo
Hulton 22gor + um; 26ul; 27ur; 37ur; 45go; 139gor; 160mo; 165gom
Imperial War Museum/G. M. Hallowes, Esq. 12gol; 30ul; 31ul; 40u; 95gom; 95ml; 112ul; 112um; 158gor; 159u; 160ml; 161mlo: 161um
Jack Ingram, Kurator National Cryptologic Museum/NSA, FT. Meade, Maryland 29ul; 36ul; 36ur; 41ul; 42mr; 84gor + mr
David King Collection 135gol
Los Angeles County Sheriff's Department 57ul
Library of Congress (BH82-4864A) 22ul; (LC-US262-11182) 25gor
Lockheed Martin Skunk Works/Denny Lombard 42gol; 52-53go
Peter Mason 150ul
Keith Melton 10ml; 18gol; 19ur; 23ur; 26mr; 27mr; 46gor; 48ul; 48u; 48gor; 49ul; 49ur; 52um; 53ml; 53ur; 68uml; 69mr; 79gor; 79mr; 105ul; 110mr; 114um; 120ul; 120ml; 120mro; 120ur; 124um; 124ur; 126um; 126mr; 127; 128mo; 129mru; 129ur; 133m; 147ur; 155m; 162gor
Jim Minnery 148ur; 162m; 162ul; 162ur
Morris G. Moses 71ur
Museum of the Confederacy, Richmond, Virginia 18ul/**Katherine Wetzel** 23gol; 23mr
National Archives 41gor
NSA, Public Affairs 47gor
Viktor Ostrowski 150mr
Jim Phillips 116ul
Popperfoto 8ul; 29gol; 44ml; 50ml; 50ul; 51gol; 51m; 51gor; 51ul; 150um; 158um; 165ml
Anthony Potter 102gom
Press Association 136ur
Range 11mru; 9ml; 15gom; 41gom; 46ul; 47ur; 51gom; 92ur; 103ml; 166ur
Royal Marines Museum 98mr
Scala/Palazzo Vecchio, Florenz 20mr
Jerrold L. Schecter & Peter S. Deriaban 78mr
Security Service and the College of Arms 164mr
Carl Strahle 32ul
Topham 11ur; 37ul; 39mr; 53mr/**Paul Elliott** 67ml; 78gom; 83ur; 87ur; 90um; 92ul; 164um + ur
US Airforce Office of Special Investigations, Public Affairs 124gom
WorldMap International Limited/Ian Wilkinson 15ul; 57ur
Oleg Zarew 165m